江西省高校人文社会科学重点基地招标项目“反对特权的系统性研究”（JD14117），九江学院社会系统学研究中心项目“近代以来九江商品经济发展与社会风气变迁研究”（SHXTX1513）、“近代以来中国知识分子爱国主义行为的系统研究”（SHXTX1611）、“全球化语阈下社会心态与社会风气变迁研究”（XHXTX1514）、“九十年代以来中国社会风气治理范式研究”（XHXTX1511）

中央苏区社会风气研究

何新春　王诗堂　汪红梅　邱洁瑞　黄　群◎著

安徽师范大学出版社
ANHUI NORMAL UNIVERSITY PRESS
·芜湖·

图书在版编目(CIP)数据

中央苏区社会风气研究 / 何新春等著.— 芜湖：安徽师范大学出版社，2020.12
ISBN 978-7-5676-4863-0

Ⅰ.①中… Ⅱ.①何… Ⅲ.①中央苏区 - 社会公德 - 研究 Ⅳ.①D696

中国版本图书馆CIP数据核字(2020)第264686号

中央苏区社会风气研究 何新春等◎著
ZHONGYANG SUQU SHEHUI FENGQI YANJIU

责任编辑：刘　翠　　责任校对：马飞飞
装帧设计：张　玲　　责任印制：桑国磊
出版发行：安徽师范大学出版社
芜湖市北京东路1号安徽师范大学赭山校区
网　　址：http://www.ahnupress.com/
发 行 部：0553-3883578　5910327　5910310(传真)
印　　刷：苏州市古得堡数码印刷有限公司
版　　次：2020年12月第1版
印　　次：2020年12月第1次印刷
规　　格：700 mm × 1000 mm　1/16
印　　张：14.5
字　　数：225千字
书　　号：ISBN 978-7-5676-4863-0
定　　价：58.00元

前　言

著名历史学家陈寅恪在《元白诗笺证稿》中指出："纵览史乘，凡士大夫阶级之转移升降，往往与道德标准及社会风习之变迁有关。当其新旧蜕嬗之间际，常呈一纷纭综错之情态，即新道德标准与旧道德标准，新社会风习与旧社会风习并存杂用。各是其是，而互非其非也。斯诚亦事实之无可如何者。虽然，值此道德标准社会风习纷乱变易之时，此转移升降之士大夫阶级之人，有贤不肖拙巧之分别，而其贤者拙者，常感受苦痛，终于消灭而后已。其不肖者巧者，则多享受欢乐，往往富贵荣显，身泰名遂。其故何也？由于善利用或不善利用此两种以上不同之标准及习俗，以应付此环境而已。"①

上面的引文提到了任何社会都有的一种普遍现象：社会风习（即社会风气）。它是社会政治、经济和文化状况的综合反映，具有重要的社会功能，其好与坏、文明进步与愚昧落后，从一个侧面反映了社会制度是进步的还是落后的，以及文明程度。同时，它也是一种重要的文化现象，反映了一个社会民众的精神风貌。

社会风气，是指一个社会的风尚和习气。有学者认为社会风气是指"在一定历史时期的社会生活中，伴随社会结构变化流行的，具有一定群

① 转引自刘梦溪：《陈寅恪论稿》，生活·读书·新知三联书店2018年版，第371页。

众性、时代性，并与一定的道德、思想、伦理、价值观念变化相关的行为方式"[①]。笔者认为该定义不太严谨，没有考虑社会风气的时空性。事实上，社会风气具有强烈的时空性，比如中央苏区社会新风气仅存在中央苏区区域内。社会风气既然有了时空限制，自然就与特定的人群相关。因此，其定义应考虑社会风气的时空性。笔者认为，社会风气的定义应该如下：在一定的历史时期、一定的地域，乃至特定的时期、特定的区域，伴随社会结构变化流行的，具有一定群众性、时代性，并与一定的道德、思想、伦理、价值观念变化相关的行为方式。简单来说，社会风气即一定的社会意识的直接外化或表现[②]。

社会风气在具体语境中，是个中性词，没有价值倾向。我们可以说清新社会风气，优良社会风气，新社会风气；也可以说，污浊社会风气，不良社会风气，旧社会风气。社会风气发展的间接动力是风气内部代表进步向上趋势的新风尚和正在没落消亡的旧习气之间的斗争；直接动力来自社会存在，即社会政治制度、经济制度和文化制度等的变化，及由此引发的社会结构、价值观念和道德观念的变化。

古代中原几次大战乱导致中原汉民族被迫大量南迁，其中一部分辗转迁入闽粤赣地区。民系上，他们被称为客家人。由于交通不便、信息闭塞，客家人保留了中原汉民族诸多良善社会风气。近代以来，由于外敌入侵和土客间矛盾等原因，该地社会风气日益颓废。但在1927年至1937年十年间，中国共产党人在此建立了苏维埃政权，历史上工农阶级第一次当家作主，闽粤赣地区一度出现了引领社会风气发展趋势的新风气。

这十年间，旧中国出现了两种不同性质的社会风气，代表着社会风气发展的两种不同趋势。一种是南京国民政府统治区域内日益颓废的旧风气。它虽然暂时在政治上占据统治地位，力量强大，却日益走向没落，没

① 冷树青等：《百年中国社会风习寻脉》，社会科学文献出版社2016年版，第2页。

② 参见郑仓元、陈立旭：《社会风气论》，浙江人民出版社1996年版，第2页。

有前途。一种是中国共产党在其创建的革命根据地内快速培育和树立的积极向上、健康文明的新风气，其中中央苏区所树立的新风气最有代表性。它虽然在政治上暂时居于被压制的地位，力量弱小，但是它代表着社会风气发展大趋势，前途远大。这十年间，代表这两种风气的政治力量进行了政治、经济、军事和文化等方面的激烈斗争。由于经验不足等主观原因，中央苏区在社会风气建设中也存在历史局限。

当下中国社会与传统社会相比，价值观、结构都发生了剧变，社会风气也发生了剧变。我们应该努力引导社会风气朝着正确方向发展，建设良善社会风气，促进社会和谐。

经过40多年改革开放，中国已成为世界第二大经济体。然而，中国在物质文明迅速发展时，精神文明未能同步发展，“受拜金主义影响，一些人价值观发生扭曲，社会上存在道德失范，诚信缺失，假冒伪劣、欺诈活动猖獗的问题”①。党的十九大报告也指出：“党内存在的思想不纯、组织不纯、作风不纯等突出问题尚未得到根本解决。”②这说明中央对当下社会风气的状况是清楚的，正在大力开展反腐倡廉等以扭转这种不利局面。

党的十九大报告指出：“中国特色社会主义文化，源自于中华民族五千多年文明历史所孕育的中华优秀传统文化，熔铸于党领导人民在革命、建设、改革中创造的革命文化和社会主义先进文化，植根于中国特色社会主义伟大实践。”③这说明中国特色社会主义文化有三个主要来源：中华优秀传统文化、革命文化和社会主义先进文化。

中央苏区时期是中共第一次局部执政时期，留下了丰富的革命文化遗产。社会风气属于文化领域，但学界对中央苏区时期社会风气变迁的研究

①《十六大以来重要文献选编》(上)，中央文献出版社2005年版，第531页。

② 习近平：《决胜全面建成小康社会 夺取新时代中国特色社会主义伟大胜利——在中国共产党第十九次全国代表大会上的报告》，人民出版社2017年版，第61页。

③ 习近平：《决胜全面建成小康社会 夺取新时代中国特色社会主义伟大胜利——在中国共产党第十九次全国代表大会上的报告》，人民出版社2017年版，第41页。

呈现零散状态，既不系统，也不深入。例如，戴向青等在《中央革命根据地史稿》，孔永松等在《中央革命根据地史要》中提及了中央苏区社会风气的变迁。再如，何友良在《中国苏维埃区域社会变动史》，张玉龙在《中央苏区政权形态与苏区社会变迁》中对中央苏区社会风气变迁的论述虽略显系统，但仍不深入。笔者参与的专著《百年中国社会风习寻脉》的第四章“中央苏区的社会风习”，从社会风气的特点、成因和演变的趋势三个方面论述了中央苏区社会风气的变迁，但是对很多问题，诸如社会风气建设的历史背景、建设中存在的不足等没有详细展开论述，因此，仍需作进一步深入研究。

本书在既有的研究成果基础上，尝试对中央苏区时期社会风气的建设与变迁进行系统而深入的研究，不仅具有一定的历史价值和理论价值，而且具有一定的实践价值。第一，学界尚未对中央苏区社会风气的建设与变迁进行系统而深入的研究，本书可以在一定程度上丰富该领域的研究；第二，本书得出的结论对于建设良善社会，促进社会和谐具有一定的启迪和借鉴作用。

目　录

第一章　中央苏区的创立

1927年4月12日，以蒋介石为首的国民党新右派发动了四一二反革命政变，随后建立了南京国民政府（以下称国民政府）并大肆屠杀共产党人和革命群众。为了反抗国民政府屠杀政策，中国共产党被迫拿起武器开展武装斗争。随后，中国共产党在全国各地发动和领导了百余次武装起义，虽然起义大都失败，但意义重大。因为起义失败后，很多起义领导人及时改变战略，将剩余部队带到两省或两省以上的边界地区建立革命根据地，保存了革命力量。1930年夏，以毛泽东为代表的共产党人在江西、福建、湖南、湖北、安徽和河南等两省或几省交界处建立了十几块面积大小不一的根据地，并建立了地方苏维埃政权。为了统一领导这些散布在全国各地的苏维埃政权，党"根据共产国际的指示，指出革命已经到了从零星散乱的各地地方政权的树立，到建立苏维埃的临时中央政权以集中革命势力、组织革命战争、领导全国革命运动的时期，因此，建立集中统一的真正懂得和工农群众密切相联系的苏维埃临时中央政府，是'当前第一等重要的任务'，临时中央政府要建立在最有保障的根据地内"①。因此，中央苏区的创立顺应了当时革命形势的需要。

中央苏区即中央革命根据地，是由以瑞金为中心的赣南、闽西两块革

① 何友良：《江西通史·民国卷》，江西人民出版社2008年版，第170页。

命根据地组成的，是十几块革命根据地中面积最大的根据地。1931年11月7日至20日，中华苏维埃第一次全国代表大会在江西瑞金召开，宣布成立中华苏维埃共和国临时中央政府。此后，党政军首脑机关先后进驻中央苏区，指导全国苏维埃运动。中央苏区是全国苏维埃运动的中心。

中央苏区在党史与革命史上具有重要地位。中央苏区“全盛时期设立60个行政县，占有瑞金、兴国、宁都……21座县城……中央苏区先后设置江西、福建、闽赣、粤赣和赣南5个省和瑞金、长胜、太雷、西江4个中央直属县”①。关于“中央苏区的面积和人口，据我们新近研究和较为精确的统计，总面积为8.4万平方公里，总人口453万。其版图之大、人口之众，在同时期的全国革命根据地中是首屈一指的”②。

从党中央根据共产国际指示决定创立中央苏区到最后创立成功，用时不足两年，效率很高，但在创立过程中，经历了很多环节，一波三折，可谓艰难。

第一节　中央苏区创立的基础

中央苏区是以赣南、闽西两块根据地为基础而创立的，因此有必要简述赣南与闽西革命根据地的创立过程。

一、赣南革命根据地的创立

1927年11月至1928年3月，在中共赣西、赣南特委的领导下，赖经邦等

① 《江西省苏区志》编纂组编：《江西省苏区志》，方志出版社2004年版，第9页。

② 余伯流、凌步机：《中央苏区史》，江西人民出版社2001年版，第1页。

领导群众在赣西南地区发动了武装起义，开创了东固、桥头等几小块革命根据地。赣西南这些小块红色割据区域，奠定了创立中央苏区的重要基础。

1929年1月，毛泽东等率领红军第四军主力离开井冈山革命根据地，转战赣南地区，在上述根据地和地方工农武装的配合下，开辟了赣南革命根据地。1930年3月，赣西南成立了以曾山为主席的苏维埃政府。

1930年10月，毛泽东领导红一方面军挥师江西，攻克吉安，建立了以曾山为主席的江西省苏维埃政府。这样，江西苏区拥有“纵约四百里，自赣县至永丰；横约三百里，由万安至瑞金”①的广阔地域。

二、闽西革命根据地的创立

在赣南革命根据地创立的同时，1928年3月和6月，郭滴人等在闽西地区领导群众发动了武装起义，创建了永定、溪南革命根据地和地方工农武装。

1930年3月，闽西苏维埃政府成立，邓子恢担任主席。

1931年9月，赣南与闽西革命根据地的军民取得了第三次反“围剿”的胜利，赣南、闽西两块革命根据地连成一片，革命势力扩展到30多个县境，其中有24个县建立了县苏维埃政府，为中央苏区的创立提供了坚实的基础。

第二节 中央苏区概念的提出和创立经过

一、中央苏区概念的提出

江西省革命的蓬勃发展，引起了中共中央的高度重视。中共中央决定

① 余伯流、凌步机：《中央苏区史》，江西人民出版社2001年版，第234—235页。

将中央苏区设在以瑞金为核心的赣南、闽西革命根据地。"选择根据地的最主要条件应当是：1.在这里，农民群众发动到充分的程度，或可能发动到充分的程度；2.在这里，红军有扩充训练的可能和取得敌人武器的前途；3.有可以向前发展的前途，就是可以进而取得'一个或者几个工业的行政的中心城市'。"①中央决定："依照上述的条件，我们现在确定湘鄂赣联接到赣西南为一大区域，要巩固和发展它成为苏区的中央根据地。"②这是中央文件最早正式提出"中央根据地"（即中央苏区）的概念与区域范围，意义重大。

虽然中央苏区的概念到这时才正式提出，但创立中央苏区的决策早已作出，并在紧锣密鼓的筹备之中。

二、中央苏区的创立经过

（一）创立中央苏区的决策

1.创建中央苏区的决策与苏维埃筹委会的成立

1930年1月20日，中共中央根据共产国际执委会的提议，决定召开全国苏维埃区域代表大会，先在上海开准备会，然后到苏区开正式会议。1930年2月3日，中共中央政治局召开会议，讨论筹备召开苏维埃区域代表大会问题，决定由中共中央和中华全国总工会发动。2月7日，在上海召开筹委会会议，周恩来作筹备工作报告。此次会议，决定由中共中央和中华全国总工会负责筹备苏维埃代表大会并成立了苏维埃准备委员会（简称苏准会），推进了中央苏区的创立步伐。

1930年4月3日，中共中央给红四军前委发出指示信，信中指出："中

①《建党以来重要文献选编（1921～1949）》第7册，中央文献出版社2011年版，第582页。

②《建党以来重要文献选编（1921～1949）》第7册，中央文献出版社2011年版，第583页。

央决定毛泽东同志来参加苏维埃代表大会，务须执行中央这一个决定。”[①] 不过，当时的交通、通信条件落后，而且中央又处于秘密的状态，很多中共中央的指示往往不能即时传达，更不用说送达。因此，1930年4月24日，中共中央又在给红四军前委并转红三、四、五军总前委的信中指出：“中央近来筹备召集一全国苏维埃区代表大会，对四军特别指定毛泽东同志来出席。迄至今日，毛同志还未到沪，不知迭次调毛同志出来的信是否收到，或者毛同志业已动身，或是因事牵制不能出来。”[②]

2. 全国苏维埃区域第一次代表大会的召开

1930年5月20日至23日，中共中央和中华全国总工会在上海秘密召开了全国苏维埃区域第一次代表大会。出席会议的有各苏区与各革命组织和苏准会、中央领导，会议经过讨论通过了有关决议与宣言，确定了为建立全国苏维埃政权而斗争的任务和战略。

1930年6月25日，中共中央写信给在莫斯科的周恩来，批评他在报告中所提出的“建立苏维埃根据地”是“割据观念，极不好的，应当改为争取一省与几省的首先胜利，建立中央苏维埃政府”，要求周恩来“即刻动身回来，万勿迟延”[③]。这说明当时的中共中央“左”倾明显，但也表明中共中央创建中央苏区的坚定决心。

1930年8月10日，中共中央在给长江局的信中指示“如南昌下后，全国革命委员会应在南昌建立，并可暂由毛泽东任主席”[④]，这显然是城市中心论的表现。尽管如此，但以毛泽东为代表的共产党人在闽赣边界建立农村革命根据地，建立苏维埃政权的成绩赢得了中共中央领导人的认可。

3. 中央准备委员会的成立

1930年7月18日，中央发出通告：“中央决定于本年十一月七日召集

① 《建党以来重要文献选编（1921～1949）》第7册，中央文献出版社2011年版，第132页。

② 《建党以来重要文献选编（1921～1949）》第7册，中央文献出版社2011年版，第173页。

③ 《周恩来年谱（1898～1949）》（修订本），中央文献出版社1998年版，第186页。

④ 《建党以来重要文献选编（1921～1949）》第7册，中央文献出版社2011年版，第364页。

正式的全国苏维埃第一次代表大会，建立全国的苏维埃政权……邀请全国各重要革命的民众团体、各省苏维埃区域、红军等代表于本年八月二十日组织中央准备委员会，并成立大会的中央准备委员会。”①

1930年8月29日，中共中央给长江局等发出指示：“占领长沙后便须立刻召集广大的群众大会宣告成立‘中国苏维埃共和国中央工农革命委员会（这是中央临时政权）……并须积极准备全国苏维埃代表大会，在一个月内召集，以成立‘中国苏维埃共和国’的中央正式政府。”②并通告：“中央决定在湘鄂赣这一广大苏维埃区域中成立中央局，其管辖区域以所有苏维埃区域为范……苏区中央局名单及军委名单附上，向应、小白即来。军委可公开指挥各地红军。在现时一二三军团上应成立总司令部组织，中央决定以朱德同志为总司令以统一指挥。”③

这是典型的城市中心论的表现，且对形势太过乐观。因为，红三军团虽然攻占了长沙，但仅仅十几天后就被迫撤出长沙。在这么短的时间内当然无法完成这个重大任务，当时只成立了湖南省苏维埃政府。不过，这里提出了中央苏区概念的雏形。

1930年9月9日，中共中央总行动委员会主席团召开会议，周恩来作苏维埃军事报告。会议提出苏区组织系统为：中央局指导临时中央政府，临时中央政府指挥中央革命军事委员会，中央局也可指导；中央革命军事委员会指挥各军区。会议经过讨论决定召开苏区代表大会，成立中华苏维埃共和国，先为临时中央政府④。至此，创立中华苏维埃共和国的决策最终出台了，但临时中央政府驻地究竟设在哪里，尚未确定。

1930年9月中旬，苏维埃代表大会中央准备委员会第一次全体会议在上海召开。此次会议决定于1930年12月11日广州起义三周年纪念日召开

① 《建党以来重要文献选编（1921～1949）》第7册，中央文献出版社2011年版，第300—301页。

② 《建党以来重要文献选编（1921～1949）》第7册，中央文献出版社2011年版，第380页。

③ 《建党以来重要文献选编（1921～1949）》第7册，中央文献出版社2011年版，第384—385页。

④ 参见：《周恩来年谱（1898～1949）》（修订本），中央文献出版社1998年版，第191页。

中华苏维埃第一次全国代表大会，选出中央准备委员会委员并推选出常委会。这表明，中华苏维埃共和国临时中央政府即将诞生。

1930年10月18日，苏准会在上海召开各革命团体代表大会，到会的有12个团体共15人。会议宣布全国苏维埃代表大会延至1931年2月7日在苏区举行开幕式。此前10月9日《红旗日报》刊出了第一次全国苏维埃代表大会选举特区及人数：湘鄂赣特区100人，赣西南特区75人，湘西鄂西特区25人，湘南特区3人，广西特区5人，粤闽特区25人，赣东北特区8人，鄂豫皖特区5人，琼崖特区3人。总计249人①。从中可以看出，当时江西省各革命根据地在全国具有举足轻重的地位。由于国民党对中央根据地连续发动军事"围剿"，第一次全国苏维埃代表大会又一次延期。

（二）中央苏区创立的曲折过程

以毛泽东为代表的共产党人开创的革命道路，代表了中国革命的正确方向，在国内外产生了重大影响。因此，中央在权衡全国各革命根据地发展条件和现状的基础上，确定湘鄂赣联接到赣西南为一大区域，要巩固和发展它成为苏区的中央根据地，在此召开中华苏维埃第一次全国代表大会，成立中华苏维埃共和国。鉴于中华苏维埃第一次全国代表大会一再延期，中央决定在赣南成立中共苏区中央局，由其负责筹备中华苏维埃第一次全国代表大会。

1931年1月15日，中共苏区中央局在宁都小布成立，周恩来任书记（在周恩来到职前，由项英代理书记之职）。中共苏区中央局受中共中央政治局领导，负责管理苏维埃区域内各级党部，指导全国苏维埃区域内党的工作。与此同时，中央革命军事委员会成立，项英任主席，朱德、毛泽东任副主席（4月由毛泽东任主席）。这两个重要机构在赣南先后成立，是赣南成为中央革命根据地的重要标志。

① 参见王健英：《中共中央机关历史演变考实（1921—1949）》，中共党史出版社2005年版，第162页。

到1931年9月第三次反“围剿”胜利后，赣南革命根据地与闽西革命根据地连成一片，建立中华苏维埃共和国临时中央政府的条件终于成熟了。

中共中央为召开中华苏维埃第一次全国代表大会，做了大量的、充分的准备工作，主要包括：起草了宪法大纲、劳动法和土地法等重要法律文件，酝酿和确定政府成员名单，推选代表人选，确定会议日期及地点，等等[①]。

在中华苏维埃第一次全国代表大会四度延期之后，中共苏区中央局最终决定，1931年11月7日在瑞金召开中华苏维埃第一次全国代表大会，成立中华苏维埃共和国临时中央政府。

1931年11月7日，在南京国民政府的飞机的轰炸声中，中华苏维埃共和国临时中央政府于瑞金正式成立了。

本章小结：中央苏区是在赣南、闽西两块革命根据地的基础上创立的。中共中央决定将中央苏区设在江西，是因为在毛泽东等共产党人的领导下，江西革命斗争成绩卓著，得到中共中央认可。这是江西人民对革命的巨大贡献。不过，中央苏区有一个从提出概念到决策创立，再到几经曲折最终成功创立的艰难过程。这说明革命是极其艰难的，也说明共产党人信仰坚定、意志坚决。

① 参见何友良：《江西通史·民国卷》，江西人民出版社2008年版，第170—171页。

第二章　中央苏区创立前的社会风气

社会风气一旦形成，一方面具有相对稳定性，另一方面也会随着社会生产力、生活方式、社会结构和价值观的变化而变化。在研究中央苏区社会风气之前，有必要对中央苏区创立前该区域的社会风气进行梳理。任何事物都是辩证统一的，中央苏区创立前，其所在区域的社会风气有良善的一面，也有颓败的一面。

第一节　良善的社会风气

中原是中华文化的发祥地，积淀深厚。客家人来自中原，继承了中原汉民族勤奋节俭，质朴耐劳；知礼守礼，敬重先贤；重视教育，耕读传家；热情好客，邻里互助等传统。

一、勤奋节俭，质朴耐劳

光绪《江西通志》记载："（信丰）其地险僻，民质朴，力专稼穑，不事商贾”[①]；“（兴国）地界深山长谷，民鲜商贩，惟务农力产，以田多寡为优劣”[②]。“自上门以下，家贫则省其礼，或有从俭者，而节次必备。”[③]

赣南地区的方志也记载：“第会邑僻处山陬，俗尚俭朴……至于妇女则衣裙洁素，尤戒奢靡。礼奢宁俭，论者每以为有唐魏之遗风。”[④]“至女升舆时，布衣、布裙，装饰朴素，虽富贵家亦然。”[⑤]

客家妇女更是勤劳。《瑞金县志》记载：“妇女恪守‘贤妻良母’古训，持家育后，侍奉公婆，坚韧执着而富有牺牲精神。苏维埃时期，境内盛传‘送郎当红军’、‘妇女犁耙’佳话，即是这种精神在新的历史条件下之发扬。”[⑥]

闽西的情形亦如此。《龙岩州志》记载：“衣服喜朴素，恶华丽。康阜之家亦少衣帛。”[⑦]

粤北的情形也不例外。“花县元宵节很热闹，那里的妇女不包脚，耕田种地，砍柴挑粪，推车抬轿，多是女人，很少男人作这些重活。勤务兵说，湖南这些活是男人干，广东相反。”[⑧]

客家妇女的勤劳也得到专家的认同。“女子种田或採薪的习俗：中国北中两部的女子，大体说来，都是不问耕种事务的……至于说到客家的女子呢，那就没有这样的趋势，中等以下的人家的女子，固不必说，就是夫家

---

① 转引自傅衣凌：《明清社会经济史论文集》，商务印书馆2010年版，第423页。

② 转引自傅衣凌：《明清社会经济史论文集》，商务印书馆2010年版，第423页。

③ 转引自丁世良、赵放主编：《中国地方志民俗资料汇编·华东卷》，书目文献出版社1995年版，第1165页。

④ 转引自丁世良、赵放主编：《中国地方志民俗资料汇编·华东卷》，书目文献出版社1995年版，第1170页。

⑤ 转引自丁世良、赵放主编：《中国地方志民俗资料汇编·华东卷》，书目文献出版社1995年版，第1182页。

⑥《瑞金县志》编纂委员会编：《瑞金县志》，中央文献出版社1993年版，第772页。

⑦ 转引自丁世良、赵放主编：《中国地方志民俗资料汇编·华东卷》，书目文献出版社1995年版，第1329页。

⑧ 彭德怀：《彭德怀自述》，人民出版社1981年版，第25页。

有几十万资产的，或曾经做过官吏的，到了耕种的时候，也不能老是住在闺中，不问田事，她们在平常的上午，十之八九都是赤足。至于住在山边的女子，那就更是辛苦，她们不但要跟着男子去种田，而且还到山岗上去斫柴或割草，以为家中的燃料。”①

二、知礼守礼，敬重先贤

有关客家人知礼守礼，敬重先贤的记载很多。

“至为酒食以召乡党、僚友，虽亦古礼，而丰俭适宜，惟在秉礼之士酌行之耳……祭礼，在正月朔日，则祀天地、祖先；清明日、七月十五日、十一月冬至，拜墓祭祠；十二月二十三日则‘祀灶’，虽各有所取，而仪节未尽合。宗祠盛而祭典数，或亦报本追远之遗意乎。”②

“祭礼，多于清明、冬至时举行。凡参神、降神、设馔、献酒及卒彻诸仪，恪遵朱文公《家礼》……‘清明节’，最重醮扫，老幼提壶挈榼，百十为群，无论远近祖坟奠酬必遍，虽荒郊野冢亦为挂扫周详，故有‘若要富，挂野墓’之瑶；‘冬至’则挑土培坟，谓为地下人添衣也。”③“（兴国）旧家崇尚朱子家礼，好积古器，重谱牒、志铭；孀妇多守节，士夫尚礼义。兴国为三程过化之遗，其流风善俗犹有存者。”④

“礼有五经，莫重于祭。古者，士大夫有田则祭，无田则荐，是祭未有无田者。会邑诸族各有祭田，其祖宗遗下以备祭祀者为血食。”⑤“凡有宗祠无祭田者，论丁出谷生息致祭。其祖先生忌之祭，无论贫富通行焉。”⑥

---

① 罗香林编:《粤东之风》,《民国丛书》第4编(60),上海书店1989年版,第36页。

② 丁世良、赵放主编:《中国地方志民俗资料汇编·华东卷》,书目文献出版社1995年版,第1150页。

③ 丁世良、赵放主编:《中国地方志民俗资料汇编·华东卷》,书目文献出版社1995年版,第1151页。

④ 光绪《江西通志》第48卷,第222页。

⑤ 丁世良、赵放主编:《中国地方志民俗资料汇编·华东卷》,书目文献出版社1995年版,第1169页。

⑥ 丁世良、赵放主编:《中国地方志民俗资料汇编·华东卷》,书目文献出版社1995年版,第1157页。

"大姓聚族而居，族有祠，祠有祭，祭或以清明，或以冬至。族人皆集，尊卑长幼，亲疏秩然不敢乱……生厚之俗犹存，君子美之。"[①]

上述引述表明，封建时代，在土地极其宝贵的情况下，为了祭祀大多数宗族都设立祭田，以祭田的收入来支付祭祀的开销。虽然这一行为有加强宗族势力、增强凝聚力的倾向，但也彰显了客家人知礼守礼，敬重先贤的优良传统。

三、重视教育，耕读传家

客家人在敬重先贤的同时，也重视教育，有耕读传家的传统。

"家稍殷者喜急公，向学者砥节砺行。"[②]"嫁女择婿，首重儒生，尚合古人治家之训。"[③]"士族，其祖俱设有学田，随其士之多寡而分之，至已仕乃止。励读书而养廉隅，莫此为善（科甲亦有不收者，各族之例不一）。"[④]"兴邑重追远。聚族而居者，必建祠堂，祀始迁祖及支祖。每祠必置产以供祭祀，名曰'公堂'，众举一二人司其出入。子姓登科第、入乡校者，则给以花红银，赴试亦助其资斧，或岁分谷若干石以赡之……颇失尊祖敬宗收族之初意。"[⑤]"瑞邑每姓必建立祠堂以妥先祖，每祠必公置产业以供祭祀，名曰'公堂'。其公堂，合族公举一二人司其出入，四时祭祀外，有赢余则惠及族之鳏寡孤独，量给养赡；子姓有登科甲、入乡校者给与花红，赴试助以资斧，略仿范文正公义田之意。"[⑥]

① 丁世良、赵放主编:《中国地方志民俗资料汇编·华东卷》,书目文献出版社1995年版,第1167页。

② 光绪《浦城县志》第6卷,第2页。

③ 丁世良、赵放主编:《中国地方志民俗资料汇编·华东卷》,书目文献出版社1995年版,第1162页。

④ 丁世良、赵放主编:《中国地方志民俗资料汇编·华东卷》,书目文献出版社1995年版,第1135页。

⑤ 丁世良、赵放主编:《中国地方志民俗资料汇编·华东卷》,书目文献出版社1995年版,第1167—1168页。

⑥ 丁世良、赵放主编:《中国地方志民俗资料汇编·华东卷》,书目文献出版社1995年版,第1176页。

“族繁者皆有祠，有祭田……祭田之息，视族之无力读书者给以膏火，赴试助以资费。”[①]“君子则尚志，力学，有逊顺之风……人皆知学，通今达古，衣冠文物视昔为有加矣（邵武府）。”[②]“夫生子者人之常，贤则光大其族，不肖反为族羞，故生子之后，教养成人负担方重……祠墓各有田，以资祭祀，简称之曰‘尝’……祭毕，颁给子姓胙肉、丁钱及享余酒食，皆取资于此……往时科甲及损（捐）纳通称斯文，均分别优待，不失敬老崇贤遗意。其充裕者，有补助子姓学费、试费及颁给各种花红奖金……此项产业，无论大族私房多有之，惟厚薄不等。亦有特别拨田专为培养人材者，曰‘儒资田’。”[③]

上述引文清楚地显示出客家人重视教育的程度。客家人认为“夫生子者人之常，贤则光大其族，不肖反为族羞，故生子之后，教养成人负担方重”，因此，“人皆知学，通今达古”。

客家人重视教育的传统延续至今：“男子好强，昔以‘吃老婆饭’（意为单纯依赖妻子度日）为耻，而以‘做事业’与送子女读书为荣。”[④]

因为客家人高度重视教育，所以人才辈出，长盛不衰。如曾国藩主修的光绪《江西通志》里一再提到这点：南昌府“士知尚儒，民皆务本”；瑞州府“艺文儒术为盛”；袁州府“儒风之盛甲于江右”；吉安府“文风盛于江右”；抚州府“山川风俗之美，名儒巨公彬彬辈出，故家遗俗皆知尚气节畏清议”；赣州府“士知向学，民颇迁善”[⑤]。

---

① 丁世良、赵放主编：《中国地方志民俗资料汇编·华东卷》，书目文献出版社1995年版，第1066页。

② 同治《福建通志》第57卷，第20页。

③ 丁世良、赵放主编：《中国地方志民俗资料汇编·华东卷》，书目文献出版社1995年版，第1340页。

④《瑞金县志》编纂委员会编：《瑞金县志》，中央文献出版社1993年版，第772页。

⑤ 光绪《江西通志》第48卷，第222页。

四、热情好客，邻里互助

地方志中，关于客家人热情好客，邻里互助的记载也是很多的。

曾国藩主修的光绪《江西通志》中写道："尚清雅崇儒，好客。"①

客家人的待客之道是"农工力作，午间亦设以相劳，皆习俗之近厚者。"②"睦姻之风，蔼然古意。"③"闻故老言，旧俗俭朴，冬间腌藏此类以待宾客不时之需，过夏入霉则不可复留，故于是日尽取食之，遂相沿以为令节。"④

丧葬时，邻里出工相助。"至贫苦之家，则亲朋赙以钱谷。又有连二十五家或三十二家为老母会，赙赠视事，筑坟助工，起柩助力，其葬具器用皆于公帑钱置备，此亦里间之厚也。"⑤"奠后出殡日，男妇皆来送殡，送后必留餐，近因客过多，举殡之家力稍薄者则竟受其累，于是有先日出止帖谢绝重客者，略为省便易行。"⑥"亲死，延浮屠作佛事，有力之家则请乡绅题主，行家奠，不尽用文公礼。筑坟多邻里助工。"⑦如有家贫无力娶妻者，宗族会予以一定帮助："专为补助婚娶者，曰'婆本田'（俗呼夫妻为公婆，故有婆本之名）。"⑧

① 光绪《江西通志》第48卷，第213页。

② 丁世良、赵放主编：《中国地方志民俗资料汇编·华东卷》，书目文献出版社1995年版，第1168页。

③ 丁世良、赵放主编：《中国地方志民俗资料汇编·华东卷》，书目文献出版社1995年版，第1167页。

④ 丁世良、赵放主编：《中国地方志民俗资料汇编·华东卷》，书目文献出版社1995年版，第1168页。

⑤ 丁世良、赵放主编：《中国地方志民俗资料汇编·华东卷》，书目文献出版社1995年版，第1172页。

⑥ 丁世良、赵放主编：《中国地方志民俗资料汇编·华东卷》，书目文献出版社1995年版，第1182—1183页。

⑦ 丁世良、赵放主编：《中国地方志民俗资料汇编·华东卷》，书目文献出版社1995年版，第1180页。

⑧ 丁世良、赵放主编：《中国地方志民俗资料汇编·华东卷》，书目文献出版社1995年版，第1340页。

五、其他美俗

中央苏区创立前，该区域盛行买卖婚姻、包办婚姻等恶习，但是在少数地方也有让人耳目一新的婚姻美俗，不过，这样的美俗在文献记载中是少之又少的。

例如："婚礼，不议聘币，不拘贫富，嫁娶称家有无。"[①]"士女纵观，远乡云集，费既不赀，俗亦少靡焉……皆系良辰佳节，几无此疆尔界矣。"[②]"沙俗冠礼不行，婚礼不亲迎。男女匹配多重门第，其有少年颖异善读书者，家虽贫窭，富贵之人亦乐择为婿。若贫寒之家育有子女，称家匹配，也不勒索财礼，犹有古遗风焉。"[③]

祭礼方面也有类似情况。"建俗祭礼，多失于简……家堂不设神主，惟书'昭穆香火'数字，或兼塑佛像以祀者。前明知县何孟伦谕俗文痛言之，当时士大夫家已革其弊，而村俗尚未尽变。"[④]

对于这些美俗，时人也是大为赞叹，特别是中华民国成立后，国民政府曾大力提倡移风易俗，倡导新风气。如："自社会迷信渐除，赖佛逃（应为讨——笔者注）生者少，近已仅有矣。"[⑤]"今则女子率皆剪发，此礼亦废。"[⑥]"此昔时礼也，颇嫌太繁。今则倡行文明结婚礼，迥有不同者。"[⑦]"婚姻为正家之始……旧俗议婚尚计财利，犹染陋习；近来姻娅相爱，自幼以钗钏行聘，及长而娶，视家之厚薄为礼，而遣嫁服物多听男

① 丁世良、赵放主编：《中国地方志民俗资料汇编·华东卷》，书目文献出版社1995年版，第1327页。
② 丁世良、赵放主编：《中国地方志民俗资料汇编·华东卷》，书目文献出版社1995年版，第1329页。
③ 丁世良、赵放主编：《中国地方志民俗资料汇编·华东卷》，书目文献出版社1995年版，第1348页。
④ 丁世良、赵放主编：《中国地方志民俗资料汇编·华东卷》，书目文献出版社1995年版，第1346页。
⑤ 丁世良、赵放主编：《中国地方志民俗资料汇编·华东卷》，书目文献出版社1995年版，第1341页。
⑥ 丁世良、赵放主编：《中国地方志民俗资料汇编·华东卷》，书目文献出版社1995年版，第1343页。
⑦ 丁世良、赵放主编：《中国地方志民俗资料汇编·华东卷》，书目文献出版社1995年版，第1343页。

家自备，最为简便可行。”① “旧俗，凡赴吊，丧家奉以尺布，谓之‘发白’……夫尺布缠头为袒免之服，非所施于众宾，民国后多除之，是省费而合于礼矣。延僧道诵经，始死曰‘乞生’……明礼之家多屏（摒）不用，民国后不用者尤众，是亦破除迷信之进化也。”②这些举措对中央苏区社会风气的形成产生了一定影响。

第二节　颓败的社会风气

虽然中央苏区所在区域具有若干良善风气，但是从社会风气的特点和发展态势来看，该区域的风气与当时整个国家的风气特点和发展态势是一致的。中央苏区时期，国统区的社会风气总体上比较落后，呈现出颓败的态势。

一、政风腐败

（一）江湖习气浓厚

中国的封建历史有两千多年，封建思想和积习深厚。虽然辛亥革命推翻了清王朝，但是并没有彻底废除封建制度，中国依然是一个半殖民地半封建的国家，封建思想与风气仍在社会中普遍存在。如《改革地方政治的理论及实施办法》中指出，当时中国政治不良之主因为幕吏恶习，表现为幕僚恶习和胥吏恶习。接着文中分析了幕吏恶习的四点成因：薪给标准之

① 丁世良、赵放主编:《中国地方志民俗资料汇编·华东卷》,书目文献出版社1995年版,第1345—1346页。

② 丁世良、赵放主编:《中国地方志民俗资料汇编·华东卷》,书目文献出版社1995年版,第1338页。

失当、社会潜意识过劣、江湖组织和黄老学说。为消除幕吏恶习，作者建议从训练，薪给，公积金，厉行节约，改订行政组织，小区自治制，公文文书之整理，颁给乡约和厘定地方育教之方针九个方面改革地方政治[①]。这说明当时中国社会江湖习气浓厚，弥漫全国。赣南、闽西也不例外。当然，在保持原有根本制度、社会结构和旧价值观的情况下，作者提出的解决办法也不能从根本上解决问题，历史已证明了这一点。

南京国民政府党政军机关内外江湖习气和腐败情形，在当时乃是一个普遍问题。例如，当时担任江西省国民党党部主任委员的程天放在蒋介石到江西督率"剿匪"时，召集参加"剿匪"的高级军官和江西省领导，发表了一篇名为《剿匪期内应有的两种心理》的讲话，便很能说明问题："现在全国党部有个共同的缺点，就是党部衙门化。什么叫作就是党部衙门化？就是党部里面，所做的工作，是和旧式衙门里一般无二的……至于党员方面呢：兄弟考察过去情形觉得有少数党员，现在是以党做个人的工具……他们的动机，是来利用党，是要拿党来做他个人的工具……过去我们还有一个共同的缺点，就是大家只会责备他人，不会责备自己，例如省党部责备县党部不力，而县党部责备省党部不能切实指导，省政府说县政府不好，县政府又说省政府督促无方，这样说来说去，责备来责备去，党政工作丝毫不会进步，而且反要格外疏懈下来。今后我们无论如何，非要除去这个弱点不可。"[②]

上面引文说明了国民政府政风的实际情形。首先，国民党党风败坏、政风颓废。因为相当多的人加入国民党是"别怀企图，借党来满足他们个人的欲望"，"是要拿党来做他个人的工具"，结果"党与民众，是一天一天的隔离"。其次，国民党上下不团结，缺乏凝聚力，相互推诿严重。而

① 参见张研、孙燕京主编:《民国史料丛刊》第77册，大象出版社2009年版，第5—8页。

② 福建省剿赤宣传部设计委员会:《剿赤重要言论集》，福建省档案馆藏，档案编号:民国资料1.3.215号。

相互推诿正是官僚习气的典型。最后，印证了《改革地方政治的理论及实施办法》中的说法。国民政府中存在浓厚的江湖习气，因为在这样重要的讲话中，程天放竟然以“兄弟”相称。当然不只是程天放这样做，就是国民党的最高领导蒋介石也是如此。蒋介石在《我们要认清剿匪的责任》的开场白中说道：“主席，各位同志：这次兄弟到江西来剿匪，原不算是一件什么事情。”①

以“兄弟”相称是诸如天地会和白莲教等江湖组织的习惯做法，充满江湖习气。如此称呼可拉近组织成员间的关系，增强凝聚力，巩固组织。但是，国民党是一个以三民主义为指导思想，以复兴民族为奋斗宗旨的现代政党组织，蒋介石作为这样一个有信仰、有组织纪律的现代政党的最高领袖，在这样隆重而正式的大会，开口闭口皆以“兄弟”相称，这种做法无疑就是江湖习气的表现，是不适宜的。蒋介石如是行事，自然会影响下属，这导致南京国民政府党政军各机关的江湖习气“深入骨髓”。

中华民国成立后，临时中央政府颁布政令，规定新的社交礼仪。“开国以后，在沿海通商地区，受西方平等观念影响，先是在新式知识分子内部，逐渐采用握手、鞠躬等见面方式，并且用‘先生’‘女士’‘小姐’‘同志’取代了先前的称谓。1912年民国成立后，明令祭孔时‘除去拜跪之礼，改行三鞠躬，祭服则用便服。’”②不久，“又明令废除社交中实行的叩拜、相揖、请安、拱手等旧礼节，改行鞠躬礼为主。同年8月17日，民国政府公布了《礼制》，用法律的形式，确立了新式礼节的合法地位”③。因此，行鞠躬礼，使用“先生”“君”的称呼，反映了以孙中山为首的资产阶级革命派对民主、自由与平等的追求，时人谓之“民国新气象”。所以，社交礼仪、称谓不是小事，反映了一个时代特定的新风气。

① 福建省剿赤宣传部设计委员会：《剿赤重要言论集》，福建省档案馆藏，档案编号：民国资料1.3.215号。

②《丁祭除去拜跪》，《申报》1912年3月5日。

③《东方杂志之中国大事记》第9卷第4期，1912年10月。

从上述的引文中，我们可以窥见：当时的国民党党风不正，国民政府党政军各机关各自为政、军政关系恶劣。蒋介石指出："中国政治不良，赤匪横行，多是由于一般人心苟且偷安。"① "我们党员是革命的领导者，尤其是民众的急先锋，务须变易从前苟且偷安，得过且过的风习。"②为此，他要求："现在一般党员应该要有羞恶之心与尚廉之风。"③ "反观我们的情形，则远不如土匪。政府自政府，人民自人民，军队自军队，各不相谋，甚至省政府和县政府之间，也不能十分联络得好，所以，土匪一个人能当十个人用，我们十个人不能当一个人用。"④

蒋介石将"剿匪"屡屡失败的原因仅仅归结为社会风气不好是站不住脚的，将"剿匪"成功寄希望于国民党党员具有"羞恶之心与尚廉之风"也是没有找到问题的症结。当然，蒋介石的讲话从侧面反映出中央苏区政风清廉、军政关系和谐、军民团结的新气象。

（二）派系林立，腐败盛行

派系问题，既是全国性问题，也是地方问题。国民党中央层面派系林立，地方各省也不例外。这些派系之间钩心斗角，争权夺利。具体而言，四一二反革命政变后，蒋介石虽然成了国民党的最高领袖，但是其在统治期间，一方面长期受派系掣肘，施政阻力重重；另一方面又有意识地培养派系，使其相互制衡。

关于国民党中央层面的派系情况，彭德怀曾说："我们还谈了蒋介石并没有统一中国的问题。他只控制江、浙、闽、淮四省，对湘、鄂、赣、豫

① 福建省剿赤宣传部设计委员会:《剿赤重要言论集》,福建省档案馆藏,档案编号:民国资料1.3.215号。

② 福建省剿赤宣传部设计委员会:《剿赤重要言论集》,福建省档案馆藏,档案编号:民国资料1.3.215号。

③ 福建省剿赤宣传部设计委员会:《剿赤重要言论集》,福建省档案馆藏,档案编号:民国资料1.3.215号。

④ 严如平、郑则民:《蒋介石传》(上),中华书局2013年版,第234页。

四省只是半控制；东北易帜而未改制，西北仍属冯玉祥和地方军控制，西南原封未动；两广勾结法国，实行割据。”[①]国民党的派系主要有：“CC系、三青团、黄埔系、朱家骅系、新桂系。”[②]

对于国民党中央派系林立的情况，外国研究蒋介石的专家也深为认同：“国民政府实际上只控制了几个省……中国实际上支离破碎，差不多可以算得上是诸侯割据……”[③]“派系林立。例如，国民党内有汪精卫系、宋子文系、孔祥熙系、何应钦系、朱家骅系、孙科系……这个单子还可以一直开下去。”[④]

国民党中央派系林立“根本上在于其党的生存与地位依赖于其政权的生存与地位。而其政权的存在与地位又纯由军事革命所造成，故而不得不靠军队来支撑，这就不可避免地造成军权远大于政权、更大于党权的客观情势……北伐战争打破了军阀割据的局面，却便利了国民党旗下几支较大的地方实力派利用蒋介石指挥下的中央军力有不逮的情况，造成新的割据局面”[⑤]。这种分析虽然很客观，但实际上派系林立的根本原因是实际利益的争夺：“两个派系的分歧常常在政策的确定上表现出来，但是，根本问题是权力和地位……一个前蓝衣社领导人承认，‘任何［派系］斗争都不是由政策分歧引起的斗争，而是为了饭碗的斗争’。”[⑥]

关于蒋介石培植派系使其相互制衡的情况，曹聚仁指出：“国民党以外的地方封建势力，可以分出十多个派系来，这其中的错综捭阖，都在老头子的操纵指挥之中。大体说来，势力范围，已经分配妥当了。”[⑦]外国专家

① 彭德怀：《彭德怀自述》，人民出版社1981年版，第74—75页。

② 史鉴：《中华民国史：1912～1949》，九州出版社2011年版，第269页。

③ 布赖恩·克罗泽著，封长虹译：《蒋介石传》，国际文化出版公司2011年版，第132页。

④ 费正清、费维恺编：《剑桥中华民国史》下卷，中国社会科学出版社1994年版，第95页。

⑤ 张海鹏主编：《中国近代通史》第8卷，江苏人民出版社2007年版，第51页。

⑥ 费正清、费维恺编：《剑桥中华民国史》下卷，中国社会科学出版社1994年版，第97页。

⑦ 曹聚仁：《蒋经国论》，人民出版社2009年版，第85页。

也认为："蒋介石实际上鼓励派系之间的竞争。因为派系间的斗争使任何一个派系不致过于强大，蒋介石从而得以确保他对所有派系的至高权力。"①

之所以出现这种局面，源于蒋介石个人的性格及政治理念。对此，蒋介石的政敌们可谓洞若观火。汪精卫曾经在一封电报中指出："蒋介石不仅任人唯亲，而且还把中国视为他自己的私人财产。"②蒋介石也坦承："我很有野心"③，"政治生活，全系权谋，至于道义，则不可复问矣"④。

国民党中央派系林立，政风不良，自然影响地方的政治生态。闽粤赣同样派系林立："江西省军阀内部也有矛盾"⑤，"江西方面第二军鲁涤平部和滇军朱培德之第三军也有矛盾"⑥。参加过"围剿"边区革命根据地的杨如轩说："整个江西军界呈现腐败景象。"⑦

从上文中我们可以看出当时国民党政府不仅贪污腐化，官僚作风严重，而且存在以军干政、军政不分等不良政治作风。以军干政、军政不分是当时军阀政治的传统，当然也是一种恶习。

派系林立的政治生态必然导致腐败盛行。"他（汪精卫）发了一封电报，谴责南京政府受贿、腐败、独裁。"⑧虽然汪精卫的指责夹带个人私心，但道出了南京国民政府政风腐败的事实。

国民政府贪腐成风，胡适是心知肚明的："我们要打倒五个仇敌：第一大敌是贫穷，第二大敌是疾病，第三大敌是愚昧，第四大敌是贪污，第五

① 费正清、费维恺编：《剑桥中华民国史》下卷，中国社会科学出版社1994年版，第97页。

② 布赖恩·克罗泽著，封长虹译：《蒋介石传》，国际文化出版公司2011年版，第137页。

③ 茅家琦、徐梁伯、马振犊等：《百年沧桑：中国国民党史》（上），鹭江出版社2009年版，第307页。

④ 茅家琦、徐梁伯、马振犊等：《百年沧桑：中国国民党史》（上），鹭江出版社2009年版，第307页。

⑤ 彭德怀：《彭德怀自述》，人民出版社1981年版，第125页。

⑥ 彭德怀：《彭德怀自述》，人民出版社1981年版，第135页。

⑦ 中国人民政治协商会议全国委员会文史资料委员会《"围剿"边区革命根据地亲历记》编审组编：《"围剿"边区革命根据地亲历记——原国民党将领回忆》，中国文史出版社1996年版，第5页。

⑧ 布赖恩·克罗泽著，封长虹译：《蒋介石传》，国际文化出版公司2011年版，第138页。

大敌是扰乱”[①]，“贪污是我们这个民族的最大特色……二十五年来没有考试任官制度之下的贪污风气更盛行，这个恶习惯其实已经成了各种社会的普遍习惯……上而至于军官的克扣军粮，地方官吏的刮地皮，庶务买办的赚钱，下而至于家里老妈子的‘揩油’，都是同性质的行为”[②]。

贪腐政风的结果就是：“中国官吏那样贪污，衙门那样腐败，去打官司往往弄得倾家破产，得不到丝毫的公道。”[③]“中国官吏那样的贪污专制，人民怕他们，有甚于猛虎呢。”[④]

闽粤赣边作为国民政府管辖下的地方政权，自然深受国民政府贪腐政风恶习影响。如，廖廷建在研究福建军阀兴衰史时指出：作为地方性的武装，福建民军的军饷主要是自筹而来。其自筹之手段主要是在辖区内就地筹饷。为了敛财自肥和搜刮军费，他们采取各种手段，肆意盘剥当地人民。其具体方式主要有：滥增税捐，对人民加强搜刮；临时派款和绑架勒索；私设银行、钱庄，滥发纸币，牟取暴利[⑤]。这些“敛财自肥和搜刮军费”的行为，往往使得地方政治黑暗，腐败不堪。“他（卢兴邦）在各县设赌场，开妓院，贩鸦片，收取赌捐、烟捐、花捐等。”[⑥]当然，这些也是民国时期军阀惯用的做法。

这些盘踞在福建各地，尤其是闽西的军阀无一不与红军为敌，因而先后遭到红军的痛击，或被消灭，或被严重削弱。其中，军阀郭凤鸣被消灭。“陈国辉部在与红军作战中，也受到沉重的打击……张贞、卢兴邦等部在与红军作战时，实力皆有程度不一的削弱。”[⑦]

① 胡适：《中国问题》，《民国丛书》第3编（12），上海书店1989年版，第4页。

② 胡适：《中国问题》，《民国丛书》第3编（12），上海书店1989年版，第8页。

③ 王造时：《中国问题的分析》，《民国丛书》第3编（12），上海书店1989年版，第115页。

④ 王造时：《中国问题的分析》，《民国丛书》第3编（12），上海书店1989年版，第113页。

⑤ 参见廖廷建：《福建民军之研究》，福建师范大学2003年硕士学位论文，第30—33页。

⑥ 廖廷建：《福建民军之研究》，福建师范大学2003年硕士学位论文，第30页。

⑦ 廖廷建：《福建民军之研究》，福建师范大学2003年硕士学位论文，第15页。

二、社风愚昧

（一）“三毒”泛滥，毒害百姓

鸦片战争后，中国逐步沦为半殖民地半封建社会。在此过程中，鸦片逐渐泛滥，烟毒肆虐，严重危害国人身心健康。关于鸦片泛滥的情形，《盛世危言》中有此描述：“大宗有二：一则曰鸦片每年约耗银三千三百万两，一则曰棉纱、棉布两种每年共耗银五千三百万两……罄所得丝、茶全价，尚不能敌鸦片、洋布全数。”①

面对此种情况，众多有识之士呼吁政府严禁鸦片，但多半不了了之。鸦片在全国泛滥，烟毒肆虐的严重局面，直到中华人民共和国成立后，在中国共产党的坚强有力的领导下，才得以根本扭转。在国民政府时期，地方军阀割据，各自为政，加上贩卖鸦片利润丰厚，包括蒋介石在内的大小军阀通过贩卖鸦片供养军队或牟取暴利，加剧了鸦片的泛滥，烟毒危害国人身心健康日甚一日。

史鉴指出：“所谓齐鲁大战，是各地军阀为了争抢上海这块宝地而进行的争夺。据专家考证，军阀混战时期，上海光是鸦片的经营收入，就足足可以养活三个师。”②鸦片贸易利润丰厚程度由此可见一斑。故在工业落后的中国，军阀们为开辟财源、争夺地盘、扩充实力，无不明里暗里种植或贩卖鸦片。“军阀的势力，有好些是靠鸦片维持的。有些省份竟勒逼农民栽种鸦片。所谓烟苗捐，烟灯捐，吸户捐，种种奇怪的捐税，无不应有尽有。好好农田，不种五谷种鸦片，以致粮食缺乏，农户饱于鸦片，而饿死

① 郑观应著，陈志良选注：《盛世危言》，辽宁人民出版社1994年版，第238—239页。

② 史鉴：《中华民国史：1912～1949》，九州出版社2011年版，第112页。

于粮食，真是天下奇事。”[①]王造时的观点可谓一语中的。

再如，军阀蔡成勋在江西时把社会风气搞得乌烟瘴气。“蔡成勋还公开提倡淫业，从中抽取花捐……由于政府允许和提倡，南昌市的许多街头巷尾纷纷挂起了堂名招牌。”[②]他的部属评论道：“蔡成勋督赣三年多的工夫，没有留下什么‘德政’可言，相反地做了坏事不少。其中最为典型的是勒民种烟和广设鸦片专卖局以掠取烟款。”[③]于是，江西鸦片越发泛滥、民众越发贫穷。“往者邑人吸食黑烟，日不过费数文耳，一进而为黄烟，再进而为条丝，三进而为建条，至阿芙蓉膏，而耗财益巨矣。”[④]蔡成勋的胡作非为大大毒化了江西社会风气，其罪行可谓罄竹难书。

毛泽东在《寻乌调查》一文中指出：“鸦片亦是大宗，从兴宁、于都来。”[⑤]

如前所述，盘踞在闽西的军阀们，为了筹措军饷，滥增税捐。在名目繁多的捐税中，鸦片捐历来为国民党军队所重视，是他们军饷的重要来源之一。为了开辟财源，增加捐税，各路国民党军队采取各种办法，强迫和诱骗农民种植鸦片[⑥]。闽西地区鸦片泛滥成灾。

这说明，中央苏区建立前，赣南、闽西地区鸦片泛滥。我们后文还会继续论述这个问题，在此不再赘述。

关于“三毒”泛滥及其危害，《万载县志》有记载：“通境烟馆达三千家……上下交征而元气剥丧尽矣。与烟相近者曰赌……夫关于娼寮妓馆者孰不以为娱乐。乡人之称嗜烟者曰烟鬼，嗜赌者曰赌鬼。谓其俾昼作夜也流痞不足齿，纨绮不足惜。而独无以解于士人……抽头聚赌而烟与娼亦一

① 王造时:《中国问题的分析》,《民国丛书》第3编(12),上海书店1989年版,第218页。

② 何友良:《江西通史·民国卷》,江西人民出版社2008年版,第36页。

③ 何友良:《江西通史·民国卷》,江西人民出版社2008年版,第36页。

④ 丁世良、赵放主编:《中国地方志民俗资料汇编·华东卷》,书目文献出版社1995年版,第1148页。

⑤《毛泽东文集》第1卷,人民出版社1993年版,第131页。

⑥ 参见廖廷建:《福建民军之研究》,福建师范大学2003年硕士学位论文,第31页。

呼立应。光绪中叶不知误几许聪明子弟。淫靡之习盛而廉耻之念衰……禁娼禁赌迭有所闻，迭有所罚。机关把持转逃于法令之外，禁亦少疏而烟禁则日加严切。截至二十五年，违者将有性命之危，再展至二十九年必尽绝矣。娼赌可以败家丧身而烟则显干国纪，奉行不力，刑法堕之，慎毋希冀于万一也。”①

（二）盗匪肆虐，民不聊生

关于盗匪，历朝历代都没有解决好这个问题。特别是王朝末年，新旧朝代更替之际，盗匪更是多如牛毛。因为新旧朝代更替之际，土地兼并往往极其严重，社会动乱；倘若遇上洪涝、干旱等天灾，外加战争等人祸，结果往往是“冒法而为盗则死，畏法不为盗则饥。故其弱者甘心流离饥饿而死，其强壮者则铤而为盗矣”②。

民国时期，军阀长期混战，各自为政，社会治理失序，生产难以为继，民不聊生。众多失去土地的农民、无业的流民在无以为生、万般无奈的情况下，沦为盗匪。故民国时期，盗匪问题极为严重。江西瑞金地处南岭山脉与武夷山脉，土地贫瘠、山高林茂、交通不便，土匪更易藏身，历史上就匪患不断。民国时期，该地盗匪更多更加猖獗。关于全国土匪猖獗、匪患严重的记载数不胜数，以下仅举几例。

辛亥革命之际，全国各地涌现出大量民兵。中华民国成立后不久，这些民兵基本被裁，流落民间，成为土匪的重要来源。“裁兵无所得食，流为匪。”③袁世凯死后，北洋军阀集团分裂，中国陷入了黑暗的北洋军阀统治时期。全国涌现出大大小小的军阀，这些军阀为了争权夺利，扩大地盘，大量招兵买马，重要方法就是收编土匪。故黎元洪曾称“遣之则兵散

① 民国《万载县志·风俗》，第17—18页。

② [清]魏裔介：《详陈救荒之政疏》，见《兼济堂文集》第2卷，第29页。

③ 中国第二历史档案馆编：《北洋军阀统治时期的兵变》，江苏人民出版社1982年版，第56页。

为匪，招之则匪聚为兵”。至于军阀本身，据研究者统计：“二三十个军阀在其成为合法军人前，毫无疑问都是土匪头子。”[①]军阀争斗的结果如下：“用武力来代替武力，用这一班人来推倒那一班人，用这一种盲目势力来代替那一种盲目势力，这算不得真革命……结果只是兵化为匪，匪化为兵，兵又化为匪，造成一个兵匪世界而已。”[②]

对于这种盗匪横行、社会风气败坏的情况，民国时期的很多学者有着清醒的认识。如贾逸君指出：“中国自民国成立以来民生凋敝已极，土匪之祸，几于无地无之，而山东之匪祸尤烈。”[③]王造时也指出：“因为政治腐败，内乱时起，人民不能聊生，于是铤而走险，加入匪者愈趋愈多。到如今，没有一省无土匪。崇山峻岭，穷乡僻壤便是土匪最好的藏身之所在。”[④]周谷城也指出：“贫富悬殊的结果最贫者便流为盗匪。截止今日为止，中国几乎可以说成了一个盗匪世界。遍全国无一省没有盗匪的；一省之中，又无一县没有盗匪的；一县之中，又无一乡镇没有盗匪的。”[⑤]

盗匪横行，匪气弥漫的后果就是：“纵观今日之国中，无论为武人，为政客，以及士子平民，心目中皆有一匪字。”[⑥]有研究者指出：“民初土匪，遍布全国，湘西、赣南、黔东等均为土匪猖獗之地，而河南、山东、福建和四川是匪患最严重的省份。”[⑦]当时福建省委的汇报指出：“他们没有旁的出路，迫而当兵做匪，做匪尤其容易，因此闽西就成了土匪世界。”[⑧]

关于该区域盗贼横行的情况，近代的很多文献中也有记载。“康熙十六

① 廖保平：《私窥江湖》，生活·读书·新知三联书店2017年版，第203页。

② 胡适：《中国问题》，《民国丛书》第3编（12），上海书店1989年版，第14—15页。

③ 贾逸君：《中华民国政治史》，《民国丛书》第2编（22），上海书店1989年版，第323页。

④ 王造时：《中国问题的分析》，《民国丛书》第3编（12），上海书店1989年版，第219页。

⑤ 周谷城：《中国社会之结构》，《民国丛书》第1编（77），上海书店1989年版，第342页。

⑥《匪患》，《益世报》1923年8月21日第2版。

⑦ 冷树青等：《百年中国社会风习寻脉》，社会科学文献出版社2016年版，第68页。

⑧ 江西省档案馆、中共江西省委党校党史教研室选编：《中央革命根据地史料选编》（中），江西人民出版社1982年版，第59页。

年二月，游记赵应时，关彪，都司汪国梁搜捣贼巢，领马步兵驻此。循石壁而上，洞容数百人，避寇者多居之。”[①]刘阴堂编的《赣边剿匪日记》中有详细记录。此日记不仅表明当时赣粤边境土匪横行，也点明了另一个事实：剿匪的官军对百姓的祸害有时比土匪还厉害。

“闽中各县，因戴云山脉之绵亘，山岭重叠，地形复杂，民贫地瘠，教育落后……刁恶匪首，以凶暴残杀，迫民入伙，而匪遂遍地。虽经政府迭次剿抚兼施，冥顽之徒，终未醒悟。二十余年，群盗如毛，均未得根本肃清。抗战军兴后，又因民众无知，畏服兵役，相率逃避，加入匪党，遂致妖气弥漫，刀斗频繁，民无宁日。”[②]

由上述的引文可以看出这样一个事实，当时福建各地确实盗匪很多，匪患严重。但是这些文章大都站在统治阶级的立场，没有弄清匪患成灾的深层原因并进行客观的分析。对于匪患的成因，文章提到了“政治黑暗”“军阀割据混战”等原因，这是值得肯定的，但是更多的是把“群盗如毛”的原因归结为“戴云山脉之绵亘，山岭重叠，地形复杂。民贫地瘠，教育落后”，而忽视社会原因，进而指责“民性强悍，民智雍塞，教化未周”与匪徒之“冥顽”，这显然是站不住脚的。当然，“山岭重叠，地形复杂，民贫地瘠”等这些自然条件对于匪患成灾有一定的影响，但是“群盗如毛”真正的原因：一是当时政治黑暗；二是经济上的残酷剥削与压榨，致使民不聊生，老百姓只有铤而走险，求得一线生机。这些社会制度方面的原因才是“群盗如毛”的根本原因，作为统治阶级当然是不愿承认的，因而也就无法真正消除“群盗如毛”的社会现象。

（三）百姓愚昧，迷信盛行

一般而言，历代封建统治者都推行愚民政策，造成民众文化素质普遍

① 民国《万载县志·古迹》，第19页。

② 闽中剿匪司令部编：《闽中剿匪纪事之六·匪情》，沙县环球印书馆1929年版，第1页。

不高。江西瑞金地处山区，交通不便，教育更加落后，民众文化水平更加低下，普遍愚昧，格外迷信。

关于该区域民众迷信成风的记载较多。“伉健工巧，好佛信鬼神。嗜勇好斗轻生敢死。”①“葬惑阴阳家言，至于有地不葬，有葬无日，停厝近郊或至十数年，甚者至于数世；及其择地不效，仍归祖垄，垄狭不容棺，则易用小椁，其或侵迫谋占，诱买盗葬，辄起争讼，焚骸穿地，所不忍言，虽千万中一二，然渐不可长。”②

邵武府“信鬼好祠，俗罕延医”③，建宁县“民惑于不可知而致力于神，多非其道”④。“迷信风水和神权的俗尚。客族的人们，十有五六都是迷信风水和神权的——尤其是妇人迷信得更利害。（迷信神权为国内各地的人民的恶俗，可不必论，现在单就迷信风水一层来说）无论寿夭祸福，都以为是家里所有的风水（包括屋场坟山二种）有好坏的缘故。”⑤“而葬多逾期，酒肉供客，斯数者实为悖礼。然沿习既久，竟不为怪。独近日士大夫家间有不用浮屠者，为卓识迈俗耳。”⑥“卜葬每惑阴阳家言，至有久停荒郊者，富室尤多。”⑦

习惯一旦形成，便很难在短期内得到改变。很长一段时间内，瑞金“妇女思想保守，且崇信命运，甚于男子”⑧。

“祀本山神，开圹下棺，加封树焉；然采山择日，往往过于拘忌，并有暴丧多年执意不葬者，必俟子孙有吉庆事，先后日举殡，朝哭暮歌，悖礼

① 光绪《江西通志》第48卷，第222页。

② 丁世良、赵放主编：《中国地方志民俗资料汇编·华东卷》，书目文献出版社1995年版，第1134页。

③ 同治《福建通志》第57卷，第17页。

④ 同治《福建通志》第57卷，第20页。

⑤ 罗香林编：《粤东之风》，《民国丛书》第4编（60），上海书店1989年版，第39—40页。

⑥ 丁世良、赵放主编：《中国地方志民俗资料汇编·华东卷》，书目文献出版社1995年版，第1150页。

⑦ 丁世良、赵放主编：《中国地方志民俗资料汇编·华东卷》，书目文献出版社1995年版，第1151页。

⑧《瑞金县志》编纂委员会编：《瑞金县志》，中央文献出版社1993年，第772页。

实甚。”[①]“丰邑颇重延医，近亦有不事医而事巫者。”[②]“迩来富豪之家，惑于风水，或停柩不葬，或既葬复迁，甚至谋人吉穴，取非其有，以致构讼者有之。不知葬者藏也，葬必择地者……岂有当于采风者哉。”[③]

“赣俗信巫，婚则用以押嫁，葬则用以押丧，有巫师角术之患，士君子以礼传家则不用。”[④]

“粤俗信鬼，而邑属有之。有病则燎火，使妪持衣招于门，延巫逐鬼，咒水书符，夜则角声呜呜达旦。谚曰：‘十月禾黄鬼上村。’鬼犹求食，可笑也。其降乩者、放阴者、问仙娘者，妇女奔走若狂，所在多有……民国取缔巫觋，未见实行，其风尚不见息……近奉文拨庵祠款办学，僧道亦渐还俗，此风当不久存。”[⑤]

“至于崇释老，信堪舆，停柩待吉，往往不免，亦积习使然也。”[⑥]

“邑人于葬后十余年用金埕收拾骸骨，择地别葬，名曰‘执金’。”[⑦]

“俗信堪舆，延地师，备资斧，越十百里以求吉壤，甚有停衬（榇）在家数十年不葬者。”[⑧]

“病者，医稍不廖，多请巫人至家………所唱不知何辞，彻旦始歇，名曰‘坐夜’，又谓之‘招魂’。”[⑨]

“俗颇信巫。凡疾病死丧，祈禳追荐……事虽近于荒渺，然念及父母身后事，亦一念孝思，故士大夫家亦有行之者。”[⑩]

① 丁世良、赵放主编：《中国地方志民俗资料汇编·华东卷》，书目文献出版社1995年版，第1128页

② 丁世良、赵放主编：《中国地方志民俗资料汇编·华东卷》，书目文献出版社1995年版，第1151页。

③ 丁世良、赵放主编：《中国地方志民俗资料汇编·华东卷》，书目文献出版社1995年版，第1154页。

④ 丁世良、赵放主编：《中国地方志民俗资料汇编·华东卷》，书目文献出版社1995年版，第1163页。

⑤ 丁世良、赵放主编：《中国地方志民俗资料汇编·中南卷》，书目文献出版社1991年版，第710页。

⑥ 丁世良、赵放主编：《中国地方志民俗资料汇编·中南卷》，书目文献出版社1991年版，第716页。

⑦ 丁世良、赵放主编：《中国地方志民俗资料汇编·中南卷》，书目文献出版社1991年版，第718页。

⑧ 丁世良、赵放主编：《中国地方志民俗资料汇编·中南卷》，书目文献出版社1991年版，第767页。

⑨ 丁世良、赵放主编：《中国地方志民俗资料汇编·华东卷》，书目文献出版社1995年版，第1170页。

⑩ 丁世良、赵放主编：《中国地方志民俗资料汇编·华东卷》，书目文献出版社1995年版，第1184页。

对于迷信的风气，时人也是有看法的。“好谈风水，多惑形家言，清明、冬至改葬者纷纷。夫劝禁频仍，牧斯土者化导亦勤矣，何此俗竟牢不可破焉，不可解也。”[①]“疾病罕事医药，崇尚鬼巫，曰设鬼，曰和煞，曰保福，曰退病，纷纷不一。昔人云越人信鬼，殆风气然欤。”[②]总之，“执金改葬之俗，广府各县多有，不仅吾邑为然，其俗自周时即已有之”[③]。

当时，已有有识之士指出迷信的实质是骗术，目的是借机聚敛钱财。“其实狡妇借以行其骗术，伤风败俗，家族宜严禁之。”[④]“侈其事者，神之冠袍，旗帜必新，鼓吹数部，彼此赛胜，皆敛钱为之。所谓作为无益害有益也，旧志讥之当矣。”[⑤]《建瓯县志》纂修时，编者就已看出迷信的实质和目的，希望革除这些陋习：“他日破除迷信之法行，此等陋俗包扫一切矣。”[⑥]

可惜的是，即使有人如此明确地指出了迷信的实质和目的，但千百年来，人们依然乐于参与迷信活动，甚至有人沉溺于迷信而不能自拔，这种现象值得深思与研究。

（四）婚姻恶习，摧残妇女

关于赣南地区早婚，买卖婚姻，养童养媳，婚娶礼金沉重，虐待、歧视妇女，乃至溺婴等恶习，方志中有许多记载。

“婚礼有六，邑人则综合六礼以银币折之，谓之‘礼金’。重者以数百记，轻者以数十记，贫甚者或至数十金亦弗能具，则姑订于先，而求让于后……文明结婚，今尚未见于吉安各乡，而城市则已数数觏……必待父

① 丁世良、赵放主编：《中国地方志民俗资料汇编·华东卷》，书目文献出版社1995年版，第1179页。
② 丁世良、赵放主编：《中国地方志民俗资料汇编·华东卷》，书目文献出版社1995年版，第1179页。
③ 丁世良、赵放主编：《中国地方志民俗资料汇编·中南卷》，书目文献出版社1991年版，第718页。
④ 丁世良、赵放主编：《中国地方志民俗资料汇编·华东卷》，书目文献出版社1995年版，第1342页
⑤ 丁世良、赵放主编：《中国地方志民俗资料汇编·华东卷》，书目文献出版社1995年版，第1155页。
⑥ 丁世良、赵放主编：《中国地方志民俗资料汇编·华东卷》，书目文献出版社1995年版，第1246页。

母之命，媒妁之言，自非再醮，无男女自行择配者……而早婚之风遂不禁而自戢。吴隐之卖犬嫁女不可以律。吾邑邑俗，家虽窭，其遣女也，奁资亦必在数十金以上，富人则金玉、锦绣，累箧连箱，有消耗数千至巨万者。逆料遣嫁之艰，忍人遂于女初生即毙之以水，虽有育婴局补救万一，力亦未能胜残矣……邑中贫民无力为子娶妇，则抱他人之幼女抚养之，俟其长大，然后诹吉日使与己子合卺。婚费不靡，而可以似续妣祖，亦策之良也……则政治改革之功也。邑以娶再醮妇为羞，顾再醮者不绝于邑。盖妇至再醮，无聘礼可言，只须以少数金钱啖其故夫之亲属，丰者不逾三、四十金，俭者仅十余金，窭人利用其价之廉，故忍耻而为之夫也。近则再醮妇亦需八、九十金，闺阁中人身价更可想见。邑绅忧寒门得妻之艰，思请于官，节制婚费，而迄难实行。或谓婚姻已尚自由，彼姝者子可以不费而获。”①

“纳妾不成礼，非无子者不纳妾。俗尚贞洁，耻再醮。”②

“其贫者不能具礼，扶人童女长大成婚，曰‘孩养媳妇’。按《周礼·职方氏》，扬州之域，女少于男，诚能广之以孩养济之以育婴堂，则溺女之习可不禁而自止，尚义者辛留意焉。”③

“赣多童养媳，每在髫龀哺乳时入门，略具花烛仪。及长，择吉祀祖而配合之，谓之‘合帐’。虽不备礼，而贫家可免溺女之患，亦变礼之得者。”④

“溺女之俗，今已渐少。至款媒滥费，则久不闻有此风矣……临门需索，颇多龃龉，甚且因而失欢。”⑤

---

① 丁世良、赵放主编:《中国地方志民俗资料汇编·华东卷》，书目文献出版社1995年版，第1141—1142页。

② 丁世良、赵放主编:《中国地方志民俗资料汇编·华东卷》，书目文献出版社1995年版，第1151页。

③ 丁世良、赵放主编:《中国地方志民俗资料汇编·华东卷》，书目文献出版社1995年版，第1154页。

④ 丁世良、赵放主编:《中国地方志民俗资料汇编·华东卷》，书目文献出版社1995年版，第1163页。

⑤ 丁世良、赵放主编:《中国地方志民俗资料汇编·华东卷》，书目文献出版社1995年版，第1167页。

“婚事沿习。间有稚配之俗，虽非古礼，然揆厥由来，亦贫啬者变通法耳……故迩来贫少溺女，未必非因稚配而开一救生之门也……亦自近乎礼也。”①

“俗耻再醮，家有婺（嫠）妇，嫁必破壁出之，或毁垣不令由户；嫁必以夜，不用鼓乐，见者唾为不祥。”②

“妇女矜名节，不可污以浮言，不可与人为妾，不鬻为婢。”③

“贫家恒抱人女乳养，小时可同操作，既长可省婚财；生女者恐妨作业，亦愿抱与人。故童养妇最多，俗呼为‘囤娘子’，言如货之囤于家也。”④

“凡新妇，三日内，亲宾皆得会见，惟语言秽亵，谑浪无度，最为敝俗，亟宜革除。亦有贫家女幼即与人抱养为媳者。”⑤

“乡间颇有抚童养媳者，成亲，谓之‘完房’。再嫁者，必以夜，熄灯负而驰至水口而后上轿，足不着土，着土则草萎土崩。无赖者要之途，谓之‘拦山’。既至舍之村外茅屋中，七日而后成亲，鄙之也。未嫁者谓为‘白面女’，已嫁者谓为‘乌面女’。”⑥

“若有幼抱养者，曰‘童媳’，男女及年完婚，无定茶、娶嫁礼，余皆同。”⑦

“妇有恋爱者，终身不二，亲夫即长，不敢干涉。”⑧

“农家不能具六礼，多幼小抱养者，谓之‘童养’，男女长大，择日成婚。”⑨

---

① 丁世良、赵放主编：《中国地方志民俗资料汇编·华东卷》，书目文献出版社1995年版，第1172页。

② 丁世良、赵放主编：《中国地方志民俗资料汇编·华东卷》，书目文献出版社1995年版，第1052页。

③ 丁世良、赵放主编：《中国地方志民俗资料汇编·华东卷》，书目文献出版社1995年版，第1054页。

④ 丁世良、赵放主编：《中国地方志民俗资料汇编·华东卷》，书目文献出版社1995年版，第1054页。

⑤ 丁世良、赵放主编：《中国地方志民俗资料汇编·华东卷》，书目文献出版社1995年版，第1243页。

⑥ 丁世良、赵放主编：《中国地方志民俗资料汇编·华东卷》，书目文献出版社1995年版，第1248页。

⑦ 丁世良、赵放主编：《中国地方志民俗资料汇编·华东卷》，书目文献出版社1995年版，第1328页。

⑧ 丁世良、赵放主编：《中国地方志民俗资料汇编·中南卷》，书目文献出版社1991年版，第711页。

⑨ 丁世良、赵放主编：《中国地方志民俗资料汇编·华东卷》，书目文献出版社1995年版，第1134页。

“婚礼，尚姓氏门阀……庶民论财，聘用金银代币，奁必责厚。”①

“淦俗婚配，无力之家多厮养媳，大婚成礼，谓之‘检拢’。新婿过门，呼为‘娇客’。然此风不始于近代，宋时已然。”②

“过聘有金，等于古人之币。富家嫌于卖女，或不受金；贫家因以为奁，或多索金。”③

“嫁女重妆奁，鼓吹迎送，炫耀俗目，贫者固难取办，富家亦难为继，故溺女成风，始作俑者流害不浅。近时士宦之家不以妆奁为轻重，渐从简便，此所以清其溺女之源者。”④

“俗多童养媳。每在髫龄或乳哺时入门，略具花烛仪，谓之‘接乳’。及长，择吉祀祖而配合之，谓之‘成合’。虽不备礼，而贫家可免溺女旷男之患，亦变礼之得者。”⑤

《福建通志》云：“千金之家，三遭婚娶而空；百金之家，十遭宴宾而亡。”⑥

“有聘金，有代席金，有代苎金，厚薄无常数，而聘金特加隆。”⑦

“迩来婚姻礼节不异从前，而豪侈殊甚。昔时聘币无过三十贯，今则用洋银多至二百。昔用麻饼二、三百（以芝麻敷面，中空，稍拌沙糖为馅），每斤十五、十六枚间，今则易以白饼（以白糖拌面蒸之），每斤四五枚间，始亦不过数百，渐增至千，今则多者过三千，记重八、九百斤矣……至嫁女若系殷富之家，多备妆奁，故矣常有，中人之产因嫁女而罄尽者，视向时称家有无，不胜今昔之感。”⑧

---

① 丁世良、赵放主编:《中国地方志民俗资料汇编·华东卷》,书目文献出版社1995年版,第1158页。

② 丁世良、赵放主编:《中国地方志民俗资料汇编·华东卷》,书目文献出版社1995年版,第1159页。

③ 丁世良、赵放主编:《中国地方志民俗资料汇编·华东卷》,书目文献出版社1995年版,第1164页。

④ 丁世良、赵放主编:《中国地方志民俗资料汇编·华东卷》,书目文献出版社1995年版,第1178页。

⑤ 丁世良、赵放主编:《中国地方志民俗资料汇编·华东卷》,书目文献出版社1995年版,第1180页。

⑥ 转引自胡朴安:《中国风俗》(上),江西教育出版社2017年版,第114页。

⑦ 丁世良、赵放主编:《中国地方志民俗资料汇编·华东卷》,书目文献出版社1995年版,第1269页

⑧ 丁世良、赵放主编:《中国地方志民俗资料汇编·华东卷》,书目文献出版社1995年版,第1328页。

“婚礼，古有六……前一日，男家送猪首及菜（即猪牛肉、鲜鱼，有二三百斤者，殊为烦费）……《春秋》书高子来，传曰：东来，反马也。或谓即此义，而俗用金钱，因而争多论少，殊失古意。”①

“俗有女初生即抱养过门者，谓之‘童养媳’……此盖感于嫁娶困难而然。近世学说力戒早婚，痛诋童养媳之害，然婚姻制度不改良，嫁娶两难，而欲禁止此俗，势有所不能矣。”②

“婚姻不拘六礼。在有余之家，高尚门第，聘金之重，筵席之丰，妆奁之美，无不踵事增华。寒素家不然，有女妙龄，凭媒作合，不论婿之年貌，惟视聘金若干为定夺。习向所趋，牢不可破。多三十未娶之男，无二十不嫁之女，风俗至此，挽救何人。”③

“聘金多者百余元，少者数十元，亦有酒肉宴乐。”④

“早婚少嫁……按，近十年来，婚嫁甚不易易，聘金需二三百元，连酒肉各费共须四五百元。贫者艰于受室，难保不影响于人口之日减，兼民风日坏，勤俭固不如前，且多嗜烟赌，废时失业，甚而倾家荡产者所在多有。”⑤

“贫家幼接童养媳，俟其及年为之加笄，亦曰‘上头’。”⑥

“贫家子女结婚多在童年，在男家可省聘金，在女家可省妆奁，且娶来之后亦可略为助理家务（正不得以童养媳訾之）。”⑦

“近则女孩始生即有抱养为媳者，始犹贫俭之家偶行之，今则士大夫家亦以为便。”⑧

① 丁世良、赵放主编：《中国地方志民俗资料汇编·华东卷》，书目文献出版社1995年版，第1336页。
② 丁世良、赵放主编：《中国地方志民俗资料汇编·华东卷》，书目文献出版社1995年版，第1337页。
③ 丁世良、赵放主编：《中国地方志民俗资料汇编·中南卷》，书目文献出版社1995年版，第708页。
④ 丁世良、赵放主编：《中国地方志民俗资料汇编·中南卷》，书目文献出版社1991年版，第711页。
⑤ 丁世良、赵放主编：《中国地方志民俗资料汇编·中南卷》，书目文献出版社1991年版，第712页。
⑥ 丁世良、赵放主编：《中国地方志民俗资料汇编·中南卷》，书目文献出版社1991年版，第717页。
⑦ 丁世良、赵放主编：《中国地方志民俗资料汇编·中南卷》，书目文献出版社1991年版，第751页。
⑧ 丁世良、赵放主编：《中国地方志民俗资料汇编·中南卷》，书目文献出版社1991年版，第746页。

“邑俗多娶幼媳，至成年后为之合卺，名曰‘上头’。”①

“婚不论财，旧志称为俗之最美。亲迎者少，庙见用次日……（星按，婚不论财之美俗今已全失，聘金动辄在三百元以上。迭次禁革，未能实行，深可慨叹。）”②

（五）丧葬恶习，不堪重负

生老病死是人生必经的历程。生与死对于人来说都很重要。生时有各种礼仪，死时也会有各种礼仪。但是在举行丧礼时，该区域存在诸多陋习，乃至恶习，民众不堪重负，争讼四起。

“丧家计吊奠者物值多寡而偿以财币，曰‘折帛’。王太史泽寰尝于所撰邑志中痛斥其非，然此惟邑中巨富偶一行之，未成俗也。惟张盛筵以宴吊客，则凡有力之丧家莫不皆然。即丧家不甚有力，而既行奠礼即不敢以蔬食待来宾，其有粗具酒肴未可云旨嘉者，则众口嚣嚣，讥为吝啬……诛求无餍耶！”③

“丧礼，初必椎牛，酾酒，以速吊客，力不足，称贷以举。前明知县王昂导民礼教，俗少变。”④

“而葬多逾期，酒肉供客，斯数者实为悖礼。然沿习既久，竟不为怪。独近日士大夫家间有不用浮屠者，为卓识迈俗耳。”⑤

“仪最繁，席必丰。……费颇不赀。惟西北一带，乡俗最好……故费约而事省。”⑥

“然溺信风水……后世寻隙挖葬，间因致讼……浮文靡费，习俗相沿，

① 丁世良、赵放主编：《中国地方志民俗资料汇编·中南卷》，书目文献出版社1991年版，第748页。

② 丁世良、赵放主编：《中国地方志民俗资料汇编·中南卷》，书目文献出版社1991年版，第748—749页。

③ 丁世良、赵放主编：《中国地方志民俗资料汇编·华东卷》，书目文献出版社1995年版，第1143页。

④ 丁世良、赵放主编：《中国地方志民俗资料汇编·华东卷》，书目文献出版社1995年版，第1151页。

⑤ 丁世良、赵放主编：《中国地方志民俗资料汇编·华东卷》，书目文献出版社1995年版，第1150页。

⑥ 丁世良、赵放主编：《中国地方志民俗资料汇编·华东卷》，书目文献出版社1995年版，第1154页。

不可不思所以维挽焉。”[①]

“然溺信风水，重坟窆，葬日不循古法。”[②]

“地多山谷，葬高受风则蚁生，葬卑受湿则水至，诚哉！择葬之宜慎也。然因是久暴其亲，安乎？又以求福荫之故，数改其葬，甚至侵占相寻，祸生讼狱，死而有知，当亦有隐恫焉。”[③]

“外神之祭，非士庶所有………计其费可敌中人百家之产。”[④]

“地美则神灵安，子孙盛，地恶反是……安远多山，葬高受风则白蚁生，葬卑受湿而蚁亦生焉，为人孙子，诚不可不慎。然人信堪舆，惑于福荫，坟山之讼，案牍颇多，更有改葬迁葬，难免洗筋抹骨之惨。乾隆十一年，奉旨定例严禁。”[⑤]

“俗惑于风水之说……致有停棺不葬，或已葬而更改者，甚至历年既久，棺已朽败，检取遗骸纳入瓦罐而择地迁葬者。”[⑥]

“母丧，钉棺必请外氏，所奉礼谓之‘钉棺礼’，有因而争多论少者，诚陋俗也。”[⑦]

“旧时惟士绅用之，其后渐滥，糜费滋多……借以表潜阐幽，若古明旌之制，于礼尚不悖。今人人用之，已无裨于死者，而且回轴需费，反有损于丧家，殊可不必矣。”[⑧]

“大抵邑俗丧事涂饰多而糜费大，出殡用鼓吹，吊客款筵席，皆失礼之大者。孔子曰：‘礼，与其奢也，宁俭；丧，与其易也，宁戚。’愿邑人共改正之。邑俗最重坟墓建筑之法，上者用青刚石，全坟砌石需百金至二百

① 丁世良、赵放主编:《中国地方志民俗资料汇编·华东卷》,书目文献出版社1995年版,第1157页。

② 丁世良、赵放主编:《中国地方志民俗资料汇编·华东卷》,书目文献出版社1995年版,第1158页。

③ 丁世良、赵放主编:《中国地方志民俗资料汇编·华东卷》,书目文献出版社1995年版,第1163页。

④ 丁世良、赵放主编:《中国地方志民俗资料汇编·华东卷》,书目文献出版社1995年版,第1163页。

⑤ 丁世良、赵放主编:《中国地方志民俗资料汇编·华东卷》,书目文献出版社1995年版,第1173页。

⑥ 丁世良、赵放主编:《中国地方志民俗资料汇编·华东卷》,书目文献出版社1995年版,第1244页。

⑦ 丁世良、赵放主编:《中国地方志民俗资料汇编·华东卷》,书目文献出版社1995年版,第1337页。

⑧ 丁世良、赵放主编:《中国地方志民俗资料汇编·华东卷》,书目文献出版社1995年版,第1338页。

金不等；次用三和土筑成，亦坚固耐久；又次用烧砖，而拜台、华表务求美观……邑人以重视坟墓之故，往往有因而结讼，且械斗者。盖俗溺风水之说，或利他人之吉壤而谋占之，或以祖坟为吉壤，而他人前后左右建筑，不论远近概指为有碍风水而阻之，诚恶俗也。又有改葬之陋俗，云十二年后，棺朽而肉化，以罂易棺，检骸而置其中。骸曰骸金，罂曰金罂……盖其始虑亲骨入土易朽，易以瓦器，本出于珍护先骸之意，其后为祸福所惑，动归咎于先坟，有一迁再迁至屡迁者，岂孝子慈孙所忍心乎？……于地利未必无补矣。”①

“出葬时，凡好体面之家，每多铺张厚葬，沿街排设筵祭，用仪仗送殡，颇有僭越者，并设鼓乐宴客，如同喜事，所费既病其奢，于礼亦似未合……凡中人以上之家尝有延僧道追荐者。但旧礼如此，今已略有变更。”②

“居丧以哀为主，最重且慎……后世礼制不明，信佛氏天堂地狱之说以忏悔者，是以有罪待其亲也。旧俗，素封之家张筵设乐，全失哀痛之心……备及繁费，以故清素之家惮于开吊，有盖棺即出殡者，亦有夜半黎明撤柩者，因省无益之费，并废当行之礼……末俗繁文渐趋简易，亦复古之一端也。”③

“有中孝子意者，兴工修筑，砌一坟之费或数十金，或数百金，甚至费千金。出葬之日，大会宾客，请德邵年高者点主题旌，祭轴、挽联，目为之炫，笙箫前导，道路哄传。故昔人咏俗诗云：‘萧鼓不知哀乐事，衣冠难辨吉凶人’。”④

“特迩来丧次款宾，盛筵馔，恣餍饫，几忘有丧之侧，岂习俗移人贤者

① 丁世良、赵放主编：《中国地方志民俗资料汇编·华东卷》，书目文献出版社1995年版，第1338—1339页。

② 丁世良、赵放主编：《中国地方志民俗资料汇编·华东卷》，书目文献出版社1995年版，第1343页

③ 丁世良、赵放主编：《中国地方志民俗资料汇编·华东卷》，书目文献出版社1995年版，第1346页。

④ 丁世良、赵放主编：《中国地方志民俗资料汇编·中南卷》，书目文献出版社1991年版，第708页。

不免，转移固有待耶。又，岩俗葬亲多信堪舆家言，停棺择地，久而不决，甚有延至数十年，子孙俱逝，棺厝倒塌，行路每为伤心。今或有鉴于此，营葬颇速，然人心久为惑溺，积习难以尽除，为乡闾表率者其端所尚哉。"①

"雩俗佳者婚礼，而不佳者莫过丧礼……且皆按七日行之，七七仍佛氏之说，而非先王之礼也……雩俗以为未变服而因不除吉服。"②

丧葬中铺张浪费的恶习，时人也是不赞同的，主张革除。"丧，行考亭《家礼》者少，多从浮屠，延僧作佛事，名为'应七'，以为厚于其亲，然又每多渴葬，识者议之。"③

三、民性好斗

如前所述，该区域的居民多为客家人，往往聚族而居。

"诸邑大姓，聚族而居，族有祠，祠有祭。"④

"兴邑重追远。聚族而居者，必建祠堂，祀始迁祖及支祖。"⑤

"聚族而居，族有祠，巨姓数千人，少或数百人。祠有谱牒，远溯分传之祖，即唐宋以来源源之本，宗派丘墓昭然可稽……返本追远之情厚矣，君子美之。"⑥

"邑人聚族而居，一门之内十数家、数十家不等。"⑦

"婚礼，多尚姓氏阀阅，间有慕富配合不偶者，族众共耻之。"⑧

① 丁世良、赵放主编:《中国地方志民俗资料汇编·华东卷》,书目文献出版社1995年版,第1328页。
② 丁世良、赵放主编:《中国地方志民俗资料汇编·华东卷》,书目文献出版社1995年版,第1165页。
③ 丁世良、赵放主编:《中国地方志民俗资料汇编·华东卷》,书目文献出版社1995年版,第1178页
④ 丁世良、赵放主编:《中国地方志民俗资料汇编·华东卷》,书目文献出版社1995年版,第1163页。
⑤ 丁世良、赵放主编:《中国地方志民俗资料汇编·华东卷》,书目文献出版社1995年版,第1167页。
⑥ 丁世良、赵放主编:《中国地方志民俗资料汇编·华东卷》,书目文献出版社1995年版,第1173页。
⑦ 丁世良、赵放主编:《中国地方志民俗资料汇编·华东卷》,书目文献出版社1995年版,第1338页。
⑧ 丁世良、赵放主编:《中国地方志民俗资料汇编·华东卷》,书目文献出版社1995年版,第1157页。

客家人性格中有勤劳、质朴的一面，但是出于生存的需要，客家人与原住民，或者客家人不同族氏之间，为了争山、争水，经常发生械斗。关于客家人械斗成风的记载与论述很多。

《江西通志》中有关赣南地区民众民性好斗的记载颇多。

“嗜勇好斗轻生敢死。”①

“（信丰民性）崇尚廉耻，好斗、健讼。”②

“兴国昔日号剧盛，民皆挟气上……大率刚悍劲险，尚气喜争。”③

“有龙南一处积仇百余年的两姓械斗，两姓的大旗下污染的血腥，就有寸来厚，居然在他的面前，喝了酒，烧了大旗，对天发了誓，不复再讨血债了！”④

“月尽乃止，然有以此争殴致讼者。明正德时，王守仁知庐陵，约法尽戢，百姓安堵。”⑤

“其美而有弊者，祭之有田是也。有田则必有人以掌之，掌田之人或不公，则讼兴。以仁孝之举为争讼之端，是亦设立祭田者所不及料也。”⑥

“在瑞金，我们住了约一星期。四军到后，住了两天即开于都。在途中某地，没收钟姓地主的谷物分给当地贫民。不知是地主同姓的狗腿子还是受蒙蔽的群众阻拦分谷，在分谷时，就发生了械斗（赣南地主操纵的姓氏斗争很严重）。四军司令部一个负责人，未经调查研究，即令将拦阻分谷的人枪毙了两个。红军不在当地停留，只是路过该地，此事很易被反动地主利用，造成械斗，模糊阶级斗争。”⑦

---

① 光绪《江西通志》第48卷，第222页。

② 光绪《江西通志》第48卷，第222页。

③ 光绪《江西通志》第48卷，第222页。

④ 曹聚仁：《蒋经国论》，人民出版社2009年版，第21页。

⑤ 丁世良、赵放主编：《中国地方志民俗资料汇编·华东卷》，书目文献出版社1995年版，第1140页。

⑥ 丁世良、赵放主编：《中国地方志民俗资料汇编·华东卷》，书目文献出版社1995年版，第1163页。

⑦ 彭德怀：《彭德怀自述》，人民出版社1981年版，第127页。

“惟女丧，或因外族借端秏扰，往往戚好失欢，因而成讼。俗之浇敝，此亦一端。”[①]

“邑人以重视坟墓之故，往往有因而结讼，且械斗者。”[②]

粤北地区的民性亦如此：“他们（客家族）来到广东后，因与主户意气不投，常起了极惨烈的争斗。外处的学者，不明他们的真相，都说他是化外的蛮民，不知道他们的语言和习俗，实际上都和古汉族的极为接近。”[③]

“增城民风淳朴。但好意气争执，恒假舞狮为名。邀集素有往来氏族。借故生事，酿成械斗。其提供械斗之枪支，亦颇优良。一经械斗，村民损失甚大。”[④]

“解放前，贵东上下张姓械斗及大华王屋隔河仇敌事件，当剑拔弩张，一触即发关头，刘公得悉，立命家人备办酒席，开席调停，晓之以理，通陈利害而免却一场场流血灾难的发生，为双方和好，弃嫌释怨，以挚诚感人，乡间传为佳话。”[⑤]此非孤例，据其儿子刘檑后记云：“为乡间房姓界纠纷操心调停，更不惜垫钱费力规劝周旋，平息了几桩重大流血械斗事件，莫不众口皆碑。”[⑥]

“停丧不葬，多缘惑于风水、年月之说，近亦群知其非。惟妇人初死及将出殡，必遍告外家……借端滋扰，习为当然。有夫家实贫，而苛责饰终，强令厚葬者。虽素好之亲戚，一遇死丧，或成嫌怨，是宜恪遵丧礼以维持之。”[⑦]“胜者虽前，若越之横过，曰‘包抄’，负者为大辱，即罢斗，持械相杀。”[⑧]

① 丁世良、赵放主编：《中国地方志民俗资料汇编·华东卷》，书目文献出版社1995年版，第1163页。

② 丁世良、赵放主编：《中国地方志民俗资料汇编·华东卷》，书目文献出版社1995年版，第1339页。

③ 罗香林编：《粤东之风》，《民国丛书》第4编（60），上海书店1989年版，第5页。

④ 林翼中编：《广东全省地方纪要》，福建省图书馆藏，档案编号：332.71—43/09（1）号。

⑤ 刘阴堂编：《赣边剿匪日记》，连平贵东公所，1935年，第1页。

⑥ 刘阴堂编：《赣边剿匪日记》，连平贵东公所，1935年，第99页。

⑦ 丁世良、赵放主编：《中国地方志民俗资料汇编·华东卷》，书目文献出版社1995年版，第1167页。

⑧ 丁世良、赵放主编：《中国地方志民俗资料汇编·华东卷》，书目文献出版社1995年版，第1057页。

邵武府民性："其俗刚烈峻整，其民尚气鲠直。"①

建宁县亦如此："山多田少，人性犷直。山厉水刻，故人刚烈而峻整。君子则尚志力学，有逊顺之风。小人则狃斗、喜胜，有犷暴之气。邑介汀邵间，去郡城最远。土俗刚犷，民易劝，难安调，驭有方则怡然听命。"②

如果说这是旧方志关于瑞金民性的记载，现代情况又如何?《瑞金县志》写道："县民性情敦厚，崇礼守信，热情大方，勤劳俭朴。刚强率直而至强悍。不兴过坏（侵凌意）别人，亦不愿受人侮辱，见危受命，慷慨赴死者屡见不鲜。"③

瑞金民众械斗成风有深刻的历史与现实需要。因为"宗族械斗是宗法势力强盛的表现，也是宗族首领以卫护狭隘宗族利益为借口而驱使族人流血送命的恶俗"④。这与彭德怀的看法是一致的。

上述引文表明，瑞金民性好斗，械斗成风。这种民性具有两面性：在封建时代，易被地主操纵，成为民间械斗的心理基础，为害社会；在党的领导下，则能转化为对敌人的痛恨，使苏区百姓，尤其是红军战士，作战勇敢，誓死保卫家乡。

四、社会风气由俭入奢

小农经济时代，生产力发展缓慢，消费品简单、匮乏，民众节俭。辛亥革命以来，生产力有所发展，社会风气由俭入奢，引发有识之士的忧思。江西瑞金也不例外。

"男女生始数岁，其父母即缔结姻娅……向来仅饼饵、牲醴与衣服、簪珥，费约数金而止，近乃有以钱镪充礼至数十余金者矣。由俭入奢，此其

① 同治《福建通志》第57卷，第17页。

② 同治《福建通志》第57卷，第20页。

③《瑞金县志》编纂委员会编：《瑞金县志》，中央文献出版社1993年版，第772页。

④ 何友良：《江西通史·民国卷》，江西人民出版社2008年版，第97页。

一也。”①

“饮食本有常经，奢俭实开风化。会邑土俗日惟三餐，每饭必先饮酒。虽贫民无不挈瓶而沽……总之，昔之饮食多俭，今之饮食多奢，以父老传闻及少壮所见，日迁月异，风气大相径庭矣……有志风化者尚其有以转移之。”②

“宾宴，先是宴会尚简，物薄情真，肴不过五簋……近习争尚奢靡，虽贩夫胥隶，珍异罗列，笙歌错奏，号呶无度矣。”③

“惟俗尚日趋繁华，女家以嫁奁不丰恐失体面，于是多索聘金、猪酒；男家亦以争体面，故事事必求其丰，致有鬻田宅以行之者卒之。婚嫁两难，此俗之所宜亟正者也。”④

“凡娶妻者，必得父母之命，媒妁之言。议定聘礼与妆奁，然后纳采……至迎娶时，并须先期备送鸡、豚、鱼、鸭、果饼等类，多至十数种，重至数百斤，而女家则以之分馈戚友，并制备奁仪回聘。彼此开筵宴客，流连旬日，为费颇巨。近更夸多斗靡，踵事增华，花消多至数千金。”⑤

“衣服质料，雅尚棉梭夏布……近因沾染外间气习，奇装异服，尤而效之者时有所见……其他茶点、果饵在昔至为俭约，今日已渐事奢华矣。”⑥

“丧礼，殡葬之费古时多从俭，今则渐易为丰。没后，延请道士诵经，首七成服，七日始出殡。宴客竟尚奢侈，中人之家亦须延至五六日方能完备，耗费资财，迄无实用。虽经社会禁革，而积重究难全返。”⑦

---

① 丁世良、赵放主编：《中国地方志民俗资料汇编·华东卷》，书目文献出版社1995年版，第1175—1176页。

② 丁世良、赵放主编：《中国地方志民俗资料汇编·华东卷》，书目文献出版社1995年版，第1170页。

③ 丁世良、赵放主编：《中国地方志民俗资料汇编·华东卷》，书目文献出版社1995年版，第1244页。

④ 丁世良、赵放主编：《中国地方志民俗资料汇编·华东卷》，书目文献出版社1995年版，第1337页。

⑤ 丁世良、赵放主编：《中国地方志民俗资料汇编·华东卷》，书目文献出版社1995年版，第1343页。

⑥ 丁世良、赵放主编：《中国地方志民俗资料汇编·华东卷》，书目文献出版社1995年版，第1345页。

⑦ 丁世良、赵放主编：《中国地方志民俗资料汇编·华东卷》，书目文献出版社1995年版，第1348页。

本章小结：综上所述，中央苏区所在区域在中央苏区创立前既存在良善的社会风气，也有颓败的社会风气，这是中央苏区培育和树立社会新风气的历史背景。

良善的社会风气是中央苏区移风易俗可资利用的重要文化资源，利用得好，有助于中央苏区社会新风气的树立。事实上，中央苏区党政军机关充分地利用了这些良善风气。比如，中央苏区时期，当大量男子或牺牲，或因参加红军而远离家乡，中央苏区内严重缺乏劳动力时，广大妇女发挥勤劳传统美德，成了农业生产主力军。不仅如此，她们还成立各种组织，积极参加政治活动，慰劳红军，努力学习文化。妇女们大量参加农业生产，改善了中央苏区劳动力匮乏的局面。中央苏区妇女不仅为中央苏区树立社会新风气作出了贡献，也为革命事业发展作出了贡献。再如，中央苏区浓厚的学风、相互帮助的民风皆源于该区域历来重视教育、邻里互助的良善风气。

颓败的社会风气是中央苏区培育和树立社会新风气的巨大阻力。颓败社会风气表现为政风不良，还表现在婚嫁、丧葬和宴饮等社会生活的方方面面。因此，要在这样一个交通不便、信息闭塞、风气愚昧而落后的地区，快速培育与树立文明健康、积极向上的社会新风气，当然极其艰难。这无疑是巨大的挑战与考验。但是信仰高尚、信念坚定、勇敢而充满智慧的共产党人，却在较短时间内，在中央苏区培育和树立了文明健康、积极向上的社会新风气。

第三章　中央苏区社会新风气

中央苏区创立后，在以毛泽东为代表的共产党人的努力之下，很快出现了民主守纪、拥政爱民的新军风，勤政廉洁、踊跃参政的新政风，努力生产、积极进取的新民风，学习文化、提高素质的新学风，文明健康、平等互助的新社风。

第一节　培育社会新风气的目的

中国共产党在中央苏区建立的苏维埃政权与南京国民党政权是相互对立的，是南京国民政府千方百计要消灭的。“蒋介石——四月十日在南昌对到省各将领表示：‘抗日必先剿匪，征之历代兴亡，安内使（始）能攘外，在匪未剿清之先，绝对不能言抗日，违者即予最严厉处罚。’”[①]

中央苏区时期，中国共产党建立的苏维埃政权总体实力是大大弱于国民党政权的。当时，国民党占据了全国主要城市和广大地方、掌握全国绝

① 中央档案馆编:《中共中央政治报告选辑(一九二七——九三三)》,中共中央党校出版社 1983 年版,第 157 页。

大部分资源，而中华苏维埃政权建立后，中央苏区即使全盛时期其总面积也仅为8.4万平方公里，总人口只有453万。

对于敌人的强大，红军的弱小，毛泽东很清楚：“第二个特点是敌人的强大……它控制了全中国的政治、经济、交通、文化的枢纽或命脉，它的政权是全国性的政权。第三个特点是红军的弱小……红军的数量是少的，红军的武器是差的，红军的粮食被服等物质供给是非常困难的。”①

国民政府综合实力远远大于苏维埃政府。因此，为了对抗国民政府的军事“围剿”，求取生存，除了需要正确的战略和战术之外，最重要的是必须动员广大群众起来支持并参加革命。而要动员广大群众参加革命，首先，共产党人应该关心群众的疾苦和利益；其次，共产党人要让群众获得实际利益。但是，中央苏区创立之初，广大群众对革命缺乏深刻的认识，对共产党的宗旨并不清楚，对共产党人及其领导的军队知之不多。以毛泽东为代表的中国共产党人在创建革命根据地时就在努力树立社会新风气以动员群众。

毛泽东对树立社会新风气与动员群众之间的关系非常清楚：“革命战争的激烈发展，要求我们动员群众，立即开展经济战线上的运动，进行各项必要和可能的经济建设事业。为什么？现在我们的一切工作，都应当为着革命战争的胜利，首先是粉碎敌人第五次‘围剿’的战争的彻底胜利；为着争取物质上的条件去保障红军的给养和供给；为着改善人民群众的生活，由此更加激发人民群众参加革命战争的积极性；为着在经济战线上把广大人民群众组织起来，并且教育他们，使战争得着新的群众力量；为着从经济建设去巩固工人和农民的联盟，去巩固工农民主专政，去加强无产阶级的领导。”②

为此，毛泽东在《关心群众生活，注意工作方法》一文中，详细论述

①《毛泽东选集》第1卷，人民出版社1991年版，第189—190页。

②《毛泽东选集》第1卷，人民出版社1991年版，第119页。

了动员群众参加革命战争与关心群众生活的优良工作作风之间的关系：“如果我们单单动员人民进行战争，一点别的工作也不做，能不能达到战胜敌人的目的呢？当然不能。我们要胜利，一定还要做很多的工作。领导农民的土地斗争，分土地给农民；提高农民的劳动热情，增加农业生产；保障工人的利益；建立合作社；发展对外贸易；解决群众的穿衣问题，吃饭问题，住房问题，柴米油盐问题，疾病卫生问题，婚姻问题。总之，一切群众的实际生活问题，都是我们应当注意的问题。假如我们对这些问题注意了，解决了，满足了群众的需要，我们就真正成了群众生活的组织者，群众就会真正围绕在我们的周围，热烈地拥护我们。同志们，那时候，我们号召群众参加革命战争，能够不能够呢？能够的，完全能够的。”①

官僚主义等不良作风与共产党人的宗旨和价值观是格格不入的，是共产党人优良工作作风的敌人。为了实现革命目标，毛泽东一直强调要坚决反对官僚主义、命令主义、贪污腐化等不良工作作风，并号召全党与它们进行坚决的斗争。在《必须注意经济工作》一文中，毛泽东强调要坚决反对官僚主义等不良工作作风：“动员群众的方式，不应该是官僚主义的。官僚主义的领导方式，是任何革命工作所不应有的，经济建设工作同样来不得官僚主义。要把官僚主义方式这个极坏的家伙抛到粪缸里去，因为没有一个同志喜欢它。”②因此，为动员群众支持和拥护革命，中国共产党在中央苏区积极培育与树立社会新风气。

①《毛泽东选集》第1卷，人民出版社1991年版，第136—137页。

②《毛泽东选集》第1卷，人民出版社1991年版，第124页。

第二节 社会新风气的内涵

“罗马不是一天建成的”，一种社会新风气当然也不是一天就能树立起来的。井冈山时期，毛泽东等共产党人就努力培育和树立社会新风气。中央苏区创立后，在各级党政军等机关的努力下，该地很快出现了文明健康、积极向上的社会新风气，其内涵包括五个方面。

一、民主守纪、拥政爱民的新军风

（一）树立新军风的艰难过程

以蒋介石为首的国民政府在压服了各大军阀之后，形式上完成了对中国的统一，政权相对稳定下来。然而面对步步紧逼的日本，国民政府不是顺应人民的呼声，动员全国人力、物力和军力等资源去抗日，挽救民族危亡，而是提出了“攘外必先安内”的反动政策，“蒋介石不得不公开宣布‘不剿匪请抗日者杀勿赦’的绝望命令”[①]，并接二连三地对中央苏区发动大规模的军事“围剿”。

为粉碎国民政府的军事“围剿”，保卫和巩固根据地，中央苏区领导人高度重视军事工作，军事工作与斗争成了关乎中央苏区生死存亡的重要问题。早在井冈山斗争时，面对国民政府不断的军事“进剿”或“会剿”，毛泽东就认识到：“边界的斗争，完全是军事的斗争，党和群众不得不一

①《建党以来重要文献选编（1921～1949）》第11册，中央文献出版社2011年版，第94页。

齐军事化。怎样对付敌人，怎样作战，成了日常生活的中心问题。”①因此，“为着反对敌人的‘围剿’，为着进行革命战争，苏维埃的第一个任务就是武装民众，组织坚强的铁的红军，组织地方部队与游击队，组织关于进行战争的给养与运输”②。这说明，革命战争时期，各根据地的首要任务是进行军事斗争。

而要进行军事斗争，就必须创建由中国共产党领导的具有强大战斗力的武装力量——革命军队（其名称南昌起义时称国民革命军；秋收起义及其后的一段时期内名为中国工农革命军；1928年5月遵照中央指示，统一命名为中国工农红军）。但是，客观地讲，在创建革命武装力量初期，包括毛泽东在内的共产党人对于如何理顺党与军队的关系，明确军队宗旨、军队作用和军民关系等重大问题，尤其是如何建立一支能够体现中国共产党宗旨、具有优良军风的新型人民军队还缺乏经验。

毛泽东等人在不断实践的基础上，终于找到并确立了建党、建军的正确原则，并在这些原则的指导下，找到了建党、建军的具体而有效的办法，对红军进行了彻底的改造，革除了军队中的不良习气，创建了一支具有民主守纪、拥政爱民的优良军风的新型人民军队。

新军风主要表现在对内与对外两方面。对内又分为三方面：首先，军队内部，形成了纪律严明、官兵平等的作风；其次，在军民关系方面，形成了军爱民、民拥军的军民关系；最后，在军政关系方面，形成了和谐的军政关系。对外就是优待俘虏、瓦解敌军，争取俘虏、壮大自己。

（二）早期红军军风不良的表现及原因分析

早期红军的来源比较复杂，大多数是旧军队的军人和未经教育的农民。毛泽东指出：“边界红军的来源：（一）潮汕叶贺旧部；（二）前武昌国民

①《毛泽东选集》第1卷，人民出版社1991年版，第63页。

②《毛泽东军事文集》第1卷，军事科学出版社、中央文献出版社1993年版，第337页。

政府警卫团；（三）平浏的农民；（四）湘南的农民和水口山的工人；（五）许克祥、唐生智、白崇禧、朱培德、吴尚、熊式辉等部的俘虏兵；（六）边界各县的农民。但是叶贺旧部、警卫团和平浏农民，经过一年多的战斗，只剩下三分之一。湘南农民，伤亡也大。因此，前四项虽然至今还是红军第四军的骨干，但已远不如后二项多。后二项中又以敌军俘虏为多……红军成分，一部是工人、农民，一部是游民无产者。游民成分太多，当然不好。但因天天在战斗，伤亡又大，游民分子却有战斗力，能找到游民补充已属不易。"[①]萧克指出，红军"多由旧军队、旧政权或'绿林'转入革命队伍的人"[②]组成。由此可见，早期红军来源复杂，旧军队习气浓厚，军风不良。

1. 早期红军军风不良的表现

1928年4月，朱德率领的部队转移到井冈山，与毛泽东率领的部队会师，成立了工农革命军第四军（不久之后正式命名为红四军）。为此，国民政府多次命令湘赣两省军阀对井冈山根据地或"进剿"，或"会剿"，以摧毁根据地。为粉碎军阀的"进剿"或"会剿"，保卫和巩固根据地，毛泽东等领导人高度重视军事工作，努力创建一支听党指挥，具有新型军风，不同于旧军队的人民军队。但是历史证明，这是一个极其艰巨的任务。原因在于早期红军来源复杂，加上当时毛泽东等人对如何建军缺乏经验，没有政治工作制度和政治工作队伍，因此，早期红军队伍中"旧军队的思想作风，仍相当严重"[③]。

"部队中严重地存在着破坏群众纪律，搜俘虏腰包、偷瞟女人等旧军队的恶习。"[④]《红军教育与管理》中有专门教育不良士兵的教育法，其中关于不良士兵的言行有如下界定："虚言、酗酒、盗窃、逃亡、打架、怠工、

①《毛泽东选集》第1卷，人民出版社1991年版，第63页。

② 萧克：《朱毛红军侧记》，中共中央党校出版社1993年版，第31页。

③ 王首道等：《回忆毛主席》，人民文学出版社1977年版，第167页。

④ 王首道等：《回忆毛主席》，人民文学出版社1977年版，第168页。

奸淫、赌博、掳掠、造谣、毁（应为“诽”，原文如此——引者注）谤等均违反道德及破坏纪律行为……家庭观念及农民散漫的自由思想因不习惯军中生活而发生逃亡或自杀的行为；盗窃常因赌博及其他浪费金钱或遗失及破坏公物而畏惧处分；有因干部虐待行为，士兵间新旧及其他部队斗争与排斥而发生斗殴陷害的事情；青年士兵常因浪漫与人相恋而流于猥亵及其他不名誉事件，以致畏耻而发生逃亡或自杀；有因贪污好□（字迹无法辨识）财罄（应为“侵”字，原文如此——引者注）吞公款，或简单受敌人金钱收买，故意为红军之各种破坏与送密。”[①]文件还把不良士兵简单分为五类：“放肆刁顽的士兵，骄傲的士兵，倔强的士兵，刻薄残忍的士兵，羞恶心重的士兵。”[②]文件中还有“此等不良士兵，恶习虽多但既非政治问题，而且他本身是劳动分子，不过因环境关系，不能及时觉悟，当予以特别教育，而促其进步”[③]，“注意其他士兵欺侮”[④]等表述。

另外，旧军队轻视政治工作等恶习，早期红军队伍中也存在。“如单纯军事观点，一些指战员瞧不起政治工作，笑政工人员是卖狗皮膏药的，甚至把政工人员看作部队的累赘；又如个人享乐主义、流寇思想很严重，想到大城市去享乐吃喝，对在农村进行群众工作感到厌烦；还有体罚、肉刑制度以及枪毙逃兵制度等旧军阀作风。”[⑤]

① 中国工农红军福建军区随营学校翻印：《红军教育与管理》，福建省档案馆藏，档案编号：革命历史资料335号。

② 中国工农红军福建军区随营学校翻印：《红军教育与管理》，福建省档案馆藏，档案编号：革命历史资料335号。

③ 中国工农红军福建军区随营学校翻印：《红军教育与管理》，福建省档案馆藏，档案编号：革命历史资料335号。

④ 中国工农红军福建军区随营学校翻印：《红军教育与管理》，福建省档案馆藏，档案编号：革命历史资料335号。

⑤ 福建省上杭县委员会文史资料编辑室编：《上杭文史资料（〈古田会议放光芒〉专辑）》，内部发行1991年版，第24—25页。

2.早期红军军风不良的原因分析

由旧军队脱胎而来的红军，早期军风不良既有主观原因，也有客观原因，具有一定的历史必然性。

首先，这是由军队的性质决定的。

如前所述，当时中国从中央到地方军阀割据严重，军队成为军阀们争权夺利、实现个人野心、维护城乡统治阶级统治和镇压民众反抗的工具。这样的军队当然不会考虑人民的利益。“阎仲儒旅驻平江，伙同大量反动民团清乡……经过大半年的残酷镇压、烧杀抢掠，破坏极端严重。”①“他们（李灿、张荣生——引者注）说：阎旅和民团、清乡队等，在‘清乡’中抢劫烧杀，捉鸡、杀猪、牵牛，拿农民的东西，其行动比土匪还坏。”②“我先到周处，同周磐谈阎旅和民团纪律很坏，这不是‘剿共’，而是军逼民反。周在会上讲了话，表示要严申军纪，不准扰害良民。”③

当时的中国军阀实行雇佣军制度。雇佣军制度起源于欧洲，与采邑制度比较，有优点也有缺点。“与采邑制相比，雇佣军制具有一个明显的优点，那就是只要能够及时发饷，雇佣军就可以无限期留在战场上……但是，雇佣军也有一个明显的缺点，那就是军人与其服务对象之间毫无荣誉或忠诚可言，唯一约束他们的方式是签订契约，一旦契约期满或者别人开出更加优厚的条件，雇佣兵就会毫不犹豫地背离原来的雇主，甚至反戈一击。”④这说明，雇佣军没有信仰、缺乏忠诚，一切为了金钱，一旦不能发饷，他们就会抢掠百姓。

但问题是，当时的中国军阀部队往往不能足额与及时给士兵发饷。在军阀部队中，欠饷是一种常态。因此，在欠饷严重的情况下，军阀部队抢掠百姓就是“家常便饭”了，由此导致军阀军队纪律败坏。“湘军一溃千

---

① 彭德怀:《彭德怀自述》,人民出版社1981年版,第81页。

② 彭德怀:《彭德怀自述》,人民出版社1981年版,第81—82页。

③ 彭德怀:《彭德怀自述》,人民出版社1981年版,第82页。

④ 军事科学院世界军事研究部编:《世界军事革命史》上卷,军事科学出版社2012年版,第86页。

里，退到长沙湘阴一带，兵力损失过半，到处奸淫抢掠，民不聊生，民情愤怒，湘人治湘的欺骗迅速破产。”①

彭德怀在自述中也明确指出，其一开始参军就是为了吃饷。因为当时当兵的待遇还是相当不错的。“但当兵的主要动机，还是为了家庭贫困：当堤工不能养活全家……开始当二等兵，月饷五元五角；不久为一等兵，月饷六元。当时伙食费每月一元八角至二元，每星期六吃猪肉。每月除伙食、零用，可剩三元八角，每月以三元至三元五角寄家……每月寄三元回家，勉强可以维持。”②当时，为了吃饷而参军是普遍现象。

雇佣军制度的特点及由此导致的军纪败坏的情况，毛泽东毫不隐讳地指出并提出了有效的解决办法：“红军士兵大部分是由雇佣军队来的，但一到红军即变了性质。首先是红军废除了雇佣制，使士兵感觉不是为他人打仗，而是为自己为人民打仗。”③但这有个渐进的过程。

其次，三次“左”倾错误在一定程度上加剧了早期红军队伍中的不良军风。

自蒋介石发动四一二反革命政变到遵义会议召开，中央先后犯了三次“左”倾错误。错误的政策必然导致错误的行动。

当时中共湖南省委、湘南特委执行错误的政策，严重脱离群众。滕代远在回忆中指出：“见反动派大烧大杀，以致革命的对于反动的地方，未能以宣传力量去领导，也多以烧杀手段去镇压。”④当时的中央文件也多次指出了这一点。

“由于湘南特委推行‘左’倾错误思想，实行以‘赤色恐怖来对付白色

① 彭德怀：《彭德怀自述》，人民出版社1981年版，第14页。

② 彭德怀：《彭德怀自述》，人民出版社1981年版，第6—7页。

③《毛泽东选集》第1卷，人民出版社1991年版，第63页。

④ 转引自湖南省社会科学院、武汉师范学院历史系、宜春地区史料征集办编写：《湘鄂赣苏区史稿》，湖南人民出版社1981年版，第44页。

恐怖’的方针，民心严重受损，动摇了革命根基。”①

上述材料表明，土地革命战争时期，由于“左”倾错误，党组织和早期革命武装存在军风不良现象。当然，这与党的宗旨和红军的宗旨严重不符。

最后，小农意识也对早期红军军风产生了消极影响。

早期红军主要由旧军队士兵、农民和绿林武装组成。他们都是农民阶级，而非工人阶级。小农经济下的农民，视野狭隘，“农民的落后特点，主要表现是：（1）相信命运，重正统，安分守己，多顾虑，缺远见；（2）自私性，重眼前，喜欢占小便宜；（3）散漫性，集体精神差，不惯纪律生活；（4）易冲动，易过左；（5）迷信和不卫生”②。

小农意识及由此带来的行动上和观念上的落后，不是雷华个人的感受。方方在《更进一步加紧明确阶级路线与充分的群众工作——接受省委对汀连县委目前工作的指示》中指出：“党内的农民思想，落后意识所反映出来的保守主义、地方观念、家庭观念、享乐主义，在于怕到前方，怕调动工作中充分表现出来。”③正是由于“农民小生产者的弱点，家乡观念浓厚，又不习惯井冈山的艰苦生活，听到湖南省委指示后，强烈要求返回湖南，甚至不顾朱德、陈毅再三劝阻，开始自由行动……在这次行动中，红四军和井冈山根据地都受到很大损失，通常称为‘八月失败’。这个沉重的教训说明：把农民武装改造成为中国共产党领导下的新型的人民军队是一个艰巨的任务。在人民军队建立的初期，出现八月失败这样的事情并不是偶然的”④。

这种落后的农民意识使得红军在初创时期，在纪律和作风方面存在很

① 《永远的旗帜：跨越时空的井冈山精神》编写组编：《永远的旗帜：跨越时空的井冈山精神》，江西高校出版社2016年版，第10页。

② 雷华：《怎样接近农民》，福建省档案馆藏，档案编号：革命历史资料1228号。

③ 转引自古田会议纪念馆编：《闽西革命史文献资料》第7辑，内部发行2006年版，第8页。

④ 胡绳主编：《中国共产党的七十年》，中共党史出版社1991年版，第93页。

多问题，严重脱离群众，造成了严重的危害。

《彭德怀自述》中多次提到盲动主义对革命造成的严重危害。如：“占领修水时，渣津、马坳一带群众已有初步发动，我军转移后，被平江游击队狗队长（老百姓这样称呼）把那块地方烧光。半个月后红军再去，农民挂白带子，对我们打土炮，封锁消息。”①“毛泽东同志在那次会议上，讲了烧房子脱离群众。他讲了在遂川（井冈山南）的故事，说开始农民都围拢来很亲近，当把洋火一拿出来要烧房子时，群众就跑开，站在旁边看了。你再去接近他一点，他又跑远一点。他又讲到红四军对宁冈反水的群众，是采取一系列办法去争取群众回家。”②

对于盲动主义指导下的红军作风严重不纯的行为，彭德怀痛心疾首：“当时平江党盲动主义也是严重的，我们感觉这个问题不解决，建设根据地、扩大红军、深入土地革命都是废话。”③“我对于乱烧、乱杀的盲动主义很有反感，觉得把房子烧了，人民住到哪里去？红军也没有房子住。反革命是人而不是房子。”④

小农意识也严重影响着早期红军的发展壮大，最典型的事实是上文提到的井冈山时期的“八月失败”。其经过毛泽东在《井冈山的斗争》中进行了简单的描述：“红军大队七月中刚到酃县时，第二十九团官兵即因政治动摇，欲回湘南家乡，不受约束；第二十八团反对往湘南，欲往赣南，但也不愿回永新。”⑤结果，不仅第二十九团溃败了，而且牺牲了团长王尔琢。当时，红四军总共才四个团，一下子就损失了一个团和牺牲了一个团长，可谓损失惨重。

上述分析表明，由于主客观方面的原因，早期红军队伍中确实存在作

① 彭德怀：《彭德怀自述》，人民出版社1981年版，第114—115页。

② 彭德怀：《彭德怀自述》，人民出版社1981年版，第115页。

③ 彭德怀：《彭德怀自述》，人民出版社1981年版，第110页。

④ 彭德怀：《彭德怀自述》，人民出版社1981年版，第114页。

⑤《毛泽东选集》第1卷，人民出版社1991年版，第61页。

风粗暴、军风不良的事实。要把这样一支脱胎于旧军队，带有诸多旧军队不良习气的部队锻造成为一支具有新型军风的仁义之师、文明之师当然是一项艰巨的任务。

在毛泽东等人的努力下，在总结成功经验和失败教训的基础上，我们党最终找到了把脱胎于旧军队的红军锻造成为具有新型军风的人民军队的原则和方法，并在古田会议上得到了与会代表的一致认同。

（三）新军风的内涵

“边界的斗争，完全是军事的斗争，党和群众不得不一齐军事化。怎样对付敌人，怎样作战，成了日常生活的中心问题。”[①]因此，建立一支听党指挥、具有新型军风的人民军队，就成为中央苏区的首要任务。如前分析，这不是一项容易完成的任务，相反是一项极其艰难的任务。但经过两年多的建军实践，中央苏区最终形成了“民主平等，纪律严明；拥政爱民，军民团结；优待俘虏，壮大自己”的优良军风。这三大军风分别规范了红军的内部关系、军民与军政关系和如何妥善处理俘虏的对外关系。

1. 民主平等，纪律严明的新军风

（1）民主平等，官兵一致

民主平等的军风首先规范了红军内部官兵之间的关系。1927 年 9 月 29 日，当毛泽东率领秋收起义余部到达三湾时，“部队中存在的问题明显暴露：共产党的组织不健全，党员的先锋模范作用未能有效发挥；一些军官沿用旧军队管理方式并享有特权，官兵关系紧张；不少官兵对党领导的武装斗争缺乏认识和信心，连遭挫折后士气低落，军心涣散”[②]。由此可见，红军内部并非一开始就民主平等，官兵一致。

---

①《毛泽东选集》第 1 卷，人民出版社 1991 年版，第 63 页。

②《中国人民解放军军史》编写组编：《中国人民解放军军史》第 1 卷，军事科学出版社 2010 年版，第 18 页。

面对这种“党组织不全、部分官兵悲观动摇、官多兵少、枪多人少、旧军阀主义习气重等问题”[①]，毛泽东当机立断，决定对部队实行整顿和改编。三湾改编最重要的举措是建立了支部建在连上的制度。“连队党支部的建立，使部队有了坚强的战斗堡垒，促进了党员先锋模范作用的发挥，增强了部队的凝聚力。”[②]支部建在连上的制度，规范与理顺了党和军队的关系是党指挥枪，而不是枪指挥党。这一制度后来发展成为中国共产党建军的基本原则。在这个原则的指导下，红军不是私人武装，不会成为国民党军队那样的军阀，而是一个执行党的政治任务的武装集团。这样就避免了红军走上邪路、歪路，保证红军沿着正确的轨道发展。1929年12月，毛泽东在《关于纠正党内的错误思想》中对此作了深刻的阐述：“这种思想（即只重视军事工作而轻视政治工作——引者注）如果发展下去，便有走到脱离群众、以军队控制政权、离开无产阶级领导的危险，如像国民党军队所走的军阀主义的道路一样。”[③]

在支部建在连上的制度得以确立的同时，党委制、政治委员制等制度也先后在红四军中建立起来，“从制度上保证了中国共产党对红军的领导，保证了红军的人民性质。这是红军区别于一切旧军队的重要标志”[④]。

为了去除旧军队的一切不良制度和习气，“毛主席采取了许多革命性措施：废除雇佣制，实行军内的民主主义，政治上官兵平等，生活上同甘共苦。三湾改编，开始奠定了新型人民军队的基础”[⑤]。自此“官长不许打

①《永远的旗帜：跨越时空的井冈山精神》编写组编：《永远的旗帜：跨越时空的井冈山精神》，江西高校出版社2016年版，第5页。

②《中国人民解放军军史》编写组编：《中国人民解放军军史》第1卷，军事科学出版社2010年版，第18页。

③《毛泽东选集》第1卷，人民出版社1991年版，第86页。

④《中国人民解放军军史》编写组编：《中国人民解放军军史》第1卷，军事科学出版社2010年版，第82页。

⑤ 中国人民解放军总政治部宣传部编：《发扬革命传统 争取更大光荣》（传统教育教材试用本），中国人民解放军战士出版社1977年版，第4页。

骂士兵，官兵待遇平等，士兵有开会说话的自由，废除烦琐的礼节，经济公开”[①]的民主平等的新军风开始出现。如，“我军在党和毛主席的坚强领导下，认真实行了官兵在政治上和生活上一律平等的原则，官长和士兵同吃红米饭，同穿粗布衣，同住茅草房，一起劳动，一起作战……当时，毛主席也和战士一样，吃糙米饭，喝南瓜汤，粮食困难时，还到野外挖一种名叫高脚芦茇的野菜吃”[②]。再如，作为红四军军长的朱德，同样艰苦朴素，和战士们同甘共苦，他衣着与士兵完全一样，“群众及敌兵俘虏初看见顶顶（应为‘鼎鼎’，原文如此——引者注）大名的四军军长那样芒鞋草履十分褴褛莫不诧异，若不介绍，至多只能估量他是一个伙伕头，同时到现在伙伕头三个字恰成了四军军长的绰号”[③]。危险时，朱德正是靠着朴素的外貌，几次骗过敌人，得以脱身。毛泽东指出：“什么人都是一样苦，从军长到伙夫，除粮食外一律吃五分钱的伙食。发零用钱，两角即一律两角，四角即一律四角。因此士兵也不怨恨什么人。”[④]

红军内部民主平等具体表现在如下方面。

首先，设立士兵委员会，并制定了详细的《红军士兵会章程》，规定了士兵委员会的人员构成、职责和运作方法，以保证军事、政治和经济三大民主。

根据《红军士兵会章程》，士兵委员会有参加部队行政管理、经济管理和监督军官之权，充分贯彻了官兵在经济、政治上民主平等的原则。

其次，民主平等的关系也体现在红军官兵礼仪上。红军政治部制定了《红军暂行礼节》条例。该条例第一部分“红军礼节精神”，开宗明义地指

---

①《毛泽东选集》第1卷，人民出版社1991年版，第65页。

② 中国人民解放军总政治部宣传部编：《发扬革命传统 争取更大光荣》（传统教育教材试用本），中国人民解放军战士出版社1977年版，第91—92页。

③ 江西省档案馆、中共江西省委党校党史教研室选编：《中央革命根据地史料选编》（中），江西人民出版社1982年版，第451页。

④《毛泽东选集》第1卷，人民出版社1993年版，第65页。

出了制定条例的意义。“1.红军礼节是工农红军的阶级团结与相互敬爱的表现，同时更含有养成上下级（指挥员政治委员与战斗员上级与下级指挥及其他一切工作人员）等接受指挥及命令之意义……红军礼节与白军中专为贵族地主阶级或资产阶级之军事长官用来束缚其部下以造成其个人威权及光荣之礼节根本不同；2.红军中礼节完全采互敬制度……下级对上级敬礼时，受礼者有绝对回礼之义务（在特别情形之下……病伤及其他情事迫不及回礼者不在此例），坚决反对漫不为礼及致敬不恭等习气。”[①]该条例还详细规定了红军行礼的礼节种类、动作和时机等相关问题。

最后，制定《红军纪律条令草案》，严明纪律。该草案共有四章：总则、奖励、惩戒、附则。

其中“总则”第二条规定：“白军的纪律是基于反动统治阶级利益之上的，工农红军是工农群众自己的军队，他在共产党领导之下和工农兵苏维埃政权指挥之下是为工农群众自己的利益而作战。对压迫和剥削自己的敌人作殊死战争的。他服从自己政权所委任之政治委员和指挥员之号令，也就是工农自己的利益，所以红军的纪律是基于工农群众自己利益之上的。”[②]

由此可见，红军礼节和纪律完全是同志式的、平等的与民主的，是以维护军人的尊严为原则的，目的是使广大战士明白军人的使命，自觉遵守纪律。即使是惩罚，也是以教育为主，不损害军人的健康和尊严。没有军阀部队里打骂，乃至枪毙等极为严酷的惩罚。

总之，“红军中官兵伕薪饷穿吃一样，军阀里将校尉起居饮食不同”[③]

① 中国工农红军福建军区随营学校翻印:《红军暂行礼节》,福建省档案馆藏,档案编号:革命历史资料349号。

② 中国工农红军福建军区随营学校翻印:《红军纪律条令草案》,福建省档案馆藏,档案编号:革命历史资料349号。

③ 江西省档案馆、中共江西省委党校党史教研室选编:《中央革命根据地史料选编》(中),江西人民出版社1982年版,第451页。

对比鲜明的现实，让被俘的国民党士兵感受到了红军民主平等的军风。

关于国民党军队里的不民主、不平等的军风，出身湘军的彭德怀有切身体会："它（军阀部队——引者注）用最严密的组织和绝对服从的纪律约束士兵，不容许士兵有任何自由活动。它对士兵有十大斩罪（如'营私结党者斩'），一切违反剥削压迫者利益的言行，都是不合法的。它有一套用人、行政管理和等级制度，它用各种各样的欺骗（如说'军队是国家的'、'共产主义是不合国情的'等等）和对军官的优厚待遇，来进行管理、教育。"①

那么军阀部队中的军官待遇又如何呢？《彭德怀自述》中提到一个细节："鲁广交游，善词令，每日来宾约会，晨夕不绝，开支亦大，营长月薪不过百二、三十元，决难如此应酬。"②鲁广厚为粤军营长，月薪已达"百二、三十元"。团长的薪水则更高："戴团长离职已一年了，他月薪二百四十元，都已先后寄去了。"③至于更高级别的军官，如师长或军长等就不是仅仅拿月薪了。一般而言，军阀会用金钱笼络军官："此事已定，不必再谈，先到职，委任状后发，盼即到职，就职费一千二百元，派人到师经理处具领。"④上述事实表明军阀军队中军官与士兵的待遇可谓天壤之别。

至于民主平等的军风，对维持部队的团结和战斗力的重要作用，彭德怀在自己的带兵过程中有切身的体会。1921年夏，彭德怀参加了援鄂战争，战争以失败而告终，其所在团的其他连队损失过半，有的甚至达三分之二，但彭德怀领导的连队不仅没有减员，反而由于本连士兵的串联，人枪还有增加。对此，他总结了两条经验："一是经济公开，连中略有公积

① 彭德怀：《彭德怀自述》，人民出版社1981年版，第106页。
② 彭德怀：《彭德怀自述》，人民出版社1981年版，第25页。
③ 彭德怀：《彭德怀自述》，人民出版社1981年版，第56页。
④ 彭德怀：《彭德怀自述》，人民出版社1981年版，第55页。

金（办公、杂支、医药、截旷[①]等开支的节余部分，积存起来），用于士兵的公益事业；二是废除肉刑，即不笞责、罚跪等。对犯了军风纪的士兵代之以劝告、记过、罚站。上述两条的坚决贯彻，是旧式军队士兵最积极拥护的。此外，救贫会在连内的秘密活动，对巩固部队也有一定作用。”[②]由此可见，民主平等的作风是深受士兵们拥护的。

红军内部民主平等的作风不仅深受红军战士的欢迎与支持，就连俘虏在目睹这种前所未见的新气象时，也深为感动。在接受教育后，很多俘虏愿意参加红军，这是红军队伍扩大的一个重要原因，也是红军战斗力强的重要原因。

总之，“民主制度的建立，确立了官兵同为阶级兄弟的新型关系，有效巩固了部队，提高了战斗力”[③]。

（2）纪律严明，服从指挥

红军的新军风，另一个重要的表现是纪律严明，服从指挥。红军不仅要打仗，而且要打胜仗。因为只有打胜仗才能巩固与扩大革命根据地，才能鼓舞群众、动员群众，才能让群众支持和拥护革命。而要打胜仗，就必须要求部队有强大的战斗力。而要使部队有强大的战斗力，就必须要求部队纪律严明，服从指挥。

红军纪律严明，服从指挥的新军风最主要的表现就是“三大纪律八项注意”。“三大纪律八项注意”是由“三条纪律六项注意”演变而来的。如前所述，早期红军士兵绝大多数来自军阀部队，身上有很多不良习气，必须制定严明的纪律以克服这些不良习气，以表明红军与损害群众利益的旧军队完全不一样。

① 旷，旧军队编制中的空额。按编制发放的薪饷及其他费用中属于空额的款项叫旷款。经上级同意截留旷款作为正用就叫截旷。

② 彭德怀：《彭德怀自述》，人民出版社1981年版，第15—16页。

③《中国人民解放军军史》编写组编：《中国人民解放军军史》第1卷，军事科学出版社2010年版，第18页。

三湾改编后，虽然红军军纪有所改变，但损害百姓利益的事情还是时有发生。“工农革命军向井冈山进军途中，有人挖老百姓的红薯吃。毛泽东当即给部队规定，不准拿老百姓一个红薯。人民军队的第一条纪律就这样诞生了。部队在茶陵打土豪时，个别军官将打土豪得到的银元和黄金首饰占为已有。为此，毛泽东又给部队规定了一条纪律：打土豪要归公。1928年1月，毛泽东率领工农革命军占领遂川县城后，在分兵打土豪、开展群众工作的过程中，出现一些同志损坏群众利益的现象。于是，毛泽东给部队制定了‘买卖公平’‘借东西要还’等六项注意。4月初在桂东沙田，毛泽东又为部队规定了一条纪律：一切行动听指挥，并正式颁布‘三条纪律六项注意’，要求官兵认真贯彻执行。”[①]至此，“三条纪律六项注意”首次出台。

“三条纪律”的内容：第一，不拿工人、农民、小商人一点东西，这条纪律着重在“一点”，即一个红薯乃至一根草都不准拿；第二，打土豪要归公，即没收土豪的浮财要全部交给公家处理，不能占为已有；第三，一切行动听指挥，这条纪律关键在“一切”，不能有的行动听指挥，有的行动不听指挥。“六项注意”的内容：“（1）上门板（指宿营时借老板的门板，走时要上好才走）。（2）捆禾草（指宿营时借老板的禾草，走时要捆好才走）。（3）说话和气（指对工农讲话，不要做出恶样子，要和和气气）。（4）买卖公平（指买东西不许强买强卖）。（5）借东西要还（指借老板的任何东西都要送还才走）。（6）坏东西要赔（指损坏了老板的任何东西，要赔偿他才走。”[②]“三条纪律六项注意”与后来的“三大纪律八项注意”不管是名称，还是具体内容都不完全相同。

除了“三条纪律六项注意”之外，还有其他一些违纪处罚规定，甚至

① 《中国人民解放军军史》编写组编：《中国人民解放军军史》第1卷，军事科学出版社2010年版，第83页。

② 中共江西省委党史研究室等编：《中央革命根据地历史资料文库 军事系统9》，中央文献出版社、江西人民出版社2015年版，第327页。

是极为严厉的规定。与此同时，其他根据地也在探索红军纪律规定，注重红军军风建设。

1930年5月以后，“毛泽东、朱德对六项纪律作了修改、补充，把第六项改为‘损坏东西要赔并爱惜公物’；增加‘七、不得胡乱屙屎’；八、不搜敌兵腰包’两项，使之发展为八项注意，并写进《红军士兵会章程》。”[①]增加的第七项“不得胡乱屙屎”，今天的读者读到这样的规定，可能会感到奇怪，甚至哑然失笑，但这就是当时的真实情况。“1931年，红一方面军总部对‘三条纪律八项注意’又作了进一步修改。三条纪律中的‘一切行动听指挥’，由第三改为第一，八项注意中的‘不得胡乱屙屎’改为‘不随便大便’。至此，三大纪律八项注意基本成型。后来，这些纪律的表述虽有一些变化，如将‘三条纪律’改为‘三大纪律’，将筹款归公”改为‘缴获归公’，还有其他一些文字上的修改，但基本内容没有改变。”[②]

仔细研究最终成型的“三大纪律八项注意”，我们发现“三大纪律八项注意”的总的变化趋势是越来越具有概括性，越来越简洁、明了，语言越来越通俗易懂，非常适合文化程度不高，以农民为主体的红军。由此可见，“三大纪律八项注意”也是随着建军实践的推进而逐步完善与定型的，完全是实事求是的产物，不是主观或者说先验的产物。

总的来说，“三大纪律八项注意，全面、通俗明确规定了人民军队的纪律，它既是人民军队执行革命任务的保证，又充分体现了人民军队的本质，对人民军队的建设产生了深远的影响”[③]。

①《中国人民解放军军史》编写组编:《中国人民解放军军史》第1卷，军事科学出版社2010年版，第85页。

②《中国人民解放军军史》编写组编:《中国人民解放军军史》第1卷，军事科学出版社2010年版，第85页。

③《中国人民解放军军史》编写组编:《中国人民解放军军史》第1卷，军事科学出版社2010年版，第85页。

虽然“三大纪律八项注意”规定的内容看起来不是什么惊天动地的大事，甚至可以说是鸡毛蒜皮的小事，可就是这些小事，最能够彰显人民军队的本质。广大人民群众就是通过这些小事来感知红军的优良军风的。由于红军纪律严明、军风优良，受到民众的支持与拥护，所以红军能够以弱胜强，逐步发展壮大。

参加过第三次“围剿”的蔡廷锴也谈过农民拥护红军的情况：“那时地方群众在共党势力范围下，或逃亡，或随红军行动，欲雇挑夫固不可能，即寻向导带路亦无一人，至于侦探更一无所得，变成盲目。”①

古田会议在中央的正确指示下，通过了由毛泽东主持起草的《中国共产党红军第四军第九次代表大会决议案》。该决议案共分为八个部分，所确立的一系列建军原则，标志着红军最终与旧式军队划清了界限。这些原则不仅在红四军中得以贯彻，也在其他根据地的红军部队中得到推广，有力地促进了红军的建设。从此红军在以毛泽东为代表的共产党人所总结出来的建军原则的正确领导下，终于成为具有新军风的“区别于一切剥削阶级的新型人民军队”②，并稳步发展壮大。

萧克回忆道：“通过古田会议精神的贯彻，军队的政治工作也加强了。非无产阶级思想和不良倾向得到了逐步克服，如打骂士兵的现象少了，枪毙逃兵的事没有了。呈现出一片新气象。大家都能以决议为准则，自觉地遵守革命纪律，严格执行党的政策。红军每到一处，对工商业者按苏区税则合理征收，所以市面情况良好，商人安心做生意。”③赖传珠也指出：“由于发挥了士兵委员会的作用，部队的民主作风进一步得到发扬，官兵关系也随之改善了……经过学习，干部战士的觉悟显著提高，各种不良倾向逐步克服，部队呈现一片新气象，同志们都能以决议的精神相互监督，

① 蔡廷锴：《蔡廷锴自传》（上），黑龙江人民出版社1982年版，第245页。

② 中国人民解放军总政治部宣传部编：《发扬革命传统　争取更大光荣》（传统教育教材试用本），中国人民解放军战士出版社1977年版，第35页。

③ 萧克：《在广昌路上》（于都县博物馆藏访问记录稿）。

互相帮助，鞭策自己。”[1]两位开国上将不约而同地提到了“不良倾向”得到克服，呈现出“一片新气象”，这绝不是偶然的。这表明“民主平等，纪律严明”的新军风在经过多年的建军实践后，终于在红军中树立起来了。

对此，毛泽东总结道：“同样一个兵，昨天在敌军不勇敢，今天在红军很勇敢，就是民主主义的影响。红军像一个火炉，俘虏兵过来马上就熔化了。中国不但人民需要民主主义，军队也需要民主主义。军队内的民主主义制度，将是破坏封建雇佣军队的一个重要的武器。”[2]

中央苏区的人民创作了很多歌谣歌颂红军这种民主平等，纪律严明的新军风。《红军纪律真严明》唱道：“红军纪律真严明，唔要群众线一根，公买公卖给现钱，秋毫无犯爱穷人。”[3]《我们的好军长》唱道：“军长象大兵，领我们练刺杀……红军战士酣如雷，朱德就下营房，给我们补衣裳，军长象慈母，为我们盖被子。兵爱老军长，温暖我心房。”[4]

2.拥政爱民，军民团结的新军风

由于红军拥政爱民，苏区出现了百姓或踊跃参军，或接受军事训练以保卫胜利果实的良好风气。

（1）军爱民、民拥军，军民鱼水情

红军“这个军队之所以有力量，是因为所有参加这个军队的人，都具有自觉的纪律；他们不是为着少数人的或狭隘集团的私利，而是为着广大人民群众的利益，为着全民族的利益，而结合，而战斗的。紧紧地和中国人民站在一起，全心全意地为中国人民服务，就是这个军队的唯一的宗旨”[5]。

“三大纪律八项注意”就是红军宗旨的具体化，红军严格执行“三大纪

① 王首道等:《回忆毛主席》,人民文学出版社1977年版,第173页。

②《毛泽东选集》第1卷,人民出版社1991年版,第65页。

③ 福建省龙岩地区文化局编:《闽西革命歌谣》,福建人民出版社1980年版,第117页。

④《汀江红旗颂——闽西革命根据地大合唱》,人民音乐出版社1981年版,第15—16页。

⑤《毛泽东选集》第3卷,人民出版社1991年版,第1039页。

律八项注意”，赢得了群众的爱戴和支持。“部队一住下，战士们便自动地向群众宣传打土豪分田地等革命道理，调查土豪劣绅的罪恶。部队打了土豪，除去完成筹款任务外，把全部东西分给群众。每次出发前，大街小巷都打扫得干干净净。支部又挨门逐户检查是否有借物不还或损坏东西没赔偿的。这样红军的政治影响扩大了，军民关系更加密切了。群众一听说我们要离开，都恋恋不舍，齐集村头夹道欢送。”①

红军用实际行动证明其是为穷人谋利益的、是穷人的军队。为了保卫革命成果，中央苏区广大青壮年踊跃参加红军。“当时，苏区各地到处可见父送子、妻送郎、兄弟相争当红军的动人场面。瑞金县下肖区红军家属有800户，在前方的红军战士有1100名。这个区有一户农民，8个兄弟一齐报名要求参加红军，这类动人事迹不胜枚举。”②中央苏区人民觉得，“当红军是最光荣的事业”③，因而踊跃参加红军。未参军的青壮年也参加地方武装赤卫队，接受军事训练；青少年也组成儿童团，接受军事训练，参加站岗放哨、查路条和传递情报等相关的军事活动。

关于红军与人民群众的鱼水情，很多红军将领有详细回忆。《彭德怀自述》中写道：“红军所过之处，人民群众热烈欢迎。浏、平、万、铜、修根据地遭敌严重摧残，多数地区被白军烧得片瓦无存，人民对红军尤爱之如亲人。残存的半升粮米和薯干，自己不吃，留给红军吃。进至阳新县龙燕区，该地群众对红军的热爱，比平江群众有过之而无不及。外地红军到达该区，均不愿离开。群众对伤病人员之照顾，真是无微不至。沿途欢迎红军之口号声、歌声、锣鼓声，响彻云霄。当年天旱，苦久不雨，可是红军路过，茶水满布，宿营用水煮饭，亦不感困难。妇女老小，人手一扇，站立道侧，替红军扇凉。到宿营地时，房屋打扫得干干净净，开好铺，他

① 王首道等：《回忆毛主席》，人民文学出版社1977年版，第173—174页。

② 余伯流、凌步机：《中央苏区史》，江西人民出版社2001年版，第613页。

③ 中国革命博物馆编：《红军长征日记》，档案出版社1986年版，第91页

们自己露宿，决不让红军露营。在营地终日歌声、口号声不绝于耳。不间断地宣传鼓动，对敌军一层又一层地警戒，封锁消息，保护红军。粮食缺乏，农民将自己仅有的一点粮食、薯丝、玉米、稻米，自动地送到各部门首，倒在桶里就走了……群众组织了许多担架队，把伤兵争着抬回自己村里看护医治，无微不至，真是比亲人还亲。”①不仅如此，妇女们为了支援红军，甚至把自己心爱的首饰无偿地捐献出来。“青年妇女身上的银器头链子等都脱下来给红军”②，“群众工作人员都举行节省运动，用钱少些，积蓄起来拿给红军做生活费”③。

中央苏区群众也自发创作了很多歌谣歌颂这种亲密无间的军民关系。如《当兵就爱当红军》唱道：“韭菜开花一条心，当兵就爱当红军。红军处处为百姓，百姓个个敬红军。”④类似的歌谣还有很多。

（2）拥护政府，军政和谐

一方面，红军的性质决定了其应该帮助地方建立和巩固政权；另一方面，地方政权建立后，应积极动员群众帮助红军，支援红军作战。

“苏维埃是工农兵的政权机关，而红军是工农自己的武装力量，苏维埃最重要的保护者……（如果在新发展的区域，苏维埃政府尚未建立的时候，红军的政治部得帮助当地的工农劳苦群众建立苏维埃政权）。”⑤古田会议决议也明确指出红军要负担宣传群众、组织群众、武装群众、帮助群众建立革命政权的使命。但是，在中央苏区创立初期，一些军政人员尚不能正确处理军政关系。“过去苏区许多同志，对于苏维埃政权与红军的关系，有不正确的了解，譬如当红军的不尊重苏维埃政权，不是任意骂苏维埃政权的办事人，或者把苏维埃当成红军的招待所……在另一方面，有一部分

① 彭德怀：《彭德怀自述》，人民出版社1981年版，第146—147页。

② 古田会议纪念馆编：《闽西革命史文献资料》第7辑，内部发行2006年版，第22页。

③ 古田会议纪念馆编：《闽西革命史文献资料》第7辑，内部发行2006年版，第16—17页。

④ 福建省龙岩地区文化局编：《闽西革命歌谣》，福建人民出版社1980年版，第165页。

⑤ 中共龙岩地委：《苏维埃政权》，福建省档案馆藏，档案编号：革命历史资料303号。

地方苏维埃政府的负责人，对于红军不理不睬，这也是错误的。”[①]因此，临时中央政府要求“在红军中应该坚决肃清不尊重政权的军阀习气残余，使全体战斗员、指挥员正确认清苏维埃政权的作用。在地方苏维埃方面同样的应该纠正不理红军的错误，正确认清红军的作用”[②]。

一方面，红军积极帮助地方建立并巩固政权。步骤是先帮助地方建立临时政权机关——革命委员会；然后，由革命委员会按照苏维埃的选举法，召集代表大会成立苏维埃，建立苏维埃政府[③]。另一方面，地方政府应积极帮助红军，支援红军作战。“对红军要注意招待……如红军行军经过时应该发动群众，沿途作热烈的欢迎表示，烧茶水煮稀饭，送卜（应该是‘萝卜’，原文如此——引者注）菜，筹备给养布置宿营地……要努力实行优待红军条例，如代红军家属耕田，慰劳红军，加紧拥护红军委员会的工作。在作战的时候，地方苏维埃政府应号召群众起来，帮助红军报告敌人的消息，扰乱敌人后方，堵截敌人，收拾战场，收容俘虏，组织担架队，侦探队，运输队，救护队，巩固后方工作，帮助红军战胜敌人。”[④]

中央苏区群众同样创作了很多歌谣描述和歌颂中央苏区和谐的军政关系。如《保卫苏区当红军》唱道：“一朵鲜花红又红，天下第一毛泽东。人人拥护苏维埃，保卫苏区当红军。”[⑤]

3.优待俘虏，壮大自己的新军风

（1）优待俘虏是军风文明、民主平等的重要标志

两军进行生死斗争，必然会产生俘虏，但如何对待俘虏，性质不同的

① 中共龙岩地委:《苏维埃政权》,福建省档案馆藏,档案编号:革命历史资料303号。

② 中共龙岩地委:《苏维埃政权》,福建省档案馆藏,档案编号:革命历史资料303号。

③ 中国工农红军总政治部主编、中国工农红军学校翻印:《苏维埃政权》,中国工农红军学校发行所1932年版,第9页。

④ 中国工农红军总政治部主编、中国工农红军学校翻印:《苏维埃政权》,中国工农红军学校发行所1932年版,第22—23页。

⑤ 福建省龙岩地区文化局编:《闽西革命歌谣》,福建人民出版社1980年版,第164页。

军队的作风是截然不同的。剥削阶级掌握的军队往往虐杀俘虏，但红军的作风是优待俘虏，瓦解敌军，壮大自己。如何对待战俘是检验一支军队是否具有严明纪律、民主平等等优良军风的重要标志。

封建军队军风不文明、不民主，更不平等。中国历史上大规模的虐杀俘虏的事件主要有四次：长平之战后，白起坑杀赵军40万人；巨鹿之战后，项羽坑杀秦军20万人；破铁勒后，薛仁贵坑杀铁勒九部13万降兵；参合陂之战后，拓跋珪坑杀后燕军4万多人。一些封建军队不仅虐杀俘虏，甚至屠杀无辜百姓。

即使是高举民主、平等大旗的资产阶级建立了号称最文明的资本主义社会，其军风同样野蛮、愚昧，并没有展现出文明、民主、平等的军风。当资产阶级国家发动侵略战争时，就已经背离了民主与平等的原则，等到他们举起屠刀屠杀战俘和平民时，文明荡然无存。这个时候，资产阶级军队就变成了一群野兽，根本无纪律可言，军风极其恶劣。例如，德国法西斯军队对犹太人进行“种族清洗”，日本法西斯军队在南京屠杀了30多万无辜军民。德国痛斥日军为“兽类的集团”“野兽机器”：“德国政府从它的代表者得到报告说：‘这不是个人的而是整个陆军、即日军本身的残暴和犯罪行为。’在这个报告的后段中，曾形容‘日军’就是‘兽类的集团’。”[①]当然，这只是五十步笑百步而已，但是这揭示了日军野蛮、残忍的重要事实。

（2）优待俘虏，壮大自己

在如何处理俘虏问题上，国民党军队和红军的作风截然不同。国民党军队虐杀俘虏，残害百姓。“随着‘围剿’的进行，国民党杀掉了所有被俘的红军领导人。”[②]而红军则是优待俘虏，瓦解敌军，壮大自己，争取

① 胡菊蓉：《中外军事法庭审判日本战犯——关于南京大屠杀》，南开大学出版社1988年版，第196页。

② 布赖恩·克罗泽著，封长虹译：《蒋介石传》，国际文化出版公司2011年版，第121页。

胜利。

中央苏区时期，共产党初次创建工农武装，严重缺乏建军经验，一定时期内的确存在不尊重俘虏的行为。这一方面是由于红军的性质和宗旨不明确，军队的政治工作制度尚未建立；另一方面是由于早期红军士兵来源复杂，或者是旧军队通过起义发展而来的，或者是俘虏，不可避免地带有旧军队的不良作风、习气。上述现象绝不是红军对待俘虏的正确方法，更不是红军长期对待俘虏的政策。随着经验的积累，中央苏区最终形成了优待俘虏，壮大自己的新军风。

第一，优待俘虏的现实和历史原因。

其一，优待俘虏是因为广大俘虏也来自被剥削的工农阶级。参加“围剿”红军的国民党军队士兵大都来自工农阶级。军队由士兵组成，但军队和士兵是两个不同的概念。军队是政治概念，也是集体概念，是统治阶级维护其统治的政治工具，必须执行其意志；而士兵是阶层概念，也是个人概念，一般士兵只履行军人职责。在剥削阶级占统治地位的社会里，集体利益和个人利益有时完全不一致。例如，国民党军队是国民党剥削与压迫广大工农阶级的工具，但国民党军队的士兵来自工农阶级。换句话说，由来自工农阶级的成员组成的国民党军队反成了压迫工农阶级的工具。因此，红军武装反抗国民党军队及其发动的军事“围剿”，并不意味着一定要与放下武器、已经成为俘虏的国民党士兵为敌，相反应该优待他们。“在敌人枪还拿在手上的时候，为了要减少敌人的战斗力，促成我们的战斗任务起见，应毫无留情地杀伤他。反之敌人已经将枪放下表示投诚了，就不要因愤恨而伤害他，这是很重要的一件事。”① “改变对待俘虏官的政策，一经缴了枪，不但一概不杀，而且要优待他们，不捆绑（除必要时），不剥衣，不打骂……至于俘虏士兵则要十分优待，不论战场上打得如何激

①《毛泽东军事文集》第1卷，军事科学出版社、中央文献出版社1993年版，第168页。

烈，一经缴枪就要把他们当弟兄看待，严禁报复行动。”①

“毛泽东之所以提出优待俘虏思想，一个重要原因在于他清醒地认识到，白军士兵及下级军官大多是贫苦人出身，他们有的是被抓强逼当兵，有的则是为找饭吃而当兵，他们总体上属于我们的阶级兄弟。”②事实上，“内战双方的士兵，几乎都来源于贫苦农民和破产的手工业者，是为生活所迫而‘当兵吃粮’或参加革命的，哪一方能真正把士兵当人对待，哪一方的士兵就愿冲锋陷阵”③。

为了增强广大红军官兵执行优待俘虏政策的自觉性，毛泽东分析了进攻苏区的国民党军队士兵的思想情况，指出了国民党军队和广大士兵之间的利益冲突，揭示了其内在矛盾。“百多万向我们苏区（江西、四川、湖南、福建、鄂豫皖）进攻的士兵群众，在苏维埃红军的面前所得的影响怎么样。我们要说，这样广大的士兵是在一面被强迫进攻我们，一面却在受我们的革命教育。各个苏区可以说都是白军士兵学习革命的大学校。因此替蒋介石挖坟墓的不只是红军，而且是他自己的士兵。”④在这里，毛泽东明确地称国民党军队士兵为“士兵群众”，意味着国民党军队士兵从本质上讲不属于红军要消灭的敌对阶级，而属群众当中特殊的、尚未觉悟的部分，是可以争取的群众。

共产党是无产阶级的先锋队，以解救劳苦大众为己任，而红军是执行党的政治任务的武装集团，红军对同属一个阶级阵营的白军士兵当然不能杀害，否则从阶级逻辑上讲，就是自相矛盾的。再则，苏维埃政权号称是工农兵代表大会，这里的“兵”应该不仅指广大红军官兵，也指俘虏过来，经过争取而参加了红军的俘虏。所以，俘虏无论从阶级属性还是从苏维埃的阶级基础来看，都不应该受到虐待甚至遭到杀害。

① 《毛泽东军事文集》第1卷，军事科学出版社、中央文献出版社1993年版，第405页。

② 潘积中：《论毛泽东优待俘虏思想的尊重人权意蕴》，《中外企业家》2012年第8期，第121页。

③ 付可尘：《论毛泽东处理俘虏的思想》，《甘肃社会科学》2012年第5期，第196页。

④ 《毛泽东军事文集》第1卷，军事科学出版社、中央文献出版社1993年版，第353页。

其二，优待俘虏是军事斗争，甚至是革命战略的需要。共产党领导人民群众革命的最终目的，是建立没有剥削、没有压迫的新社会制度。要实现这个目的必须尽量壮大自己，削弱敌军，以最后战胜敌军。为着这个目的，必须优待俘虏。

历史告诉我们：受压迫的阶级在反抗统治阶级的初期，不仅力量弱小而且会遭到统治阶级的严厉镇压。历史上，农民起义可谓接连不断，但是最终能够成功的并不多。即使成功了，也只是新旧封建王朝更替而已，依然是剥削社会。但共产党的目标是要消灭私有制，建立公有制。这是社会形态的质变。对此，国民政府极端仇恨，蒋介石顽固地认为共产党是心腹之患，日本不过是肘股之患："中国亡于帝国主义，我们还能当亡国奴，尚可苟延残喘；若亡于共产党，则纵肯为奴隶亦不可得。"[①]"外寇不足为虑，内匪实为心腹之患，如不肃清内匪，则决不能御外侮。"[②]故国民党政府一再严令"先清内匪，再言抗日"，坚称"中央现在以平定内乱为第一"[③]。

当时，中央苏区红军力量还比较弱小，为着革命的胜利，红军一方面必须尽快壮大自己，另一方面必须瓦解敌军，削弱敌军。此时战斗频繁进行，红军大量减员，亟须补充兵员；而根据地相对狭小，人口有限。红军就遇到一个巨大困境：到哪里寻找可资补充的兵员？一方面，红军动员根据地青壮年参军；另一方面，就是优待、尊重俘虏，然后通过教育感化俘虏，争取俘虏参加红军，壮大自己。事实证明，这样做效果显著。因为这些白军士兵，一旦"在成为俘虏以后，他们就获得了自由，有了觉悟的可能"[④]。

①《蒋介石在南昌的讲话》，1931年8月22日。

②《蒋介石对围剿红军将领训话》，1933年4月10日。

③ 梁敬錞：《九一八事变史述》，世界书局1968年版，第109页。

④ 中国人民解放军政治学院政治工作教研室编：《军队政治工作历史资料》第11册，中国人民解放军战士出版社1982年版，第61页。

“在革命极端艰难的条件下，有些愿留在红军的俘虏，给红军提供了兵源。”[①]如果没有此类兵源补给，“则四军兵额大成问题”[②]。甚至一些中下级军官，也是“俘”来即用。“因为下级干部死伤太多，敌军俘虏兵往往过来不久，就要当连排长；今年二三月间的俘虏兵，现在有当了营长的。”[③]毛泽东指出：“以士兵论，因军阀们把向边界‘剿匪’当做一件大事，‘剿匪经年，耗费百万’（鲁涤平），‘人称二万，枪号五千’（王均），如此等类的话，逐渐引起敌军士兵和无出路的下级官长对我们注意，自拔来归的将日益增多，红军扩充，又是一条来路。”[④]

其三，优待俘虏可粉碎国民党的谣言。一般而言，统治阶级对于被统治阶级组织的武装反抗，除了军事上围剿以消灭外，舆论上，统治阶级竭力污蔑被统治阶级及其反抗行为，大肆散布谣言，欺骗士兵，让其恐惧。“由于敌军上层的造谣污蔑，白军士兵及下层军官普遍对红军缺乏正确了解，更有白军官兵因为误信反动宣传而在战场上拼死抵抗。”[⑤]为此，红军必须粉碎国民政府污蔑红军造谣蛊惑、欺骗士兵的图谋。以下这则材料很典型：“你们的反动官长常常对你们说：‘红军的头是红的，被红军捉去是要被挖眼睛破肚皮的，红军是最凶暴的’等等鬼话来欺骗你们，恐吓你们，想使你们不与红军亲近，来为反动官长利益去当炮灰，来维持它反动的统治。”[⑥]

国民政府的污蔑的确欺骗了士兵，导致战场上出现悲剧。“五月三号你们与红军在水西渡的战役中，因为你们的反动官长的无耻造谣欺骗，害怕

---

① 付可尘：《论毛泽东处理俘虏的思想》，《甘肃社会科学》2012年第5期，第197页。

② 中共酃县县委纪念井冈山革命根据地创建六十周年筹备领导小组办公室编：《湘山风云·1921—1987（纪念专辑）》，内部发行1987年版，第276页。

③《毛泽东选集》第1卷，人民出版社1991年版，第64页。

④《毛泽东选集》第1卷，人民出版社1991年版，第81页。

⑤ 潘积中：《论毛泽东优待俘虏思想的尊重人权意蕴》，《中外企业家》2012年第8期，第121页。

⑥ 福建省档案馆、广东省档案馆编：《闽粤赣边区革命历史档案汇编》第1辑，档案出版社1987年版，第200页。

红军，纷纷渡河逃跑，以致淹死甚多，这是何等悲惨、可惜。冤枉呵！这也是你们的反动官长害死的。”①

故优待俘虏是粉碎国民政府谣言的好方法。“对敌军的宣传，最有效的方法是释放俘虏和医治伤兵。敌军的士兵和营、连、排长被我们俘虏过来，即对他们进行宣传工作，分为愿留愿去两种，愿去的即发路费释放。这样就把敌人所谓‘共匪见人就杀’的欺骗，立即打破。杨池生的《九师旬刊》，对于我们的这种办法有‘毒矣哉’的惊叹……聪明的敌人例如李文彬，近来也仿效我们的办法，不杀俘虏，医治被俘伤兵。不过，在再作战时，我们的人还是有拖枪回来的，这样的事已有过两回。”②如此，国民政府污蔑红军的谣言就不攻自破了。

由此可见，红军优待俘虏的做法效果明显，连敌人也试图效仿，可是他们只能学得皮毛。因为，没有军队新制度的重建，没有新军风的普遍推行，只是简单的“不杀俘虏，医治被俘伤兵”是不能够完全留住人心的。不过，我们还是要客观地说，这样做总比“杀害红军俘虏”要人道，具有一定的历史进步性。

其四，红军优待俘虏吸取了中外虐杀俘虏带来严重后果的教训，这是历史原因。如前所述，红军创立以前，剥削阶级军队虐杀俘虏司空见惯，甚至俄国苏维埃政权在初期也虐杀俘虏，后果严重。十月革命胜利后，当时的苏维埃政权大量处死沙俄的海军军官和技术人员，给海军建设带来严重影响，导致海军系统基本陷于瘫痪，而且人为制造了高尔察克这样以苏维埃政权为敌的敌人，教训深刻。毛泽东从中吸取教训，优待战俘，争取他们来壮大自己③。

客观地讲，红军建立之初，广大官兵文化水平低是事实，但这并不意

① 福建省档案馆、广东省档案馆编：《闽粤赣边区革命历史档案汇编》第1辑，档案出版社1987年版，第200页。

②《毛泽东选集》第1卷，人民出版社1991年版，第67页。

③ 参见陈浩：《论毛泽东战俘政策》，河南科技大学2010年硕士学位论文，第3页。

味着以毛泽东为代表的红军领导人没有文化。相反，毛泽东等领导人大都是有文化、有理论修养的知识分子，尤其是毛泽东更是饱读诗书，对历史典故非常熟悉。如果红军统帅没有文化，没有以理论修养为基础而确立的坚定信仰，是没有办法带兵打胜仗的，也根本无法将革命坚持到底。毛泽东知道“杀俘不祥”的道理以及“杀俘”会带来什么样的后果。如，毛泽东在评价北魏大将王建坑杀俘虏时指出：“王建庸人，不知政治。”[①]当然这是后话。但由此可知，毛泽东是一贯反对屠杀俘虏的，因为杀害俘虏，只能让敌方怨恨恐惧，不利于分化瓦解对手，这在战略上是不明智的。

总之，优待俘虏是多种原因综合作用的结果，是有利于革命的正确做法。

第二，优待俘虏思想的丰富内容。

关于优待俘虏思想的丰富内容，众多研究者对此进行了研究，得出不少有见地的结论。

潘积中将红军“优待俘虏”的思想概括为六个方面：一是不杀害俘虏——尊重俘虏的生命权；二是不打骂俘虏——尊重俘虏的人格权；三是不搜俘虏腰包——尊重俘虏的财产权；四是医治伤病俘虏——尊重俘虏的健康权；五是去留悉听尊便——尊重俘虏的自由权；六是教育改造俘虏——尊重俘虏的发展权[②]。

第三，优待俘虏思想的发展与实践。

优待俘虏的思想和红军其他军风一样，也是随着建军实践而慢慢发展与完善的。

其一，优待俘虏思想起源于如何处理革命队伍中意志不坚定者。革命初期，革命队伍中混杂了大量意志不坚定者。他们在革命低潮时，对前途

① 中共中央文献研究室编：《毛泽东读文史古籍批语集》，中央文献出版社1993年版，第212页。

② 参见潘积中：《论毛泽东优待俘虏思想的尊重人权意蕴》，《中外企业家》2012年第8期，第119—122页。

悲观，纷纷脱离革命队伍。对此，毛泽东采取了来去自由的政策。1927年9月，毛泽东率领秋收起义队伍到达永新县三湾村，有些意志不坚定官兵对革命前途感到悲观而产生了消极情绪。为了纯洁队伍，毛泽东当机立断进行改编。改编的措施之一就是缩小编制，将师编制缩小为团，下辖两个营，并对意志不坚定者采取清退措施。“毛泽东同时宣布：凡不愿意留队者，一律发给5块钱的路费，并开具介绍信，让他们回到农村去工作。留在革命部队的同志，一般都是经过战斗和艰苦生活考验的坚定的革命者，他们紧密地团结在党和毛泽东的周围，向着湘赣边界的罗霄山脉前进。”[①]

红军不仅对战士实行来去自由、革命自愿的原则，而且对部队极其缺乏的军事干部也实行同样的原则。例如，秋收起义重要领导人师长余洒度和三团团长苏先俊企图离队逃跑被发现后，毛泽东也准其离开。“当我们把情况报告给毛泽东时，他颇为大度地说：要走，就让他们走吧，何苦强留呢！”[②]战士们不理解，毛泽东说：“革命靠自觉，他们执意要走，就让他们走吧！”[③]对此，很多红军官兵不理解、想不通，认为师长、团长都跑了，将会给部队带来严重影响。毛泽东大度而自信地说：“余洒度、苏先俊走了，我就不相信部队会走光，总还有要革命的，有句俗话说得好：‘宁要鲜桃一个，不要烂桃一筐’，革命当然要人多，但更贵重的是要有战斗力。今后要规定一条，对工农革命军的官兵，特别是对俘虏过来的敌军官兵，愿留的，编入工农革命军，要走的，发给路费。”[④]这里特别提到了对待俘虏也应该实行来去自由、自愿革命的原则。虽然这一规定不是专门针对俘虏的，但包含了优待俘虏的基本原则，是毛泽东优待俘虏思想的重要起源。

---

① 江原主笔:《20世纪的中国·军事战争卷》,甘肃人民出版社2000年版,第34页。

② 陈士榘:《从井冈山走进中南海:陈士榘老将军回忆毛泽东》,中共中央党校出版社1993年版,第23页。

③ 王锡堂:《赖毅战斗在井冈山上》,《人民政协报》2014年9月4日第6版。

④ 王锡堂:《赖毅战斗在井冈山上》,《人民政协报》2014年9月4日第6版。

其二，优待俘虏政策的初步形成。三湾改编后，毛泽东带领秋收起义部队朝井冈山进发。在争取到井冈山上的袁文才、王佐两支农民武装的支持后，红军（当时叫工农革命军）得以在井冈山驻扎。红军开始在井冈山周边数县打土豪、分田地，实行工农武装割据，创建革命根据地。在此过程中，赣湘两省的军阀或对根据地“进剿”或“会剿”。红军在人民群众支持下，多次粉碎了军阀的“进剿”和“会剿”并抓获了很多俘虏，如何对待俘虏就成为一个必须处理的现实问题。

“1928年2月18日，红军在宁冈新城全歼朱培德部一个营和靖卫团共500余人，俘敌100余人……在返回根据地途中，发生了个别人打骂俘虏的现象，这件事引起了毛泽东的高度重视，不久即向部队颁布了工农革命军优待敌军俘虏的4条政策：一、不打、不骂、不杀、不虐待；二、不准搜腰包；三、伤病员给予治疗；四、释放俘虏，愿留者，欢迎参加工农革命军，愿走者，发路费欢送回家。”①

优待俘虏的政策让许多俘虏愿意留下参加红军：“边界红军的来源……（五）许克祥、唐生智、白崇禧、朱培德、吴尚、熊式辉等部的俘虏兵……因为下级干部死伤太多，敌军俘虏兵往往过来不久，就要当连排长；今年二三月间的俘虏兵，现在有当了营长的。”②这说明优待俘虏政策不仅粉碎了敌人的谣言，而且取得了巨大成功。当时，不仅俘虏多，而且短时间内，就有俘虏被提拔任营长。当时红军队伍人数并不多，提拔俘虏任营长，说明红军高度信任俘虏，也说明有俘虏接受革命主张。

与此对应的是，1928年6月间，边界党政军机关召开联席会议，讨论湖南省委《关于红四军主力“立即向湘南发展的”决议》。讨论中提出：“在敌情方面，湘省敌人非常强硬，实厚力强，不似赣敌易攻，赣敌被我

① 左双文：《试论三大起义后红军优待俘虏政策的形成》，《华南师范大学学报》（社会科学版）1997年第2期，第97页。

②《毛泽东选集》第1卷，人民出版社1991版，第63—64页。

连败四次，其胆已裂且受我释放俘虏影响，军心大摇。”[①]这说明，在1928年6月以前的历次战斗中，红军已实行了优待俘虏的政策，敌军官兵已知晓该政策并深受影响，敌人的谣言已经被打破，欺骗宣传已经失效了，从而影响了敌军的士气与战斗力。因此，后来战场上出现了敌人纷纷带枪投奔红军的局面。

其三，古田会议对优待俘虏政策进行了理论总结，使其上升为一项政治制度。经过一年多的对敌斗争，优待俘虏的政策在实践中显示出的威力越来越大，下一步就是对优待俘虏的政策和实践进行理论总结，作出制度性安排，将优待俘虏作为一项政治制度确立下来，通令全军共同执行。古田会议完成了这一历史性工作。

1929年12月，古田会议作出的《中国共产党红军第四军第九次代表大会决议案》的第四部分是“红军宣传工作问题”。其中在讲到如何对白军士兵及下级官长进行宣传时指出：“优待俘虏兵的方法：第一是不搜检他们身上的钱和一切物件，过去红军士兵搜检俘虏兵财物的行为要坚决地废掉。第二是要以极大的热情欢迎俘虏兵，使他们感觉得精神上的欢乐，反对给俘虏兵以任何言语上的或行动上的侮辱。第三是给俘虏兵以和老兵一样的物质上的平等待遇。第四是不愿留的，在经过宣传之后，发给路费放他们回去，使他们在白军中散布红军的影响，反对只贪兵多把不愿留的分子勉强地留下来。以上各项，对于俘虏过来的官长，除特殊情况外完全适用。……医治敌方伤兵，亦是对敌军宣传的极有效方法。对于敌方伤兵的医治和发钱要完全和红军的伤兵一样，并且要利用一切可能的条件，把上好了药发给了钱的伤兵送返敌军。对待敌方受伤官长亦然。”[②]

《中国共产党红军第四军第九次代表大会决议案》的第五部分是“士兵

---

① 陈士榘：《从井冈山走进中南海：陈士榘老将军回忆毛泽东》，中共中央党校出版社1993年版，第83页。

②《毛泽东文集》第1卷，人民出版社1993年版，第102页。

政治训练的问题”。其中在讲到“怎样做新兵及俘虏兵的特别教育”时指出，把红军的生活习惯，如官兵生活平等（官兵之间只有职务的分别，没有阶级的分别，官长不是剥削阶级，士兵不是被剥削阶级），三大纪律及其理由，士兵会的意义和作用，红军中的经济制度（经济的来源，管理经济的组织，经济公开主义及士兵审查制度），经济委员会管理大队伙食和分伙食尾数，废止肉刑辱骂，优待俘虏事项，讲给新兵们俘虏们听[①]。

由此可见，到古田会议召开时，我们党已经从理论上对优待俘虏进行了总结，下一步就是作出制度性安排，将其纳入红军日常纪律管理，使六项注意发展为八项注意。“毛泽东同志在沙田圩老虎冲大田的集会上，向工农革命军逐条颁布‘三大纪律，八项注意’。三大纪律：第一，行动听指挥；第二，不拿工人农民一点东西；第三，打土豪要归公。八项注意：一，上门板；二，捆铺草；三，说话和气；四，买卖公平；五，借东西要还；六，损坏东西要赔；七，洗澡避女人；八，不搜俘虏腰包。这些纪律，是工农革命军政治工作的重要内容，对人民军队的建设，对于正确处理军队内部的关系，团结人民群众和确立人民军队对待俘虏的正确政策，都起了重大的作用。”[②]

其四，优待俘虏政策的进一步完善。红军优待俘虏的制度在古田会议后，慢慢确立起来，并不断完善，主要表现在以下两个方面。

一是文字表述上的完善。1947年10月10日，《中国人民解放军总部关于重行颁布三大纪律八项注意的训令》，对“三大纪律八项注意”的内容作了统一规定，并要求部队深入教育，严格执行。三大纪律是：一切行动听指挥，不拿群众一针一线，一切缴获要归公。八项注意是：说话和气，买卖公平，借东西要还，损坏东西要赔，不打人骂人，不损坏庄稼，不调戏妇女，不虐待俘虏。这里把“不搜俘虏腰包”改为“不虐待俘虏”，更

① 参见:《毛泽东文集》第1卷,人民出版社1993年版,第106—107页。

② 何长工:《何长工回忆录》,解放军出版社1987年版,第136—137页。

营，毕占云为营长。”[①]毛泽东的话证明了陈将军回忆的真实性。在优待俘虏政策的感召下，先后有毕战云、张威率整个连队向红军投诚。经过整训后，毕部编为红四军特务营，毕战云任营长；张部改编为红四军独立营，张威任营长。后来，张威营长牺牲了；中华人民共和国成立后，毕战云被授中将军衔。

优待俘虏的巨大效果引起陈士榘的思考：“红军的俘虏政策，威震敌胆，也引起了我们的深思和兴趣，大家回顾这一政策的认识过程时，总是十分敬佩毛委员的远见卓识。而毛泽东听到后，则说：这是个哲学问题，无产阶级哲学。”[②]这个哲学问题就是矛盾对立统一规律，即中国是个半殖民地半封建社会，中国社会存在着错综复杂的矛盾：统治阶级与被统治阶级之间存在尖锐的矛盾，被统治阶级内部存在矛盾，国民党统治集团内部同样存在着不可调和的矛盾。几十年后，毛泽东对首先优待俘虏，然后通过宣传与教育，进而争取和改造俘虏的实践越来越有信心。斯特朗在《一个现时代的伟大真理》中回忆道：“毛主席亲自告诉我这个消息（美国送了近二十亿美元的‘战时剩余物资’给蒋介石），当时他说到，归根到底我们是靠蒋的士兵。我们损失人员，可是也俘获人员，也有跑来投奔我们的。我们足以补偿损失而有余……只有蒋介石的士兵才可靠。他笑了一笑，又说：蒋的兵是很好的。他们只需要一些政治教育。毛泽东的战略是充满信心的，因为他看到，前来进犯的军队中有世世代代受压迫的中国农民，他们不会是死心塌地的敌人，必须把他们争取过来。”[③]

优待俘虏的实践，成效巨大。无数国民党军士兵不仅主动参加红军，而且拉来同伴参加红军。“黄立生就这样被工农革命军三擒三纵。他终于明白：穷人只有参加工农革命军，解放全中国，才有真正的出路。于是，

---

① 《毛泽东选集》第1卷，人民出版社1991年版，第62页。

② 陈士榘：《从井冈山走进中南海：陈士榘老将军回忆毛泽东》，中共中央党校出版社1993年版，第262页。

③ 王首道等：《回忆毛主席》，人民文学出版社1977年版，第398—399页。

他在龙源口战斗前夕，串通10多名被抓去当兵的人，带着枪支子弹向工农革命军投诚，并英勇地参加了龙源口战斗。”①

有研究者指出：“据统计，从1931年1月到1933年10月，仅两年多的时间，红军共歼敌五十一万余人，其中俘虏将近二十万人。绝大部分俘虏经过教育改造后参加了红军，这既壮大了红军，又在无形中削弱了国民党军。”②这仅是从数量上而言，的确达到了瓦解敌军的目的。当然，优待、争取并改造俘虏，还有更重要的意义。

其一，优待、争取并改造俘虏能迅速提高红军士兵军事素养，提升战斗力。由于战斗频繁，红军伤亡较大；官兵缺衣少食，生活艰难；再加上缺医少药，官兵有病不能及时医治，导致红军减员比较厉害。“作战一次，就有一批伤兵。由于营养不足、受冻和其他原因，官兵病的很多。”③因此，为了维持相当力量的红军，必须不断补充兵员。但是补充的新兵，必须经过较长时间的训练，才具备战斗力。毛泽东在报告中说：“普通的兵要训练半年一年才能打仗，我们的兵，昨天入伍今天就要打仗，简直无所谓训练。军事技术太差，作战只靠勇敢。长时间的休息训练是不可能的，只有设法避开一些战斗，争取时间训练，看可能否。”④毛泽东还指出：“游民成分太多，当然不好。但因天天在战斗，伤亡又大，游民分子却有战斗力，能找到游民补充已属不易。”⑤

因此，优待、争取并改造俘虏对于壮大红军力量意义重大。客观地讲，俘虏兵具有相当的军事素养，只要稍微对他们进行政治训练，就能启发其阶级觉悟；另外，再将红军战术传授给他们，很快就能形成战斗力，大大节省训练时间。所以毛泽东才说：“同样一个兵，昨天在敌军不勇敢，今

① 刘凤舞编著：《民国春秋》第3卷，团结出版社1996年版，第99页。

② 付可尘：《论毛泽东处理俘虏的思想》，《甘肃社会科学》2012年第5期，第197页。

③《毛泽东选集》第1卷，人民出版社1991年版，第65页。

④《毛泽东选集》第1卷，人民出版社1991年版，第64页。

⑤《毛泽东选集》第1卷，人民出版社1991年版，第63页。

天在红军很勇敢。”①

其二，优待、争取并改造俘虏，技术意义更为重大。俘虏中的技术人员有利于提高红军军事技术水平，比如通信技术、医疗技术和炮兵技术等。这些军事技术都是红军极为缺乏而急需的技术。

例如，王诤是张辉瓒师部电台台长兼报务主任，被俘后加入红军。他技术精湛，不仅帮助红军发展通信技术，而且为红军创办无线电学校，培养了一批通信人才，极大地提高了红军通信技术，并多次破译敌军往来电报，为中央正确决策提供了确切情报，为反“围剿”胜利立下了功劳。尤其是长征途中，王诤通过通信技术使中央和红二军团取得了联系。毛泽东赞道：“王诤同志，这就好，非常之好哟，你为党中央、为工农红军又立下了大功，历史将永远铭记你的功绩！”②

一些被俘的国民党军队高级军官具有较高的军事理论素养，也曾努力为红军工作。例如，陈时骥是国民革命军第59师师长，被俘后参加了红军，在红军大学担任专职军政“教授”，主讲“地形学”“射击原理”等技术课程。后来，他的思想感情渐渐倾向进步，精神面貌发生了很大变化，不愿意离开红军和苏区。再如，何涤宙是架桥方面的专家。被俘后，他参加了红军，为苏区架设了不少桥梁。长征途中，他就地取材，巧妙设计，在乌江上，快速地架设了一座浮桥，对红军夺取遵义帮助极大③。“毛委员走在浮桥上，不住声地赞叹道：‘真了不起，我们工兵就地取材，用竹排架起这样的桥’。”④当然，这样的人和事还有很多。

综上所述，红军优待俘虏的新军风，是红军区别于旧军队的标志之一。

---

①《毛泽东选集》第1卷，人民出版社1991年版，第65页。

② 孟昭庚：《中国人民解放军电信工作的“开山鼻祖”——王诤将军辉煌的人生片断》，《中华魂》2013年第21期，第51页。

③ 参见刘明钢：《何涤宙：一位长征功臣的湮没之谜》，《党史博采》2007年第2期，第45—47页。

④ 何达兴、陈开北：《乌江架桥创奇迹（上）——记红军长征途中架桥专家、临海何涤宙的跌宕人生》，《今日临海》2015年2月6日第7版。

优待俘虏的实践，的确起到了瓦解敌军、壮大自己的作用。因此，优待俘虏被纳入“三大纪律八项注意”，成为人民解放军的优良传统，并传承至今。

二、勤政廉洁、踊跃参政的新政风

在党政军各机关坚强有力领导下，中央苏区建立了廉洁的政府。中央苏区各级党组织和政府的工作人员努力启发民众的民主意识，创造条件并鼓励民众积极参政。经过广大党员和政府工作人员的努力，中央苏区民众踊跃参政，表达自己的意愿，出现了中国历史上，尤其是政治史上的新风尚。

（一）干部作风优良，建立了廉洁的政府

第一，高级干部以身作则，率先垂范引领新风气。

党的十八大以来，反腐倡廉的党建实践表明了上行下效是社会风气形成过程中的一个普遍规律。若领导干部一身正气，处处以身作则、率先垂范，就能营造出风清气正的政治生态，形成良好党风与政风，进而促使社会风气朝着积极、向上向善的方向发展。中央苏区新风气的培育和树立过程中，领导干部，尤其是中央苏区高级领导干部起了表率作用。关于中央苏区高级领导人严于律己、宽以待人，以身作则、率先垂范，艰苦朴素、吃苦耐劳的事例有很多。

毛泽东是军民敬仰的领袖，他严于律己，从不搞特殊，行军指挥作战时，与官兵一起爬山越岭。他习惯于夜晚工作，按规定可点三根灯芯（菜油灯），可他始终只点一根灯芯。

朱德是红军总司令，德高望重。他忠厚朴实得就像一位老农民，又像一位“伙夫头”，被战士们亲切地称为“大兵”“慈母”。中央苏区传颂着

朱德夜晚补好战士扔掉的烂草鞋，又悄悄放回去的动人事迹。另外还有一个动人事迹就是“买米留大洋”。当年红军由于行军需要在一位百姓家里买米，但一时没有找到卖主，便在他家墙上留言，并留下了买米钱。这位百姓后来“逢人便高兴地说：‘红军真公道’，通过这件事也让当地群众认识到红军与别的军队是完全不一样的”[①]。

周恩来当时任红军总政委，苏区中央局书记，中革军委副主席。他到中央苏区时，正值第四次反“围剿”，司令部设在建宁，经常通宵达旦工作，非常辛苦。那时由于国民党实行严密的封锁，严禁药品、食盐等生活必需品运往中央苏区，导致物资紧缺，红军部队吃盐困难。周恩来与大家一样，过着“有盐同咸，无盐同淡”的清苦生活。长期的劳累，加上没有盐吃，周恩来身体虚弱，浑身无力。警卫员担心他的身体，将他的健康情况向司务长作了汇报。司务长瞒着他在为他炒的菜里偷偷多放了一点盐，被周恩来发现后制止。

当时，其他中央苏区党政军领导同志，如张闻天、博古、陈云、刘少奇、项英、彭德怀、邓颖超，皆以身作则，艰苦朴素。“一滴水能见太阳”，“窥一斑而见全豹”，正是由于“中央领导人，在这方面率先垂范，为苏区干部好作风的形成和苏区廉政建设，作出了光辉的榜样”[②]。

第二，基层干部勤政为民、廉洁奉公，创造了廉洁的政府。

中央苏区党政军高级领导集体严于律己、廉洁奉公、艰苦朴素的作风，为优良党风、政风和工作作风的形成树立了光辉榜样。受此影响，中央苏区地方各级干部也作风优良。他们勤政为民、一心为公、顾全大局，赢得了群众的衷心爱戴。这是中央苏区社会风气清新的最突出的特点。

“苏区干部好作风，自带干粮去办公，日着草鞋干革命，夜走山路打灯

---

①《古田会议纪念馆馆长：一张借条折射红军爱民传统》，《深圳特区报》2011年4月26日第A9版。

② 余伯流、凌步机：《中央苏区史》，江西人民出版社2001年版，第924页。

笼。”[①]这首在中央苏区广为流传的山歌，颂扬了广大干部的优良作风，是百姓的心声。

从宏观层面讲，“苏区干部是没有工资报酬的，公家只发衣服，伙食费”[②]。后来为了响应政府节约经费支援革命战争的号召，许多本地干部纷纷表示，自带干粮去办公，不要公家发伙食费。自带干粮去办公不是个别现象，而是普遍现象。“在财政支出方面，苏区实行节约制度，节省办公费、灯油费，减少开支。工作人员生活艰苦朴素，没有薪金，公家只管饭吃，每人每天14两（16两为1斤）或1斤米，发一些菜金。每星期每人分1至2角伙食围子作为个人买东西之用，穿的衣服则由自己解决。”[③]

从微观层面讲，中央苏区地方领导干部留下了很多廉洁自律的感人事迹。曾经担任江西省苏维埃政府主席的刘启耀是其中的杰出代表。在第五次反“围剿”的紧张时刻，为响应政府节省经费支援前线的号召，刘启耀带头从家里背米去省苏维埃机关吃，不要公家发伙食费。妻子不理解，埋怨说：“当个主席，连饭都赚不到吃，真没用。”他耐心向妻子解释，使她明白了共产党的官，不是为自己谋私利，而是为穷苦百姓谋利益的道理，从而支持他的工作。后来战争形势日渐紧张，刘启耀没有时间回家背米了。妻子心疼他，怕他饿坏身子，就自己挑着两布袋的米，爬山过岭，走了100多里的山路，从兴国县走到宁都省政府驻地，探望一心为革命的好丈夫。一进门，她便说道：“老公老公，饭要我供。”刘启耀立刻回应道：“革命成功，吃穿不穷。”说罢，夫妻俩相视一笑[④]。

刘启耀不仅个人廉洁勤政，而且带领整个机关共同努力奋斗。为了节

① 危仁晸主编：《江西革命歌谣选》，江西人民出版社1991年版，第141页。

② 余伯流、凌步机：《中央苏区史》，江西人民出版社2001年版，第928页。

③ 中共宜黄县委党史工作办公室编著：《中国共产党宜黄历史》第1卷（1921—1949），中共党史出版社2001年版，第78页。

④ 参见陈其明：《中共第一次大规模反浪费反腐败风暴》，中国共产党新闻网，http://dangshi.people.com.cn/n/2014/0109/c85037-24065782-2.html。

省伙食，支援战争，他带领省苏维埃政府各机关的工作人员，开荒种地、种菜砍柴、饲养家禽，使机关做到了生产自给有余。

中央苏区沦陷后，刘启耀留在中央苏区领导游击战争。在一次战斗中，部队被打散了，他与党组织失去了联系。此后，他只好以乞讨为生，边乞讨边寻找党组织。他衣衫褴褛，谁都想不到，他腰间藏有一包作为党的活动经费的金子。对革命事业赤胆忠心的刘启耀，宁可自己历经艰辛，受尽痛苦，也不肯动用这笔巨款的一丝一毫。最后，他找到了党组织，将这些金条如数交还给党[①]。

因此，可以毫不夸张地说，“为官不贪、清正廉洁、克己奉公、顾全大局”是刘启耀一生品格的真实写照，他不愧是廉洁奉公的典范。正是有千千万万像刘启耀这样的好干部，群众才衷心拥戴与支持党和苏维埃政府，中央苏区才能与力量强大的国民政府进行针锋相对的斗争并多次取得胜利。

中央苏区群众创作了大量赞颂苏区干部作风优良的歌谣。《苏区干部“十带头”》唱道：“苏区干部好作风，事事走在人前头。学习军事他带头，参军作战他带头，执行任务他带头，节约粮食他带头，遵守纪律他带头，参加劳动他带头，优待红属他带头，慰劳捐献他带头，购买公债他带头，供销入股他带头，事事带头作模范，真是穷人好干部。”[②]《巡视制度好》唱道：“干部常来我们乡，巡视我乡谈家常，油盐柴米样样问，温暖送到心窝上。”[③]

中央苏区广大干部勤政为民、一心为公、顾全大局，中央审计委员会在审计报告中自豪地写道：“在节省运动高潮下，推动了我们苏维埃会计工作的建立，和预决算制度之初步实现。在我们财政经济战线上，在苏维埃法度

① 参见刘庭华：《弘扬苏区精神 加强党的建设》，人民网，http://theory.people.com.cn/n/2012/0731/c49150-18638986-3.html。

② 危仁晸主编：《江西革命歌谣选》，江西人民出版社1991年版，第140—141页。

③ 危仁晸主编：《江西革命歌谣选》，江西人民出版社1991年版，第141页。

里，打下一个根基，使我们可以夸耀着：只有苏维埃是空前的真正的廉洁政府，尤其在争取国内战争无论如何要胜利的上面，存在着伟大的实际意义。”[①]大量事实表明，苏维埃政府确实是当时中国历史上最廉洁的政府。

（二）群众踊跃参政的新风气

中央苏区广大民众在各级党组织和政府的教育与鼓动下，民主意识和权利意识逐渐觉醒，积极参与政治生活，一改过去远离政治、害怕政治的旧心理。这是中国历史上未曾有过的新气象，也是中国政治发展史上的新气象。中央苏区群众赞道：“工农兵士联起来，结个团结共奋斗，叫一声自由平等！哎哟哎哟，叫一声自由平等。”[②]千百年来，百姓终于可以自由、平等地参与政治生活，当家作主了。虽然民主参政的机会有了，但是参政之路并非一帆风顺，还有很多问题等着共产党人去解决。

封建社会时期，农民深受封建思想影响，存在严重的宿命主义思想。如前所述，农民的特点之一是“相信命运，重正统，安分守己，多顾虑，缺远见”[③]。这种“由个体经济所造成的散漫性和自私思想，因此得过且过，命该如此。无道就是道德的宿命论，就产生了他们目前敢怒而不敢言的观望态度。应该说，这种现象还是相当普遍的，虽则他已不断地在改变着”[④]。因此，“农民是重正统的。他们尽管对剥削者不满，但对‘官府’并不一定就认为应该反对，他们也许觉得蒋介石做法太坏，但是也会以为这是一些奸臣作怪的缘故，他们还都希望有个真命天子出来，这种落后的正统观念，不是几句民主的大道理可以改变的。该以非常耐心的精神，根据他们的生活要求来进行工作”[⑤]。

① 中央审计委员会：《关于四个月节省运动总结》，《红色中华》第232期，1934年9月11日。

② 谢济堂编：《中央苏区革命歌谣选集》，鹭江出版社1990年版，第13页。

③ 雷华：《怎样接近农民》，福建省档案馆藏，档案编号：革命历史资料1228号。

④ 雷华：《怎样接近农民》，福建省档案馆藏，档案编号：革命历史资料1228号。

⑤ 雷华：《怎样接近农民》，福建省档案馆藏，档案编号：革命历史资料1228号。

苏维埃政府建立前，广大民众被排除在政治生活之外，大多数人认为政治生活与他们无关。民众不仅对政治冷漠，也不关心自己的政治权利。因此，要建立并巩固苏维埃政权，必须首先唤醒民众的民主意识，创造条件让民众能够积极投身政治。为此，中央苏区各级党政机关根据实际情况，采取了很多措施，指导中央苏区的民主选举。

首先，从法律上赋予人民各项权利。《中华苏维埃共和国宪法大纲》规定“中国苏维埃政权所建设的是工人和农民的民主专政的国家”①。工农民主专政的国体有两方面含义。一方面，它规定工人、农民、红军兵士及一切劳苦民众，是苏维埃国家的主人，享受最广泛的民主和自由。这种民主和自由表现为所有工人、农民、红军兵士及一切劳苦民众都有权选派代表掌握政权的管理、享有完全的结社出版与罢工的自由和对苏维埃工作予以监督和批评的权利。另一方面，它对军阀、官僚、地主、豪绅等一切剥削阶级和其他反动分子实行专政，剥夺一切地主资产阶级的言论、出版、集会、结社的自由，利用革命武力和革命法庭镇压一切反革命活动。只有坚决镇压剥削阶级，才能消除广大群众的后顾之忧。

其次，制定具体的实施措施。《中华苏维埃共和国宪法大纲》规定：“苏维埃公民在十六岁以上皆享有苏维埃选举权和被选举权，直接选派代表参加各级工农兵会议（苏维埃）的大会，讨论和决定一切国家的地方的政治事务。”②

法律虽然赋予了苏区人民选举权和被选举权，但是对于包括党政机关在内的广大苏区人民而言，尤其是对于以前从未涉足政治生活的民众而言，选举的意义、选民资格的确定、选举程序等都还是十分陌生的概念。为此，中华苏维埃第一次全国代表大会后，中央执行委员会第一次全体会议正式通过了《中华苏维埃共和国的选举细则》及《中华苏维埃共和国选

①《建党以来重要文献选编（1921～1949）》第8册，中央文献出版社2011年版，第649—650页。

②《建党以来重要文献选编（1921～1949）》第8册，中央文献出版社2011年版，第650页。

举委员会的工作细则》。随后，中央执行委员会又根据情况发布了《中华苏维埃共和国中央执行委员会训令第八号——关于变更和补充居民与苏维埃代表的比例标准》和《苏维埃暂行选举法》，对上述问题加以明确，以指导选举。

最后，举办选举训练班，培训选举人员。由于选举是个新鲜事物，一方面，多数群众还不能充分认识选举是自己管理自己生活的重要环节，不懂得选举的重要性。因此，必须大力向群众宣传选举的意义。另一方面，选举是一项政策性极强的工作。当时，多数苏区干部也不懂得选举。为了使选举顺利进行，必须尽快培训相关人员，以推动选举工作的开展。“1933年9月6日至9日，苏维埃中央政府在瑞金叶坪召开中央苏区南部18县选举运动大会……选举运动大会之后，中央内务部还开办了两期选举运动训练班。随后各省也开办了选举运动训练班，培训了一批选举工作人员。”①

中央苏区各级党政机关的上述措施为群众参与政治提供了现实条件，但是还必须创造群众参与政治的可能条件，即群众参与政治的可能性到底有多大。当时，中央苏区的现实情况为群众参与政治提供了极大的空间。

当时，“为了搞好这次选举，中央执行委员会在1933年7月11日第45次常务会议上，决定对中央苏区的县级行政区域重新划分，适当划小行政区域，以方便领导和选举”②。这为群众参与政权管理提供了更多的机会。

《中华苏维埃共和国中央执行委员会训令第八号——关于变更和补充居民与苏维埃代表的比例标准》中关于乡苏维埃代表的规定是：“贫农中农独立劳动者等每50人得选举正式代表1人，工人苦力雇农每13人得选举正式代表1人，不足所规定的人数者也可以选举正式代表1人。”③红军参加苏区代表大会的标准是每25人得选正式代表1人。这种规定非常有利于群

① 余伯流、凌步机:《中央苏区史》,江西人民出版社2001年版,第545—546页。

② 余伯流、凌步机:《中央苏区史》,江西人民出版社2001年版,第545页。

③ 余伯流、凌步机:《中央苏区史》,江西人民出版社2001年版,第543页。

众参与政治。

《苏维埃政权》第四章“关于划分行政区域的标准”内容如下：“一、为要便利实行民主制，要尽量接近群众，为群众谋一切的利益，乡区县省区域不应过大。二、划分区域的标准如下：1.一等乡以人口二千人至二千五百人，二等乡以一千五百人，三等乡以一千人为标准。但因地势与距离的关系可以多些或少些，为三等乡不得少于二百五十人。2.区因地势的关系可管辖五乡至七乡。3.县与省按照接近群众的原则如过去辖区较宽时应重新划分之。”①

由此，我们可以看出当时中央苏区群众参与政治生活的机会是非常多的，因此，一旦权利意识被唤醒，其参与政治生活的热情便极为高涨。

中央苏区先后于1931年夏秋到11月、1932年春至1933年春和1933年10月开展了三次规模较大的民主选举运动，尤其是第三次更是大规模、全方位的民主选举运动。总的来说，民众参与的热情一次比一次高，效果一次比一次好。如，“过去，该乡苏维埃政府召集群众大会都很困难，往往早上召集到晚上，结果到会群众最多不上百人，这是我们过去对苏维埃选举运动工作做得不充分，使得群众不懂得选举运动之重要。现在，苏维埃政府已有详细的调查。该乡苏维埃已把有选举权没有选举权的，完全写榜发布出来。该乡苏维埃于三日召集全乡本月选举大会，有选举（权）的群众都踊跃纷纷到会，到会群众八百左右。当时调查到会的完全都是雇农贫农中农工人，阶级异己分子一个都没有混进，甚至旁观的都没有，这是一个工作中的经验”②。

由于宣传动员到位，准备充分，指导有力，全苏第二次代表大会的代表选举工作顺利进行，并如期完成。“许多地方选民参选率都在80%，甚至

① 中共龙岩地委：《苏维埃政权》，福建省档案馆藏，档案编号：革命历史资料303号。

② 郑荣光：《进行苏维埃选举运动中一个工作经验》，《红色中华》第9期，1932年2月10日。

90%以上。”[①]由此可见，苏区群众踊跃参与选举，热情参与政治生活，不能不说是中国政治生活中的新景象。

苏区群众不是简单地参加选举，而是敢于表达自己的政治意愿。毛泽东在兴国县才溪乡调查选举时，发现“群众在各人名下注意见的很多，注两个字的，五六个字的，十多个字的，儿童们也在注。注‘好’、‘不好’等字的多，注‘同意’或‘消极’的也有。有一人名下注着‘官僚’二字。受墙报批评的有二十多人，被批评的都是只知找自己生活、不顾群众利益、工作表现消极的。有诗歌。内有三张批评乡苏对纸业问题解决得不好”[②]。所以，毛泽东认为长冈乡向选民逐个介绍候选人情况或让选民进行评论的做法都很好，这样可以让群众充分行使民主权利[③]。因此，毛泽东对这次选举也感到满意：“上下才溪的选举是一般成功了的。他们的选举宣传，他们的组织候选名单与发动群众对候选名单的批评，他们的联系选举于别项工作，他们的组织工人与女子当选，都充分执行了中央政府的选举训令，成为苏区选举运动的模范。在选举大会上发动选民提案交新选代表讨论，这一方面则没有什么表现。这一方面的模范，应该让给兴国的长冈乡。”[④]

从上文我们可以发现，原本被认为“政治上沉默”的底层群众，身上蕴含着巨大的参与政治的热情。只是在剥削阶级统治之下，他们的民主权利被完全剥夺，根本没有参与政治生活的渠道。只有在共产党领导下，人民当家作主的政权建立之后，他们被压抑的政治热情才被激发出来。

当然，参加民主选举只是中央苏区群众参与政治生活的渠道之一。除此之外，群众还可以通过参加各种群众团体、社会组织参与政治生活，也可通过参加各种群众运动参与政治生活。何友良认为：“苏区社会组织相

① 梁柏台：《今年选举运动的初步总结》，《红色中华》第139期，1934年1月1日。

②《毛泽东文集》第1卷，人民出版社1993年版，第326页。

③ 参见余伯流、凌步机：《中央苏区史》，江西人民出版社2001年版，第547页。

④《毛泽东文集》第1卷，人民出版社1993年版，第327页。

当普遍，覆盖到社会领域的各个方面，社会成员的各个阶层，所有的人，无论工人、农民、妇女、老年、青年、儿童，都分别参加到相应的组织中，或一人同时参加到几个社团中，成为苏区社会的一个突出特征。史料记载说，苏区不但在每个市、乡苏维埃下面，组织有各种固定或临时的委员会，如教育委员会、粮食委员会、卫生委员会、山林委员会、水利委员会、春耕委员会、备荒委员会、优待红军委员会、桥梁道路茶亭管理委员会、妇女委员会等，‘同时在市乡苏维埃下面的公民又有各种政治的、军事的、经济的、文化的组织，如贫农团、妇女代表会、赤卫军、少年先锋队、合作社、劳动互助社、互济会、反帝大同盟、拥护苏联总同盟等等。这样一来，使每个公民都成为有组织的一份子。苏维埃经过这些组织可以使一切建设工作、动员工作，深入公民中去，公民对苏维埃的意见也容易反映到苏维埃来’。”[①]这些社团的功能有三个：“基层政权的助力者”“基层政权的监督者”“群众利益的维护者”[②]。

由此不难明白，中央苏区群众参与政治生活的热情空前高涨的原因之所在。至于经常举行的群众大会，如拥苏反帝、庆功大会和游行大会都是群众参与政治生活，释放政治热情的有效渠道。完全可以说，曾经被剥夺民主权利，无法参与政治生活，无法享受民主自由的底层群众，不是不想参与政治生活，只是在剥削阶级占统治地位的社会里，他们没有参与政治生活的机会和合法渠道。如今，为工农谋利益的苏维埃政权为他们参政提供了机会和合法渠道，激发了群众所蕴藏的参与政治生活的热情，因此才有中央苏区群众踊跃参与政治生活、勇于表达政治意愿的新风气。

（三）新风气满足了中央苏区群众的需要

如前所述，中央苏区创立前，其所在区域政风腐败、社风愚昧、民风

① 何友良：《苏区社会格局中的社团组织》，《地方文化研究》2013年第1期，第67页。

② 何友良：《苏区社会格局中的社团组织》，《地方文化研究》2013年第1期，第73—78页。

好斗，这些都影响百姓的生活，百姓当然希望有政治力量帮助他们改变受压迫、受剥削的命运。无论是推翻旧政权，当家作主，还是分得土地，免受剥削，抑或是扫除“三毒”，肃清盗匪，婚姻自由等，都是群众的强烈要求。大量控诉旧社会剥削严重，社会秩序混乱，百姓生活困难的歌谣表达了群众的心声。毛泽东说过：“领导农民的土地斗争，分土地给农民；提高农民的劳动热情，增加农业生产；保障工人的利益；建立合作社；发展对外贸易；解决群众的穿衣问题，吃饭问题，住房问题，柴米油盐问题，疾病卫生问题，婚姻问题。总之，一切群众的实际生活问题，都是我们应当注意的问题。假如我们对这些问题注意了，解决了，满足了群众的需要，我们就真正成了群众生活的组织者，群众就会真正围绕在我们的周围，热烈地拥护我们……要使广大群众认识我们是代表他们的利益的，是和他们呼吸相通的。”①

彭德怀也说过：“只有做群众工作，从发动群众到建立政权、分配土地，群众才把红军看成是自己的军队；军队中的阶级觉悟就迅速提高，就能自觉遵守群众纪律，筹款、筹给养时也不会把富农当地主打。”②中央苏区社会新风气满足了群众的需求，此方面内容将在新风气的内涵中详细论述。

共产党人务实、亲民和爱民的工作作风，使广大群众看到了改善生活的前景，所以，他们响应党的号召，支持革命，发自内心地说：“共产党真正好，什么事情都替我们想到了。”③

三、努力生产、积极进取的新民风

近代中国半殖民地半封建的社会性质，决定了革命必须分两步走。中

①《毛泽东选集》第1卷，人民出版社1991年版，第136—138页

② 彭德怀：《彭德怀自述》，人民出版社1981年版，第173页。

③ 转引自：《毛泽东选集》第1卷，人民出版社1991年版，第138页。

央苏区时期，革命处于第一阶段，中心问题是农民问题，这决定了党必须以土地革命为中心。中央苏区党政军机关贯彻了这一方针。在中央苏区创立前后相当长的一段时期内，各级党政军机关以土地革命为中心，通过“打土豪，分田地”，解决了农民渴望拥有自己的土地的问题。土地问题解决后，就要想办法调动农民生产的积极性，解决中央苏区发展壮大与巩固的问题。总的来说，中央苏区创立前后，各级党政军机关非常重视经济建设，采取了很多措施促进生产，激发了群众的生产积极性，使粮食增收、生产增长，民众生活得到改善，也使盗匪几乎绝迹，社会风气焕然一新。

（一）努力生产、改善生活的新气象

广大农民在分到土地后，不再受地主的沉重剥削，有史以来第一次为自己生产、可以享受自己的劳动成果，加上苏维埃政府创造的良好生产条件，如兴修水利、组织各种生产合作社和调运种子等，生产积极性空前高涨。新风气最突出的表现是，在很多青壮年劳力参加红军或在战争中牺牲后，勤劳的客家妇女成了农业生产主力军。

共产党带领人民革命的目的就是要让人民政治上自由、平等，能够当家作主；经济上免受剥削，通过辛勤劳动，努力发展生产，最终能够享受生产成果，改善生活。对于当时中央苏区的人民而言，政治上翻身的表现就是可以公开参与政治生活，经济上自主的表现是分得土地，可以自己安排生产，无须再缴沉重租税、受地主剥削。虽然中央苏区群众分得了土地，但是要发展生产、改善生活，还受诸多外部条件限制，诸如政府是否重视，经济政策能否调动农民生产积极性，以及其他生产技术条件是否成熟等。

中央苏区党政军机关对于发展经济、支援战争的认识经历了一个过程。

中华苏维埃临时中央政府成立以后，由于受王明“左”倾路线的影响，对苏区经济建设不够重视，一度影响了苏区经济的发展。毛泽东主持苏维

埃临时中央政府工作后，扭转了这种错误的倾向。他从理论上使各级苏维埃政府认识到经济建设的重要性、认清战争与加强经济建设工作之间，以及经济建设与其他工作之间的辩证关系；从实践上找到了经济建设的正确领导方式和工作方法；从政策上制定了符合苏区实际的经济政策，如财政、税收、投资和租借等政策。

这里仅以农业生产为例说明中央苏区群众生产积极性高涨的新风气。

苏区经济主要是农业经济。“因为从经济上讲，革命根据地大都是偏僻落后的农村，居民90%以上是农民，苏区的经济主体是农业经济。”[①]因此，大力发展农业生产，是中央苏区党政军机关开展经济建设的首要任务。发展农业生产首先要解决土地问题。中央苏区创立后，各级党组织领导群众“打土豪，分田地”，把土地分给了无地和少地的贫农、雇农。不过中央苏区党政军机关在土改中，在如何分地，如何确定分地人资格、分地单位，土地肥瘠如何合理搭配等有关土改政策的制定上，经历了一个曲折的过程，最后才找到了正确方法：依靠贫农、雇农，联合中农，限制富农，消灭地主；分地以乡为单位，“抽多补少，抽肥补瘦”，同时坚决地团结中农，保护富裕中农，给富农以经济出路，也给一般地主以生活的出路[②]。在此方法指导下，中央苏区终于合理解决了农民的土地问题，广大无地、少地的农民分得了梦寐以求的土地。

土地问题解决后，中央苏区各级苏维埃政府同时采取了一系列得力的“兴农”措施，发展农业生产。这些措施归纳起来有：组织耕田队和劳动互助社，同时发动和组织妇女参加农业生产，解决劳动力不足的问题；组织犁牛站和犁牛合作社，解决耕牛不足的问题；兴修水利，开垦荒地，改良土壤，植树造林，进行农田基本建设，为农业生产发展创造条件；坚持

① 余伯流、凌步机：《中央苏区史》，江西人民出版社2001年版，第666页。

② 参见：《毛泽东选集》第3卷，人民出版社1991年版，第972页。

以粮为主，发展多种经营；推广先进的农业生产技术[①]。

上述措施中特别值得一提的是“发动和组织妇女参加农业生产”。虽然客家妇女具有勤奋节俭、吃苦耐劳的优良品质，但是赣南与闽西地区有着“妇娘学犁，要遭雷劈”的封建思想。以前，妇女很少下田干农活，但是由于根据地的青壮年男子大批参加红军、或外出工作或牺牲，留在后方的农村青壮年劳动力大量减少，不少家庭甚至没有一名男子在家，劳动力严重缺乏，这必然会严重影响苏区农业生产。除了组织耕田队和劳动互助社互相调剂劳动力之外，还必须动员妇女冲破封建束缚，参加农业生产。为此，中央苏区各级党政军机关采取奖励措施，妇联干部亲自赤脚下田学习犁田，鼓励广大妇女参加农业生产劳动，承担犁田、耙田、栽禾和割禾等重活。这既使广大妇女进一步获得解放，又使农业第一线增添了大量有生力量。

兴国县长冈乡妇女耕田队队长李玉英，由于在参加农业生产中的突出表现而被评为苏区劳动模范，受到苏维埃临时中央政府的隆重嘉奖（奖品是两头水牛、一条围裙）。小农经济时代，牛是农民的宝贝。这一下子轰动了全苏区，妇女纷纷效仿。

蔡畅当时担任江西省委组织部部长、妇女部部长，她亲自向老农学习农业技术，学会了犁田、耙田和插秧等各种农活。“妇女司令”亲自下地干农活的消息，很快传播开来，在中央苏区引起轰动。这不仅打破了封建束缚，而且极大地鼓舞了妇女。蔡畅趁机把妇女召集起来，对她们进行培训，推广农业技术，效果显著。后来蔡畅回忆道：“全省迅速形成了妇女犁田耙田的高潮，适时播了种，插了秧，当年就取得了丰收。全省也没有一个妇女‘遭雷劈’。从此妇女再也不受封建迷信的愚弄了，后来人们称江西妇女是‘不怕雷公打’的英雄。”[②]

---

① 参见余伯流、凌步机：《中央苏区史》，江西人民出版社2001年版，第681—688页。

② 转引自余伯流、凌步机：《中央苏区史》，江西人民出版社2001年版，第683页。

不只江西，整个中央苏区妇女都闻风而动。1934年5月28日的《红色中华》报道："在福建今年的春耕中，已学会犁耙和莳田的妇女有一千六百多，在兴国今年一月还只有三百三十六个妇女会犁耙，到四月就有一千零八十多人了。瑞金全县学习犁耙和莳田的妇女，共有一千四百八十八名，学会的已有三百四十八人。这里的比较也是惊人的，瑞金模范的武阳区，去冬时只有两个妇女会犁耙，现在就有一百零四名会犁耙了，还有一百九十四人正在学习。"[①]《红色中华》也报道了才溪乡妇女们的春耕情况："生产上，由于妇女们的努力，才溪1933年粮食生产比1932年增加了50%。"[②]当时中央苏区有很多歌谣反映了这种新风气。例如，《赤色妇女齐下田》唱道："四月里来春耕忙，赤色妇女齐下田，你学犁来我学耙，定夺丰收来支前。"[③]再如，《竹筒吹火火焰红》唱道："竹筒吹火火焰红，拥护朱德毛泽东，男人参军上前方，妇女下田比英雄。"[④]这说明当时中央苏区妇女参加农业生产已蔚然成风。

毛泽东也充分肯定了中央苏区妇女们在发展农业生产中的巨大作用。他在长冈乡调查后指出："劳动互助社在农业生产上伟大的作用，长冈乡明显地表现出来了……这里有一个重要问题，就是动员女子参加生产。"[⑤]关于妇女在农业生产中的作用，叶青在《论中央苏区妇女对农业生产的贡献》中有详细的论述，在此不多讨论。

上述发展生产的措施取得了巨大成效。"在中央苏区，广大贫苦农民在土地战争中分得土地后，生产积极性空前高涨。加之苏维埃政府对农业生产给予了极大的扶持，苏区的农业生产因而获得连年丰收。如兴国县，早稻产量1934年比1933年增产10%，有的区、乡增产幅度高达30%；于都县

① 王观澜：《春耕运动的总结与夏耕运动的准备》，《红色中华》第194期，1934年5月28日。

② 转引自叶青：《论中央苏区妇女对农业生产的贡献》，《妇女研究论丛》2012年第3期，第64页。

③ 危仁晸主编：《江西革命歌谣选》，江西人民出版社1991年版，第152—153页。

④ 福建省龙岩地区文化局编：《闽西革命歌谣》，福建人民出版社1980年版，第176页。

⑤《毛泽东文集》第1卷，人民出版社1993年版，第301页。

未分田前粮食产量每亩不足200斤，1933年上升到300—400斤；宁都县黄陂区土地革命前亩产只有200斤，革命分田后亩产达240斤；会昌县粮食产量1932年、1933年连续两年递增20%。中央苏区粮食产量的大幅度增加，不仅满足了苏区军民的粮食需要，而且每年还有大宗粮食输出到国民党统治区。”①

粮食增产，加上中央苏区废除了国民党统治时期的苛捐杂税而实行轻税政策，进一步激发了中央苏区群众的生产积极性。农业生产发展了，粮食增加了，百姓生活自然也改善了。因此，中央苏区几乎见不到游手好闲者，原来横行的盗、匪几乎绝迹，有的地方甚至到了“路不拾遗，夜不闭户”的程度。

（二）争优争先、支援革命的新景象

为进一步发展生产和搞好各项工作，支持战争，中央苏区各级党政军机关，经常发出工作竞赛或者是劳动竞赛的倡议，或者结对相互竞赛，展示了中央苏区群众积极生产、积极进取的新面貌。

古田会议纪念馆编的《闽西革命史文献资料》第七、八辑中，有《中共永定、新泉二县革命竞赛条约》《各县儿童团竞赛工作条约决议》两份文件和《长汀各区一月份扩大红军革命竞赛条约》《赣闽两省三个月工作竞赛总结》《闽粤赣省临时代表大会上的革命竞赛条约》《闽粤赣党春季冲锋及四月竞赛工作的总结与教训》《福建各县订立消灭荒田的竞赛条约》五份文件，其中有不少关于生产方面的内容。本书以《中共永定、新泉二县革命竞赛条约》和《福建各县订立消灭荒田的竞赛条约》相关内容为例。

《中共永定、新泉二县革命竞赛条约》中关于竞赛的内容为扩大红军、苏维埃运动、春耕运动、职工运动和发展党组织五方面。其中春耕属于农业生产。订立该条约的目的是更努力开展革命斗争。关于春耕运动的内容

① 余伯流、凌步机：《中央苏区史》，江西人民出版社2001年版，第681页。

如下："1.加紧保护春耕，不断地向苏区附近的军阀团匪游击。2.春耕时节，首先要帮助红军家属耕田，解决红军家属的困难。3.在春耕运动中要查清土地，是否还有富农分得好田，地主家属仍然分田，查出后要马上按土地法令解决。4.解决春耕中的困难（如耕牛、农具、种子等），没收富农多余的耕牛，农具。5.开垦荒田，以增加生产，共产党员实行礼拜六。"①该条约中虽然有"左"的内容（后文会详细论述），但是其蕴含的努力劳动、促进生产的积极进取精神是真实的、可贵的。

如果说，生产只是《中共永定、新泉二县革命竞赛条约》中的部分内容，《福建各县订立消灭荒田的竞赛条约》则完全以农业生产为主题，并明确指出了开展此项竞赛的意义与目标：

> 在这一次会议上，到会的同志都深刻的认识了消灭荒田荒地，在增加苏区生产、改善群众生活、充足红军给养上是具有重大的战斗意义的。因此，他们详细讨论了中央政府土地部第八号训令，详细地讨论了动员方式以后，各县又热烈的自动地订定了竞赛条约，决定在最短期间，把各县的荒田六万余担完全消灭。最后，省苏并答应竞赛结束后，把各地成绩登载于本报上予以名誉的奖励，同时还另外准备着物资的奖赏给优胜者。
>
> 关于竞赛的县份和时间今列于下：
>
> 一、长汀与宁化竞赛——各消灭二万五千担荒田。
>
> 二、汀东与上杭竞赛——各消灭所有荒田。
>
> 三、新泉与武平竞赛——各消灭所有荒田。
>
> 竞赛期间——自即日起到七月二十五日到省开会作总结。
>
> 福建各县的同志们！努力呀！为了完全实现竞赛条约而斗争呵！②

① 转引自中共连城县委党史研究室编:《中央苏区连城反"围剿"历史资料》,内部发行2016年版,第53页。

②《福建各县订立消灭荒田的竞赛条约》,《红色中华》第86期,1933年6月17日。

当时在中央苏区，类似的劳动竞赛很多，通过竞赛的方式搞好包括生产在内的各项工作在中央苏区各地蔚然成风，从中我们深深感受到中央苏区群众在翻身后所产生的那种不甘落后、积极进取的精神风貌。

（三）响应号召、支援革命的新风气

在战争频繁、物资消耗较大的情况下，为支援战争，苏维埃政府多次发行公债以筹措资金，支援革命，广大群众积极响应政府号召，踊跃购买。政府倡导节约，广大群众也积极响应。

反"围剿"的战争接连不断，消耗巨大，因此，支援战争的唯一途径是开源节流。中央苏区各级党政军机关一方面努力采取有效措施增加生产；另一方面不时发行各种公债，向百姓募集资金。同时，从自身做起，厉行节约。

苏区群众知道，没有剥削、没有压迫的幸福生活，全靠共产党的坚强有力的领导和红军的浴血奋斗才能实现，因此他们珍惜当下美好的生活，积极响应政府号召，踊跃购买公债、节约粮食、节约食盐、节约一切物品，支援战争。难能可贵的是不少妇女响应号召，卖掉心爱的银饰购买公债，甚至有的捐出银饰，支援革命。"在推销时，大多数群众能深刻了解，尤其是江口区江口乡有一妇女兑首饰15元大洋，便买公债票15元，又该区峡山乡有二个群众自动订定竞赛购买公债，结果两人各人买公债票30元，又山溪区古溪乡妇干事兑首饰6元，买公债7元，又妇女群众两人兑换首饰各买公债券大洋2元，至如储潭区则在白区中推销公债票四十余元，茅店区也在白区推销十余元。"① "慰劳红军工作、礼拜六运动，一次一次比赛，青年群众慰劳红军的情绪是发展到特别高涨的，青年妇女身上的银器头链子等脱下来给红军，开欢送新战士大会、联欢大会等。红军的扩大也

① 中央档案馆、江西省档案馆编：《江西革命历史文件汇集：一九三二年（一）》，中共江西省委办公厅印厂1992年印，第282页。

是跟着慰劳红军的成绩增加。”[1]毛泽东在调查中也有类似发现：“第一第二两次选举会，仅选举代表，未讨论问题。第三次讨论了‘扩大红军’、‘慰劳红军’、‘优待红属’、‘妇女学习犁耙’、‘妇女拿银器买公债’等问题。”[2]

上述材料充分说明，中央苏区百姓的确在积极响应党和政府号召，这种高度自觉的行动体现了当时中央苏区党政军各机关和民众之间的良好关系，这也是历史上未曾有过的新气象。

四、学习文化、提高素质的新学风

“文化是民族的血脉，具有引领风尚、教育人民、服务社会、推动发展的作用。”[3]但是，在剥削阶级占统治地位的社会，往往推行愚民政策，广大百姓接受教育、学习文化的权利被剥夺。“反动的国民党把教育经费拿了作为进攻革命的经费，学校大部分停办，学生大部分失学。因此在国民党统治之下，造成了人民愚昧无知，全国文盲数目占全国人口百分之八十以上。”[4]对于国民政府的“愚民政策”，不仅共产党这样认为，就连一些国民政府高层人士也赞同：“他的政治新作风是‘用教民政策来代替过去的愚民政策’‘用民主政治来代替官僚政治’。”[5]

中央苏区党政军各机关都高度重视发展文教事业，使得群众学习文化的热情高涨，加上文化生活较以前丰富且健康，群众知书明理，文化素质

① 中央档案馆编:《闽粤赣革命历史文件汇集(一九三二年——一九三三年)》,北京新华印刷厂1985年印,第20页。

②《毛泽东文集》第1卷,人民出版社1993年版,第312—313页。

③ 刘昆:《文化建设与经济建设不该是“两张皮”》,《光明日报》2013年11月2日第9版。

④ 江西省档案馆、中共江西省委党校党史教研室选编:《中央革命根据地史料选编》(下),江西人民出版社1982年版,第328—329页。

⑤ 曹聚仁:《蒋经国论》,人民出版社2009年版,第30页。

得到提高，中央苏区社会风气呈现新景象。

（一）中央苏区党政军各机关高度重视发展基础教育

中央苏区党政军各机关都重视发展教育事业，建立了从小学、中学到大学的完整教育体系，培养了大量各方面人才。在此背景下，中央苏区各阶层掀起了学文化热潮。

中央苏区所在区域原本是个文化落后地区，群众文化水平普遍低下。“无论是赣西南还是闽西，民众90%以上都是文盲。”①由于文化水平落后，群众普遍迷信、愚昧，视野狭隘，小农意识浓厚。在文化水平如此落后的基础上，建设一个全新的社会，树立和推广新风气，难度是相当大的。因此，必须采取有力措施，大力发展文教事业，提高群众文化素质，为树立和推广新风气提供文化土壤。

中央苏区百姓文化水平低，不是百姓不想接受教育，而是“国民党统治之下一切文化教育机关，是操在地主资产阶级手里的。他们的教育政策，是一方面实行反动的武断宣传，以消灭被压迫阶级的革命思想，一方面施行愚民政策，将工农群众排除于教育之外”②。该论断表明，剥削阶级占统治地位时，包括中央苏区人民在内的广大群众的受教育权利被剥夺了。

苏维埃政府作为工农兵当家作主的政权重视教育事业，因为通过发展教育事业，可以大大提高群众的文化水平、启发其思想觉悟。这也是党和苏维埃政府的重要任务和奋斗目标之一。

中华苏维埃共和国临时中央政府成立之前，永定县第二次工农兵代表大会宣言指出：“建设了全县免费教育和信用消费合作社，使失学者都得

① 余伯流、凌步机：《中央苏区史》，江西人民出版社2001年版，第9页。

② 余伯流、凌步机：《中央苏区史》，江西人民出版社2001年版，第771页。

到了受教育的机会，社会经济也得着有相当的补救。”[①]随后的闽西政府也明确宣布，苏维埃政府“实行免费教育，编制教材，开办报馆及各科训练班，举行识字运动，以提高群众文化程度”[②]，并在大会通过的《文化问题决议案》中，提出了发展闽西苏区文化教育事业的22条措施。这说明当时包括闽西苏区政府在内的苏区各级政府都重视教育事业。赣西南苏区也同样重视教育，这体现在当时赣西南特委书记写给中央的报告中。

中华苏维埃第一次全国代表大会通过的《中华苏维埃共和国宪法大纲》中明确规定：“中国苏维埃政权以保证工农劳苦民众有受教育的权利为目的，在进行革命战争许可的范围内，应开始施行完全免费的普及教育，首先应在青年劳动群众中施行。”[③]这段话包含了四层意思：第一，明确赋予工农劳苦民众受教育权利；第二，苏区的教育是免费的，而且是普及性的；第三，苏区教育的首要对象是青年；第四，教育目的是发展新的社会力量。这与国民政府的教育方针是截然不同的。当时苏区条件极为困难，但政府依然宣布实行免费教育，可见政府对教育是高度重视的。

苏维埃文化教育的中心任务“是厉行全部的义务教育，是发展广泛的社会教育，是努力扫除文盲，是创造大批领导斗争的高级干部”[④]。这里指出了两种不同性质的教育：义务教育和社会教育。义务教育的对象是适龄儿童，社会教育的对象是苏区全体民众。当然，这些目标艰巨而神圣，但新生苏维埃政权没有畏难，而是积极想办法完成这些目标。

首先，建立教育管理机构。临时中央政府成立以前，文教事业由地方各级苏维埃政府文化部负责。临时中央政府成立后，中央人民委员会设立

① 中央档案馆、福建省档案馆编：《福建革命历史文件汇集·苏维埃政府文件（一九三〇年）》，福建新华印刷厂1986年印，第5页。

② 江西省档案馆、中共江西省委党校党史教研室选编：《中央革命根据地史料选编》（下），江西人民出版社1982年版，第45页。

③《建党以来重要文献选编（1921～1949）》第8册，中央文献出版社2011年版，第652页。

④《建党以来重要文献选编（1921～1949）》第11册，中央文献出版社2011年版，第127页。

中央教育委员会负责教育事务。各省、县、区仍称文化部。后来，统一将各级教育行政主管部门改称为教育部（市称教育科，乡称教育委员会）。

其次，建立和壮大师资队伍，为发展教育提供人才基础。中央苏区要大力发展教育，必须要有大批有文化的人担任老师。中央苏区主要“通过团结利用旧知识分子和大力培养工农出身的知识分子，以及动员一部分有文化能胜任的苏维埃工作人员到教育战线工作等办法，解决苏区教师队伍的来源，建立起一支人数可观的革命教师队伍”①。具体办法是一方面通过创办各级师范学校，发展师范教育，培养教师和教育管理干部；另一方面通过培训和在职学习等方式，努力帮助广大教师提高政治思想和教学业务水平。为了鼓励有文化的人从事教育事业，中央苏区对教师予以优待。如《永定县第二次工农兵代表大会决议案》明确规定：“小学教员月薪规定大洋六元至八元，比较政府职员增加，以示优待。”②

最后，组织编写教材，建立从小学、中学到大学完整的教育体系；在发展义务教育的同时，也兼顾职业教育、干部教育和红军教育。

要施行教育就必须有体现共产党信仰和价值观的教材。中央苏区各级政府及时组织编写教材为教育提供基础。义务教育方面的有：《共产儿童读本》（1—6册）、《列宁初级小学校适用国语读本》（1—4册）和《红孩儿读本》。此外还有游戏和音乐（歌唱）方面的教材。社会教育方面的有：《工农兵读本》（1—4册）、《工农兵三字经读本》、《劳动读本》和《夜校识字班教材和宣传材料》。红军教育方面的有：《识字课本》、《红军识字课本》和《红军教育与管理》。干部教育和专业教育则更多。

就小学来说，根据江西、福建、粤赣三省统计，在2931个乡中，有列宁小学3052所，学生89710人；有补习夜校6462所，学生94517人。苏区许多地方，学龄儿童大都进了列宁学校。例如，兴国儿童总数20969人，

① 余伯流、凌步机：《中央苏区史》，江西人民出版社2001年版，第781页。

② 永定县地方志编纂委员会编：《永定县志》，中国科学技术出版社1994年版，第1114页。

进入列宁小学的有12806人，失学的8163人，入学与失学的比例约为3:2。苏区很多地方的儿童，大部分时间在接受教育，做游戏，小部分时间在参加家庭劳动，这同国民党时代是恰好相反了。儿童同时又组织在红色儿童团内，这种儿童团，同样是儿童学习共产主义的学校[①]。“在校适龄学生总数约占三省苏区总人口的6%，占适龄儿童总数的50%左右。与国民党统治时适龄儿童入学率只有10%左右相比，苏区的儿童普及教育成绩是巨大而显著的。”[②]在少数地方，如兴国长冈乡，适龄儿童入学率达65%。据学者研究，兴国县的少儿入学率比当时国民党当局在美国洛克菲勒资助下办学的定县还要高出几倍。

中央苏区到处书声琅琅，群众创作了大量的歌谣描述学习蔚然成风的喜人景象。如《工农学文化》唱道：“苏区处处新，琅琅读书声，工农学文化，更好做主人。”[③]再如《男女老少把书攻》唱道：“苏区建立大不同，男女老少把书攻，男人就有好老婆，女子就有好老公。”[④]

中央苏区不仅儿童入学率高，教学质量也非常高。“无论男女老幼，都能明白国际歌，少先歌，十骂反革命，十骂国民党，十骂蒋介石，红军歌，及各种革命歌曲，尤其是阶级意识强，无论三岁小孩，八十老人，都痛恨地主阶级，打倒帝国主义，拥护苏维埃及拥护共产党的主张，几乎成了每个群众的口头禅，最显著的是许多不认识字的工农分子，都能作很长的演说，国民党与共产党，国民政府与苏维埃政府，红军与白军，每个人都能分别解释……今年三月大会代表胡品等四同志被捕到吉安，狗法官审了很久，四个工农同志，言词流利，讲得狗国民党的官吏无言可答，后来民国日报论文谓之可恶，其教育群众的方法可学，不识字的农民，他们都

① 参见江西省档案馆、中共江西省委党校党史教研室选编：《中央革命根据地史料选编》（下），江西人民出版社1982年版，第329—330页。

② 余伯流、凌步机：《中央苏区史》，江西人民出版社2001年版，第792页。

③ 危仁晸主编：《江西革命歌谣选》，江西人民出版社1991年版，第157页。

④ 危仁晸主编：《江西革命歌谣选》，江西人民出版社1991年版，第158页。

能使之讲得很多道理。鲁胖子电蒋谓赣西南，三岁小孩，八十老人都是‘共匪’，即此时期，较之白色区域资产阶级的学校和一般提倡所谓义务教育平民教育的先生们喊了十几年没有半点影响，真是相差十万八千里，这证明一切问题到了苏维埃革命成功就有办法了。”①

苏区教育水平高，来自国统区的记者都叹服。苏区陷落后，上海《申报》记者陈赓雅跟随国民党军队进入苏区，他在撰写的《赣皖湘鄂视察记》中云：“赤区对民众训练素极注意，对儿童之组织训练，尤为严密……记者尝与曾参加儿童团之孩童谈话，第一，党彼等所答极流利，尤其对［五一］［五九］［九一八］［一二八］等纪念日之意义，无不对答如流。谈时若引用公历几年，帝国主义，资产阶级等类名词，其纯熟更有如数家珍。”②

中央苏区还大力发展中等教育和高等教育。“苏区缺乏完备的专门教育的建设。但为了革命斗争领导干部的创造，我们已设立了红军大学，苏维埃大学，马克思共产主义大学，及教育部领导下的许多教育干部学校。中等教育与专门教育之应该跟着普通教育的发展而使之发展起来，无疑的应该成为教育计划中的一部分。”③

（二）中央苏区党政军各机关也重视发展社会教育

中央苏区党政军各机关不仅重视发展基础教育事业，而且重视发展社会教育事业。在发展社会教育事业时，重视教育方法，遵循简便易行原则，以提高教育效果。中央苏区党政军各机关通过编写简易识字课本，开设扫盲班、识字班，组织不识字的群众，尤其是动员妇女们学习文化知

① 江西省档案馆、中共江西省委党校党史教研室选编：《中央革命根据地史料选编》（上），江西人民出版社1982年版，第355—356页。

② 陈赓雅：《赣皖湘鄂视察记》，台北文海出版社1968年版，第53页。

③ 江西省档案馆、中共江西省委党校党史教研室选编：《中央革命根据地史料选编》（下），江西人民出版社1982年版，第331页。

识，提高其文化素质，为群众争取平等政治地位奠定文化基础。

社会教育的一个重要内容是扫盲识字运动。过去，广大人民群众由于被剥夺了受教育权利，愚昧无知，思想落后，这当然不是他们的错。苏维埃政府当然不能继续维持这种局面，必须改变这种不合理的情况。当时，中央苏区各级政府采取的措施就是大力开展群众扫盲识字运动，教群众读书识字、学习文化，开阔视野，提高思想认识水平。主要有如下措施。

首先，中央苏区各级政府建立专门机构，统一领导这项工作。“为加强对苏区扫盲运动的领导，中央和省、县教育部都设有社会教育科，区、乡设有专职社会教育干部，村成立识字委员会总会、分会和识字小组，具体负责组织工农群众学习文化。”①1933年10月，取消识字委员会总会和分会，成立“消灭文盲协会”，重建从中央到地方的系统组织，指导和监督该项工作，体现政府对扫盲工作的高度重视。

其次，临时中央政府规定了经费来源。“各级消灭文盲协会的经费靠协会会员自行捐纳解决，各机关团体的识字班及补习班的经费自行解决。”②这确保了扫盲识字运动经费来源稳定，不至于半途而废。

再次，中央苏区各级教育部门负责为扫盲运动编写教材。教材是教育最基本的条件。“扫盲识字所用的课本，由中央教育部和中央消灭文盲协会编审科统一编写出版。”③为此，中央消灭文盲协会在组织科与巡视科之外，另设编审科，负责编写扫盲识字教材。1933年，中央消灭文盲协会建立前，各省、县、区文化教育部门也自行编印了各类扫盲识字课本。中央苏区各级教育部门编写的教材总的特点是“做到了知识性（识字）、政治性和实用性的有机统一”④，达到了让苏区群众通过读书识字、学习文化，进而开阔视野、提高思想认识水平，运用知识指导生活和生产实践的目

① 余伯流、凌步机：《中央苏区史》，江西人民出版社2001年版，第792页。
② 余伯流、凌步机：《中央苏区史》，江西人民出版社2001年版，第793页。
③ 余伯流、凌步机：《中央苏区史》，江西人民出版社2001年版，第793页。
④ 余伯流、凌步机：《中央苏区史》，江西人民出版社2001年版，第793页。

的，适应了当时苏区群众文化水平低，处于战争状态的特定环境，具有独创性。这是中央苏区教育成绩的一个突出方面。

最后，中央苏区采取多种多样的方式推进扫盲识字运动。主要方法有：办夜校、业余补习班和识字班、识字组、俱乐部和列宁室；村头路口，到处设立识字牌，形成一个遍布城乡各街巷、村组、屋场和各机关单位、企业工厂、红军连队的业余教育网络。

中央苏区扫盲识字运动取得了巨大成绩。“群众识字的人数是迅速增加。识字的办法有夜学校、识字运动与识字牌，夜学有一定的地点，识字组在群众家里，识字牌在道路的旁边。领导识字运动的机关则谓乡村识字运动委员会。拿兴国来说，全县有130个乡的识字运动总会，561个村的识字运动分会，3387个分会下面的识字小组，22529个加入识字小组的组员，这是扫除文盲的极大规模的群众运动。这种运动应该使之向着全苏区一切城市与乡村中间开展了去。”[①]中央苏区这种重视教育群众，扫除文盲的做法与国民政府的愚民政策是截然相反的。

在扫盲运动中，最值得一提的是妇女们的表现。旧社会，妇女受到的压迫更为深重，她们更加希望通过参加扫盲运动，识文断字，参加政治和社会活动，争得应有政治地位，自主掌握命运，因而学习热情尤为高涨。“妇女群众要求教育的热烈，实为从来所未见。兴国夜校学生一万五千七百四十人中，男子四千九百八十八人，占百分之三十一，女子一万〇七百五十二人，占百分之六十九。兴国识字组组员二万二千五百一十九人中，男子九千人，占百分之四十，女子一万三千五百一十九人，占百分之六十。在兴国等地妇女从文盲中得到了初步的解放，因此妇女的活动十分积极起来。妇女不但自己受教育，而且已在主持教育，许多妇女是在作小学与夜学的校长，作教育委员会与识字委员会的委员了。女工农妇女代表会

① 江西省档案馆、中共江西省委党校党史教研室选编：《中央革命根据地史料选编》（下），江西人民出版社1982年版，第330页。

在苏区是一种普遍的组织，他注意于劳动妇女群众的整个的利益，妇女教育当然是他们注意的一部分。”①

妇女文化水平的提高，为她们政治地位的提高和争取婚姻自由等权利提供了思想基础。“很多不识字的女孩子，参加了革命以后能写得很短的信及标语之类的东西。”②不仅如此，她们还踊跃参军：“这次扩大红军最好的现象，就是有许多妇女群众参加预备队独立团，尤其是永新兴国的特别多而勇敢。”③

中央苏区群众创作了大量的歌谣描述这种现象。妇女高兴地唱道：“工农妇女上夜校，读书识字开心窍；封建礼教全打倒，三从四德都唔要。”④

（三）广大红军指战员勤奋学习蔚然成风

社会教育方面，红军教育是中央苏区教育的一个重要组成部分。1944年10月30日，毛泽东在《文化工作中的统一战线》一文中，着重强调了文化工作的重要性：“我们的工作首先是战争，其次是生产，其次是文化。没有文化的军队是愚蠢的军队，而愚蠢的军队是不能战胜敌人的。”⑤

整个新民主主义革命时期，共产党领导的武装力量主体都是文化水平较低的农民，红军也不例外。因此要建立有信仰、纪律严明、作风优良、有战斗力的军队，不能不重视对红军的教育。不仅要对红军指战员进行战术教育，提高其战术水平，更重要的是要启发其政治觉悟，让其明白“为谁而战”的信仰问题，只有这样红军才能成为“一支拖不垮、打不烂”的

① 江西省档案馆、中共江西省委党校党史教研室选编：《中央革命根据地史料选编》（下），江西人民出版社1982年版，第330页。

② 江西省档案馆、中共江西省委党校党史教研室选编：《中央革命根据地史料选编》（上），江西人民出版社1982年版，第355页。

③ 江西省档案馆、中共江西省委党校党史教研室选编：《中央革命根据地史料选编》（上），江西人民出版社1982年版，第326页。

④ 谢济堂编：《中央苏区革命歌谣选集》，鹭江出版社1990年版，第410页。

⑤《毛泽东选集》第3卷，人民出版社1991年版，第1011页。

英雄队伍。对于搞好红军教育，提高红军战斗力的重要性，毛泽东有深刻的认识，在《井冈山的斗争》一文中，他指出：“红军士兵大部分是由雇佣军队来的，但一到红军即变了性质。首先是红军废除了雇佣制，使士兵感觉不是为他人打仗，而是为自己为人民打仗……经过政治教育，红军士兵都有了阶级觉悟，都有了分配土地、建立政权和武装工农等项常识，都知道是为了自己和工农阶级而作战。因此，他们能在艰苦的斗争中不出怨言。连、营、团都有了士兵会，代表士兵利益，并做政治工作和民众工作。”①

正因为教育红军指战员如此重要，毛泽东等红军领导人高度重视。《中国共产党红军第四军第九次代表大会决议案》指出：“红军党内最迫切的问题，要算是教育的问题。为了红军的健全与扩大，为了斗争任务之能够负荷，都要从党内教育做起。不提高党内政治水平，不肃清党内各种偏向，便决然不能健全并扩大红军，更不能负担重大的斗争任务。因此，有计划地进行党内教育，纠正过去之无计划的听其自然的状态，是党的重要任务之一。”②中央苏区对红军的教育具体表现在如下几个方面。

首先，对普通士兵进行日常教育。毛泽东说：“军队不但是一个战斗队，而且主要地是一个工作队。”③如前所述，大部分红军战士没有文化，要达成这样一个目标，必须重视教育战士，提高其文化水平和思想认识。这个任务由政治工作部门负责。古田会议决议特别强调要加强教育青年士兵：“1.各纵队政治部负责编制青年士兵识字课本（以商务馆小学教材，平民千字课，龙岩文化社教本等作参考）。2.每个纵队内设立青年士兵学校一所，分为三班至四班，每个支队一班，直属队一班，每班学生不得超过二十五人。以政治部主任为校长，以宣传科长为教务主任。每班设一主任教

①《毛泽东选集》第1卷，人民出版社1991年版，第63—64页。

②《毛泽东文集》第1卷，人民出版社1993年版，第94页。

③《毛泽东选集》第4卷，人民出版社1991年版，第1405页。

员，每班以授足九十小时为一学期。”[①]教育的内容包括识字，学习党的理论、红军纪律、军事技术和时事等知识。中央苏区通过日常教育，使战士文化水平和思想认识得到极大提高。

其次，军师及以上的部队内设教育机构培养基层指挥员。例如，红军和根据地初创时，红四、红五军及后来的红一、红三军团，都办有随营学校或教导队、教导营，培养初级指挥人员。1936年9月，毛泽东发报给贺龙等人，着重指出："随营学校非常必要，你们所需干部主要靠此供给。我们从前线部队抽出大批高级干部开办红大（中国人民抗日红军大学——引者注）训练，储为将来之用。”[②]这说明红军开办随营学校培养干部是惯常做法。

最后，创办军校培养中级指挥员或专业技术人员。中央苏区先后创办的军校有：红军彭杨军事政治学校（前身为闽西红军学校）、红军军官学校第三分校（后与红一方面军教导总队合并）和红军学校。这3所军校都是1930年创办的。1931年，红军彭杨军事政治学校、红一方面军教导总队和红三军团随营学校合并，建成中国工农红军中央军事政治学校。从开办至1933年秋，共招生6期，培养各级军政干部6000余人。

随着发展壮大，红军对干部的需求大增。1933年10月，中国工农红军中央军事政治学校扩编为5所学校：红军大学、红军彭杨步兵学校、红军公略步兵学校、红军特科学校和地方游击队干部学校。其中，红军大学为高等军事学校，其余4所为专科军事学校。此外，中央苏区还创办了红军无线电学校和红军军医学校。如前所述，红军无线电学校是由俘虏王诤创办的。王诤及该校培养的学生，为革命事业作出了巨大贡献。

中央苏区的红军教育取得了累累硕果。“上述红军学校从1931年冬到1934年秋，先后为红军部队培训各类军政干部人才1万余人。他们之中除

---

①《毛泽东文集》第1卷，人民出版社1993年版，第107页。

②《毛泽东军事文集》第1卷，军事科学出版社、中央文献出版社1993年版，第603页。

牺牲者外，绝大多数后来都成为人民军队的高级将领和指挥人员。”[①]

中央苏区党政军各机关重视红军教育，从战士到军官掀起了学习热潮，成为中央苏区又一新景象。《识字运动歌》对此进行了生动描述：“看看我红军，士兵教士兵，个个会写字，学习真用心。”[②]

（四）寓教于乐，提高素质

中央苏区各级政府重视发展文化事业，满足群众文化娱乐需要。这些发展文化的措施，不仅丰富了群众精神生活，而且也吸引群众积极参加各种文艺娱乐活动，同时起到了教育群众的作用，促使群众走出狭小生活圈子、开阔视野，传播文明的社会新风气。

如前所述，中央苏区在开展土地革命的过程中，通过打土豪，分田地，使广大群众获得了土地。各级政府重视生产并采取了多种有效措施发展生产，使群众生产热情高涨。这使得中央苏区的农业生产得到极大发展，粮食产量大幅度提高，群众生活得到较大改善。群众的物质生活得到改善后，精神生活需要日益突出。苏维埃政府高度重视文化工作，采取各种措施满足群众的精神生活需要。

第一，中央苏区各级苏维埃政府高度重视文化工作。

1930年2月，《永定县第二次工农兵代表大会决议案》中第2项就是“文化和建设决议案”。决议共有18条，其中13条与文化建设有关。此处列举几条：“（十二）各区设演讲台一所，至少五天演说一次；（十三）各区组织新剧团一个，开办费由区政府拨给，经常费除由新剧团向外募捐外，由区政府酌量供给；（十四）每乡苏须办一俱乐部，内附设书报社一所，经费除由俱乐部自己募捐外，由政府酌量供给。”[③]从中可以看出永定

① 余伯流、凌步机：《中央苏区史》，江西人民出版社2001年版，第802页。

② 福建省龙岩地区文化局编：《闽西革命歌谣》，福建人民出版社1980年版，第156页。

③ 中央档案馆、福建省档案馆编：《福建革命历史文件汇集·苏维埃政府文件（一九三〇年）》，福建新华印刷厂1986年印，第13—14页。

县苏维埃政府对文化建设的高度重视。

不光是基层政府重视，闽西政府也如此。1930年3月24日召开的闽西第一次工农兵代表大会通过的《闽西第一次工农兵代表大会决议案》中第4项也是文化问题决议案，不过这里文化和建设已然分开。该决议有22条，对当时的文化教育建设进行了详细规定。其中关于文化的有如下几条：闽西政府及各县政府应出版日报，经常登载各处工农生活状况及斗争情形；各区、乡应尽可能开办阅报社、俱乐部；各县应组织新剧团，经常出去表演新剧；各级政府及各机关要出版宣传刊物，须经县政府文化委员会批准；闽西政府应开设书店，采办各种革命书籍①。

中华苏维埃共和国临时中央政府成立后，更是高度重视文化建设。如前所述，临时中央政府通过的宪法中明确规定了工农劳苦群众享有受教育的权利。为此，临时中央政府努力创设条件发展文化教育事业，丰富群众文化生活。

例如，1933年的《中华苏维埃共和国临时中央政府成立两周年纪念对全体选民的工作报告书》指出："革命战争与苏维埃建设事业，要求苏区工农群众的文化水平一般的提高，亦只有在苏维埃政权之下，工农群众才有享受教育的权利与可能。一年来苏维埃对于文化教育事业已在着力的进行……工农剧社与蓝衫团运动的发展，所有这些都表明苏维埃文化建设事业已进入了发展的阶段中。中央政府最近已宣布以马克思共产主义为苏维埃文化教育的基本方针。中央政府正在制定小学教育制度与颁布社会教育的具体办法，要使所有苏区的劳动民众都受到教育。开展文化战线上的斗争，已成为苏维埃建设任务的重要部分。"②这表明临时中央政府将文化建设列为苏维埃建设的重要部分，并将文化建设与革命战争联系起来。

① 参见中央档案馆、福建省档案馆编：《福建革命历史文件汇集·苏维埃政府文件（一九三〇年）》，福建新华印刷厂1986年印，第47—48页。

②《建党以来重要文献选编（1921～1949）》第10册，中央文献出版社2011年版，第570—571页。

毛泽东也是这样认为："为着革命战争的胜利，为着苏维埃政权的巩固与发展，为着动员民众一切力量，加入于伟大的革命斗争，为着创造革命的新后代，苏维埃必须实行文化教育的改革，解除反动统治阶级加于工农群众精神上的桎梏，而创造新的工农的苏维埃文化。"①

中央苏区各级政府确实高度重视群众文化教育，但是，发展文化教育仅思想上重视还不够，还必须采取有效措施。事实上，中央苏区各级政府都采取了很多措施发展文化事业，丰富群众文化生活，满足群众精神生活需要，提高群众认识水平。

第二，中央苏区各级政府建立了许多文化设施。

中央苏区建立的文化设施有俱乐部、列宁室、书报阅览室、图书馆、博物馆和工农剧社等。

从永定县政府和闽西政府的文化建设决议案中，我们可以看出，设立俱乐部和列宁室是当时文化建设中的一项重要措施。事实上，"中央苏区群众文化活动的主要载体和场所，是遍布城乡各地的俱乐部，以及各部队、机关、团体、学校、企业的列宁室"②。

随着俱乐部的增多，为了规范俱乐部管理，1933年6月和1934年4月，中央教育部先后两次颁布《俱乐部纲要》。1934年4月的《俱乐部纲要》规定了其宗旨："俱乐部应该是广大工农群众的'自我教育'的组织，集体娱乐、学习、交流经验和学识，以发扬革命情绪，赞助苏维埃革命战争，从事于文化革命为目的；所以俱乐部是苏维埃社会教育的重要组织之一。"③对俱乐部组织体系也作了规定："俱乐部是每一级政府机关或一个大的工厂企业、每一地方的工会、合作社之内的组织。乡苏的俱乐部，同时也就是该乡一切农民基本群众的俱乐部。每一俱乐部之下，按照伙食单

---

①《建党以来重要文献选编(1921～1949)》第11册，中央文献出版社2011年版，第124页。

② 余伯流、凌步机：《中央苏区史》，江西人民出版社2001年版，第845页。

③ 余伯流、凌步机：《中央苏区史》，江西人民出版社2001年版，第846—847页。

位（或村庄）成立列宁室，每一列宁室至少须有识字班、图书室及墙报，此外，还必须有运动及游艺室的设备（规模小的列宁室，则与图书室可以合用一间）。”[①]俱乐部这种寓教于乐的功能也体现在其机构设置上。

俱乐部有对群众进行教育，提高群众文化水平的功能，但更多的是丰富群众文化生活，陶冶群众情操。另外，遍布城乡的书报阅览室和活跃在苏区各地的剧团也有类似功能。难能可贵的是，在如此艰苦的条件下，中央苏区各级政府还关注图书馆和博物馆的发展。

第三，中央苏区党政军各机关发展文化事业的艺术形式。

丰富群众文化生活不仅需要借助实际有效载体和场所，还需利用恰当的艺术形式。中央苏区政府一方面因地制宜，利用旧艺术形式；另一方面大胆创新，引进和利用新艺术形式。

其一，充分利用旧艺术形式。这方面最突出的代表是客家山歌的新发展。中央苏区所在区域是客家人聚居地，客家人爱唱山歌的历史悠久。山歌本身包含着深厚的文化底蕴。中央苏区党政军干部来自全国各地，将各地民间流传的小调也带进了中央苏区。这些外来民间小调和山歌相互融合，大大促进了山歌的发展，使它在丰富群众文化生活，提高群众思想认识水平，表达群众对新生活的热爱等方面起了重要作用。在此过程中，中央苏区音乐工作者和文艺宣传工作者起了重要作用。他们发挥聪明才智，或创作新革命歌曲，或对各种民间曲调稍加整理改编，或利用原有曲调，填上宣传革命道理、反映苏区军民斗争生活的新词，进行传唱。这些措施促使中央苏区山歌得到很大发展。一是山歌在中央苏区广为传唱，受到军民热烈欢迎，有些甚至传唱至今。如《当兵就要当红军》《苏区干部好作风》《十送郎当红军》等。二是涌现了许多著名山歌手。如中央苏维埃剧团优秀演员刘秀章，兴国山歌“大王”曾子贞、谢水莲，闽西的邓子恢、李坚贞、范乐春更是被人们誉为“山歌部长”“山歌书记”“山歌主席”。

① 余伯流、凌步机：《中央苏区史》，江西人民出版社2001年版，第847页。

三是题材广泛。据研究统计，中央苏区山歌可以归为十大类，大多数是歌颂新生活、新风尚的。

其二，积极利用传播新工具，丰富群众文化生活。这方面的突出代表是中央苏区新闻出版业的繁荣，主要形式是报纸和杂志。它们都是近代中国从外国引进的文化教育与传播新工具，并非中央苏区新发明，但中央苏区新闻出版业异常发达。如前所述，闽西政府明确规定，闽西政府和各县政府要出版日报，各级政府及各机关要出版宣传刊物。这说明闽西政府重视新闻出版工作。1931年11月，中华苏维埃临时中央政府成立后，党和苏维埃政府对新闻出版业更为重视，视其为党宣传工作的喉舌。党政军机关先后创办了自己的新闻出版机构，发行报纸和杂志，使得苏区新闻出版业繁荣起来。毛泽东在第二次全国苏维埃代表大会上的报告中指出："中央苏区现在已有大小报纸三十四种。其中如《红色中华》从三千份增至四万份，《青年实话》发行二万八千份，《斗争》二万七千一百份，《红星》一万七千三百份，证明群众的文化水平是迅速的提高了。"[①]其中发行量最多、影响最大的是《红色中华》。《红色中华》创办于1931年12月11日，到1934年10月，共出版240期。红军长征后，留在苏区的瞿秋白带病坚持编辑出版，直到1935年，根据中央书记处指示休刊。《红色中华》虽然存在时间不长，但发展非常快。据统计，苏区各级党政军群团创办的报刊共计有115种，新闻出版业确实繁荣[②]。

我们只有进行比较才能知道这些数据的意义，以《红色中华》为例。"《红色中华》发行量从3000增加到4～5万份，超过当时行销全国的《大公报》。"[③]苏区最盛时，人口也只有450万，而国统区的人口是四亿左右。这不能不说是个奇迹，由此可见该报在苏区受欢迎的程度。《红色中华》

①《建党以来重要文献选编(1921～1949)》第11册，中央文献出版社2011年版，第126页。

② 参见江西省文化厅革命文化史料征集办公室等编：《中央苏区革命文化史料汇编》，江西人民出版社1994年版，第395—405页。

③《江西省苏区志》编纂组编：《江西省苏区志》，方志出版社2004年版，第282页。

的发展、壮大不仅得到中央苏区各级领导的关心和支持，也得到了群众的广泛支持。它一方面刊登政府的法律、法令、重要社论和评论，及时报道重要会议和重要事件，另一方面刊登先进单位典型事迹和经验，揭露批评党政军机关不正之风的重要文章。另外，该报为及时反映群众心声，专门建立了一支工农通讯员队伍为它提供充足的稿源。

上述数据说明中央苏区群众对知识的渴望。新闻出版业的繁荣，为当时遍布城乡的书报阅览室和阅报亭提供了材料来源，促使群众养成了读报和听报的好习惯，同时也为丰富群众业余文化生活，提高其政治觉悟提供了一条重要渠道。

新闻出版业的繁荣，促使中央苏区各级政府除了在阅览室、阅报亭等城乡公共场所放置或张贴报纸供群众阅读外，还几乎在每个乡村成立读报团并定期向群众宣读报纸。毛泽东在调查中指出："逢圩日（五日一圩）读《斗争》、《红中》（《红色中华》——引者注）及'通知'、'阶级分析'等。每次最少五六十人听，多的八九十人。"[①]中央苏区歌谣《俱乐部里听新闻》也有类似的描述："太阳下山有红云，革命日子乐开心，早上出去忙支前，夜了归来听新闻。"[②]

中央苏区群众通过扫盲教育提高了文化水平，又通过听报、看报，及时了解党和政府的方针政策和国内外的动态，扩大了视野，提高了政治素质。很多歌谣对此有生动描述。《识字运动歌》唱道："工农识字多，文化就提高，政治更了解，不会打暗摸。"[③]《瞎子开目见光明》唱道："红军来了大翻身，穷人当家做主人，学习文化入夜校，瞎子开目见光明。"[④]

其三，积极引进新艺术形式，开展新文化活动，进一步丰富群众文化生活。除了上述两条措施外，中央苏区各级政府还积极引进新艺术形式，

①《毛泽东文集》第1卷，人民出版社1993年版，第341页。

② 危仁晸主编：《江西革命歌谣选》，江西人民出版社1991年版，第159—160页。

③ 福建省龙岩地区文化局编：《闽西革命歌谣》，福建人民出版社1980年版，第157页。

④ 谢济堂编：《中央苏区革命歌谣选集》，鹭江出版社1990年版，第408页。

开展新文化活动，在丰富群众文化生活，提高群众思想觉悟方面起了积极作用。有的简单易行，比如演讲，许多不认识字的工农分子，都能作很长的演说；有的具有群众性，有利于形成良好人际关系，如组织慰劳队；有的有利于群众感受集体力量，提高政治觉悟，如游行、庆祝大会。但效果最显著的当数戏剧运动。

中央苏区创立前，赣西南和闽西党组织为进行革命宣传，编演了一些揭露地主残酷压迫农民的话剧，在召开群众大会时演出，宣传效果很好。另外，井冈山革命根据地时期，红军宣传人员就常自编自演一些小型活报剧，既为宣传发动群众，也为部队自娱，丰富文化生活。红四军在开辟中央苏区的斗争中，更是有意识地利用化装演讲、活报剧等艺术形式进行宣传，受到军民热烈称赞。不过，这时利用话剧这种新艺术形式宣传革命道理，启发军民觉悟，丰富军民文化生活，还没有上升为自觉的、有意识的文化活动。

虽然话剧在宣传革命道理和丰富军民文化生活中起到积极作用，但中央苏区的戏剧事业（包括话剧）尚没有进入有组织的发展阶段。1931年中华苏维埃临时中央政府成立后，中央苏区戏剧事业进入有组织的发展新阶段。

中华苏维埃第一次全国代表大会前，李伯钊、钱壮飞和胡底等众多艺术素养较高的戏剧人才从上海来到瑞金，成为推动中央苏区戏剧事业发展的骨干。大会召开后，这些骨干成立了第一个戏剧团体——“八一剧团”。随后红军各军团也相继成立了业余剧团，标志着中央苏区戏剧事业进入发展新阶段。八一剧团成立后，最成功的演出是自编歌剧《为谁牺牲》。该剧是为慰问红五军团（由在宁都起义的国民党二十六路军改编而成）而编的，由于剧情符合该军团实际情况，加上主演胡底的精彩表演，演出获得极大成功。除此之外，“八一剧团还经常为红军学校学员和驻地居民及赴长汀城慰问演出，每次演出都受到热烈欢迎”[①]，由此可见新的戏剧在中央苏区军民中受欢迎的程度。

1932年，为了推动中央苏区戏剧事业继续发展，以八一剧团为基础，专门负责指导和组织苏区戏剧创作与演出活动的“工农剧社”成立，该剧社后来成为苏区戏剧活动的重要力量。1933年，工农剧社培训了一批戏剧演员，在共青团和工会的支持下，以这批人为基础又组建了一个新剧团——“蓝衫剧团”，戏剧训练班也改名为蓝衫团学校。随后，很多省、县，如粤赣省、赣南省、博生县和兴国县等，纷纷成立了专业的蓝衫剧团。这些举措推动了中央苏区戏剧事业发展，演员队伍发展到六七百人。蓝衫剧团经常巡回演出，每一次都极为成功。“每次新剧演了［到］半夜，群众总是不肯回去，要求再演，从这几方面看来，蓝衫团真正地成为了群众中文化教育的有力武器啊！”[②]

与此同时，红军中的戏剧活动，也红红火火地开展起来，各军团和红军总部纷纷成立自己的剧团，开展演出活动，丰富红军战士的业余文化生活，帮助战士消除训练带来的疲劳，鼓舞士气。

1934年2月，瞿秋白来到瑞金。由于他的高度重视，中央苏区戏剧事业进一步发展，并走上革命化、组织化和群众化发展道路。他提议将蓝衫剧团改名为“苏维埃剧团”，蓝衫团学校改名为“高尔基戏剧学校”，并亲自领导制定了《苏维埃剧团组织法》和《高尔基戏剧学校简章》。在他的领导和关心下，中央苏区戏剧运动进入了蓬勃发展新阶段，培养了大量戏剧人才，到苏区各地巡回演出并备受当地群众欢迎。时任高尔基戏剧学校校长的李伯钊在《苏维埃剧团春耕巡回表演纪事》一文中，生动地描述了苏维埃剧团下乡巡回演出时受到的热烈欢迎场面：“剧团公演时总是挤得水泄不通，老的，小的，男的，女的，晚上打着火把，小的替老的搬着凳

① 余伯流、凌步机：《中央苏区史》，江西人民出版社2001年版，第829页。

② 汪木兰、邓家琪编：《苏区文艺运动资料》，上海文艺出版社1985年版，第64页。

子，成群结队的来看，最远的有路隔十五里或二十里的。”[①]

刘士奇在给中央的报告里也写道：“每逢纪念节的文明新剧，革命小调，都普遍的有。”[②]这表明以话剧这种新艺术形式为代表的戏剧在中央苏区广受欢迎。

总之，中央苏区党政军各级机关和群团组织积极利用话剧等新艺术形式，不仅大大丰富了军民的文化生活，提高了其思想认识，而且在潜移默化中传播了革命道理，并及时宣扬了各种新风气，鞭挞了旧习气，对中央苏区移风易俗起了重要推动作用。

五、文明健康、平等互助的新社风

中央苏区党政军各机关采取了许多有力措施，努力在社会生活中革除陋习、恶习，移风易俗、树立新风气。因此，中央苏区社会风气与生活方式呈现出健康向上的态势。

（一）讲究卫生、反对迷信的文明新风气

中央苏区主要居民是客家人，此前他们长期处于封建社会，加之此处交通不便，形成了很多陋习，甚至是恶习。对于这些陋习、恶习的危害，群众也知道，但由于政治原因，他们没有办法革除，必须借助外力。这些陋习、恶习，严重背离了共产党为人民服务的宗旨及追求的价值观和道德观，必须加以革除。为此，中央苏区党政军各机关一方面宣扬新风气，另一方面采取有力措施移风易俗，努力革除旧习气。在政治革命的同时，也进行社会革命。不过相对于政治革命而言，社会革命不容易。“历史和现

① 《中央苏区文艺丛书》编委会编：《中央苏区文艺史料集》，长江文艺出版社2017年版，第188页。

② 江西省档案馆、中共江西省委党校党史教研室选编：《中央革命根据地史料选编》（上），江西人民出版社1982年版，第355页。

实一再证明，一个执政党进行社会革命不容易，进行自我革命更不容易。”①社会生活中的陋习、恶习成因比较复杂，是政治压迫、经济剥削、文化落后和社会心理长期综合作用的结果，而且有的陋习、恶习延续时间比较长，背后蕴藏着旧价值观和陈腐道德观，所以要想一下子革除，比较难。而且社会革命不能像政治革命那样，可以采取专政方式，使用暴力手段，社会革命必须综合运用政治、经济、法律和教育等多种手段，用文明方式推进。中央苏区党政军各机关采取多种手段，在中央苏区掀起了一场和平的、翻天覆地式的社会革命。

中央苏区党政军各机关首先从革除不讲卫生的陋习，械斗、停葬、早婚、溺婴和虐待妇女儿童等恶习开始，通过革除这些陋习、恶习，让群众很快就能得到实际的、看得见的利益，从而自觉参与除旧习，树文明、平等、互助社会新风运动。“由于文化落后、交通闭塞等原因，苏维埃政权建立以前，赣西南、闽西广大农村很不注意卫生，喝生水、生病叫魂、停尸不埋、弃婴河内、乱扔死猪死禽等旧俗恶习，极为普遍。在国民党军队大举进犯苏区的频繁战争中，这种状况更为加剧，致使各种烈性传染病在苏区时有发生，严重危害苏区军民健康。”②

对于中央苏区存在的不讲卫生等危害群众健康和影响其生活的陋习、恶习，本着“人民利益为上”的原则，中央苏区党政军各机关采取有力措施加以解决。

第一，采用教育手段，进行宣传鼓动和教育。1932年1月13日，临时中央政府执行委员会副主席项英在《红色中华》发表《大家起来做防疫的卫生运动》的社论，指出了传染病的危害、瘟疫的危害及其与不讲卫生之间的关系，并指出防疫的6个具体办法，社论号召苏区军民共同起来做好

① 中共中央宣传部编:《习近平新时代中国特色社会主义思想学习纲要》,人民出版社2019年版,第3页。

② 余伯流、凌步机:《中央苏区史》,江西人民出版社2001年版,第857页。

防疫宣传和防治工作。同时，当时的扫盲运动也将相关的卫生知识融入教材，以形象的语言告诉群众不讲卫生的危害。如1932年，由赣东北苏文委编写的教材《工农读本》第3册中的第64课为“害人的东西”、第72课为“防止疥疮”。

第二，采用法律手段，制定有关卫生和防疫方面的法律和正式文件。1933年，中央内务人民委员部先后颁布了《苏维埃区域暂行防疫条例》和《苏区卫生运动纲要》两部指导性文件。与此同时，中革委也发布了开展卫生工作的训令，将痢疾、疟疾、下肢溃疡和疥疮作为卫生防疫保健重点。前一部条例颁布后，由于各种原因执行不力，各种传染病或瘟疫还是不时发生，夺走了许多百姓的性命。为此，中央内务人民委员部又颁布了《苏区卫生运动纲要》。该文件明确指出了搞好卫生的重要性，要求党政军各机关都要成立卫生运动组织，大力倡导开展卫生运动竞赛并给出具体办法。文件颁布后，内务部卫生管理局制订了相应的工作计划，提出了11条措施，具体指导苏区卫生工作。其中包含如何处理停尸和反对早婚的措施。由于卫生防疫确实有利于群众健康，同时也简单易行，群众积极响应政府号召，掀起了卫生运动，有的地方甚至开展卫生竞赛。“湘赣省订出卫生公约，进行乡与乡、村与村、组与组、户与户之间的卫生竞赛。”①

第三，采用行政手段，动员群众起来做好卫生防疫工作。内务部卫生管理局的工作计划制订之后，依托中央苏区完善、高效的党政军、工会和群众团体组织体系开展卫生防疫运动，如将群众分组，督促群众搞好卫生防疫，并进行监督和评比，使大家不敢松懈。

第四，采取示范手段，以身作则影响群众。在战争环境之下，红军在政治生活中的地位格外重要。由于红军既是战斗队，又是工作队，更是宣传队，因此红军指战员的言行会影响群众的言行。所以，红军在中央苏区树立新风气过程中的作用关键。红军是军事组织，号令一下，步调一致，

①《江西省苏区志》编纂组编:《江西省苏区志》，方志出版社2004年版，第295页。

统一行动，卫生防疫工作搞得相当好。红军不仅自己搞好卫生防疫，还帮助驻地群众搞卫生。如，“每次出发前，大街小巷都打扫的干干净净”①。再如，“天亮后，寻淮洲下令部队清扫街道，使破烂不堪的水口镇面貌一新，如同过年一般”②。这说明红军帮助百姓搞好卫生绝不是个别现象，也不是偶然行为。红军这种讲卫生的爱民之举，自然会影响到驻地百姓。对此，群众在歌谣《红军一来大家笑》中称赞道：“红军一来大家笑，又帮挑水帮打扫；土豪造谣共产‘匪’，纸糊灯笼戳破了！”③

总之，中央苏区在全区发动卫生防疫运动后，出现了讲卫生的文明新风气。迷信等陋习也基本上消除了。“苏维埃的胜地（应是“利”，材料如此——引者注），斗争较久的地方，没有人敬神，菩萨都烧了，庙宇祠堂变成了农民工人士兵的政府办公室，或者是游戏场，许多农民的家里以前贡着家神‘天地君亲师位’的，现在都换以‘马克思及诸革命先烈精神’，从前过年度节，写些封建式对联，现在都是写的革命标语……记得富田之陂下（乡苏）从前要卖出黄纸（敬神用的）两万余元，现在完全取消了，黄纸店也倒了，由此可见一斑。”④

（二）扫除“三毒”、盗匪无踪的健康新风气

中央苏区党政军各机关积极采取有力措施，以扫除“三毒”、打击盗匪。

第一，重视禁烟、禁赌、禁娼和清盗。中央苏区党政军各机关不仅重视百姓身体健康，更重视群众生命和财产安全，领导群众剿灭土匪，肃清匪患，确保社会安宁；同时大力禁烟、禁赌、禁娼和清盗，树立新风。

① 王首道等：《回忆毛主席》，人民文学出版社1977年版，第174页。

② 朱永来：《寻淮洲将军传》，解放军出版社1991年版，第239页。

③ 福建省龙岩地区文化局编：《闽西革命歌谣》，福建人民出版社1980年版，第122—123页。

④ 江西省档案馆、中共江西省委党校党史教研室选编：《中央革命根据地史料选编》（上），江西人民出版社1982年版，第356页。

关于烟、赌、娼"三毒"泛滥的情况及危害，前面已有所论述。曹聚仁在《蒋经国论》中也指出："那个靠了钨矿来繁荣的赣州，大赌场足与澳门媲美，坛子巷那条莺莺燕燕的长巷，笙歌喧天，日以继夜。赣县有多少烟民，我手边没有统计材料，单说南康那一小县，就有二万人吃鸦片，赣南十一县，平均十五人就有一人吃大烟，可以编成十个师的烟枪队。至于土匪之多，可以用着'如毛'的形容词。偏远的城镇，几乎是民匪不分，民不依匪，亦无以自存。崇义的文英墟，那区署有一次打死了一个土匪，那一个大市镇，便被土匪烧去了一大半。"①"据资料载，赣南专区登记的妓院有150家，妓女687人，按时纳税，这是一笔相当可观的税收。"②"赣南多山，田土贫瘠，故民间穷苦，民性强悍……有时土匪在城外杀人打劫，城内的官吏，只好装聋。而烟赌风气之甚，更是赣南向来已久的坏现象。历任县官，都无可如何。"③

上述材料充分说明赣南地区烟、赌、娼"三毒"的泛滥程度与土匪横行霸道的情形。

第二，农民自发"三禁"和清匪肃盗的行动和效果。对于这些祸害群众财产和生命安全的"三毒"恶习和横行霸道的土匪，群众当然很痛恨，但是群众不掌握政治资源，没有权力，只有默默地忍受。群众一旦掌握政治权力，就会奋力铲除恶习，其身上所蕴含的改造社会陋习的巨大政治能量让人惊诧。

对于农民痛恨这些恶习并努力铲除的事实，毛泽东在《湖南农民运动考察报告》中有详细记载："农民的主要攻击目标是土豪劣绅，不法地主，旁及各种宗法的思想和制度，城里的贪官污吏，乡村的恶劣习惯。"④这里明确无误地告诉我们，农民斗争的对象不仅是有形的敌人——各种剥削者，

① 曹聚仁:《蒋经国论》,人民出版社2009年版,第11页。

② 陆茂清:《蒋经国赣南三禁》,《特别关注》2015年第5期,第57页。

③ 曹聚仁:《蒋经国论》,人民出版社2009年版,第140页。

④《毛泽东选集》第1卷,人民出版社1991年版,第14页。

而且也是无形的敌人——恶习。农民不仅想进行政治革命，而且也想进行社会革命，铲除各种恶习。农民群众不仅有想法，而且只要有机会，就会将其想法付诸行动。在报告中，毛泽东详细描写了农民铲除各种恶习的行动和所取得的效果。农民在农民协会领导下总共做了14件大事，其中一些就是铲除恶习。

例如第7件：推翻祠堂族长的族权、城隍土地菩萨的神权和丈夫的男权。这些措施就是社会革命，就是移风易俗。“从前祠堂里‘打屁股’、‘沉潭’、‘活埋’等残酷的肉刑和死刑，再也不敢拿出来了。女子和穷人不能进祠堂吃酒的老例，也被打破。”[①]“许多地方，农民协会占了神的庙宇做会所。一切地方的农民协会，都主张提取庙产办农民学校，做农会经费，名之曰‘迷信公款’。醴陵禁迷信、打菩萨之风颇盛行。北乡各区农民禁止家神老爷（傩神）游香。渌口伏波岭庙内有许多菩萨，因为办国民党区党部房屋不够，把大小菩萨堆于一角，农民无异言。自此以后，人家死了人，敬神、做道场、送大王灯的，就很少了……在农民势力占了统治地位的地方，信神的只有老年农民和妇女，青年和壮年农民都不信了。农民协会是青年和壮年农民当权，所以对于推翻神权，破除迷信，是各处都在进行中的。”[②]

再如第9件：农民诸禁。“共产党领导农会在乡下树立了威权，农民便把他们所不喜欢的事禁止或限制起来。最禁得严的便是牌、赌、鸦片这三件。牌：农会势盛地方，麻雀、骨牌、纸叶子，一概禁绝……赌：从前的‘赌痞’，现在自己在那里禁赌了，农会势盛地方，和牌一样弊绝风清。鸦片：禁得非常之严。农会下命令缴烟枪，不敢稍违抗不缴……‘万岁’们不仅禁种禁吃，还要禁运。由贵州经宝庆、湘乡、攸县、醴陵到江西去的

①《毛泽东选集》第1卷，人民出版社1991年版，第31页。

②《毛泽东选集》第1卷，人民出版社1991年版，第32页。

鸦片，被拦截焚烧不少。”[①]农会除了禁牌、赌、鸦片外，为了发展生产，改善生活，还禁止唱花鼓、禁止坐轿子、禁止煮酒熬糖、限制养猪的数量、禁止养鸡养鸭、禁止丰盛酒席、禁止杀牛和禁止游民等。这些措施今天看来有些荒唐，但这是生产力落后时代的真实写照。

对于这些禁令，毛泽东予以积极评价：“这些禁令中，包含两个重要意义：第一是对于社会恶习之反抗，如禁牌赌鸦片等。这些东西是跟了地主阶级恶劣政治环境来的，地主权力既倒，这些东西也跟着扫光。第二是对于城市商人剥削之自卫，如禁吃酒席，禁买南货斋果送情等等。因为工业品特贵，农产品特贱，农民极为贫困，受商人剥削厉害，不得不提倡节俭，借以自卫。”[②]

又如第10件：清匪。“从禹汤文武起吧，一直到清朝皇帝，民国总统，我想没有哪一个朝代的统治者有现在农民协会这样肃清盗匪的威力。什么盗匪，在农会势盛地方，连影子都不见了。巧得很，许多地方，连偷小菜的小偷都没有了。有些地方，还有小偷。至于土匪，则我所走过的各县全然绝了迹，哪怕从前是出土匪很多的地方……农运一起，匪患告绝……对于禁牌、赌、鸦片和清匪，农民协会是博得一般人的同情的。”[③]可见群众发自内心拥护禁牌、禁赌、禁鸦片和清匪等行动。

由此说明，农民群众不仅痛恨这些恶习，而且只要其掌握权力，就有意愿，也有能力革除这些严重影响他们生活的恶习。

第三，扫除“三毒”，肃清盗匪。苏维埃政权是工农兵专政的政权，政府理应顺应广大群众意愿，从保卫群众健康和安全出发，剿灭横行苏区的土匪，大力扫除吸食鸦片、赌博和嫖娼等恶习，树立清新社会风气，展现社会新风貌。

①《毛泽东选集》第1卷，人民出版社1991年版，第35—36页。

②《毛泽东选集》第1卷，人民出版社1991年版，第38页。

③《毛泽东选集》第1卷，人民出版社1991年版，第38—39页。

军事上，红军或地方武装参与剿匪。红军是革命武装，不仅要反抗国民政府的反动武装，反对其军事“围剿”，而且要承担保卫地方，确保群众安全的重任。中央苏区所在区域土匪遍布，既危害群众安危，也危害苏区安宁，必须剿灭，故红军负有“解除军阀及反动派武装（如团防、民团、商团、保卫团、挨户团、保安队），武装工农，建立工农革命军”[①]的使命。《红色中华》登载了大量红军消灭团匪、靖匪的消息。如第7期的《工农红军第三军攻下上堡土围》，第11期的《红军击溃梧桐土围靖匪》，第13期的《丁陂土围已打开了》，第14期的《赖存附近土围攻下两个》和《苦竹山土围不日可下》，第15期的《杭武团匪将消灭干净》和《石城北部团匪全部消灭》等。

中央苏区红军在群众配合下，基本肃清了区域内部土匪势力，革除了匪气。《消灭团匪歌》唱道：“消灭团匪，全靠我群众，集中力量猛烈进行，打个大冲锋；活捉团总缴枪缴械，个个尽英勇，这次消灭残余团匪，与前大不同。动员群众，配合着红军，些小团匪容易肃清。只要下决心，拿起梭标鸟枪土炮，奋勇向前进，杀得敌人一鼓荡平，半个不留存。”[②]

法律上，苏维埃政府制定法律、法规，严惩赌博、贩卖鸦片的行为。中央苏区所在区域比较偏僻，革命前大多种植鸦片，致使鸦片泛滥。如，闽西永定“鸦片产量亦多”[③]，“赣南种鸦片者极多，即就兴国县而言遍地都是樱（罂）粟花”[④]。对于群众视为洪水猛兽的烟、赌，苏维埃政府当然要严厉查禁。所以，苏维埃政权建立后，各地立即查禁鸦片，禁烟、禁赌成为政府日常工作，并将禁烟、禁赌纳入法制轨道。

《中共闽西第一次代表大会关于苏维埃政权决议案》就明确规定“禁绝

① 江西省档案馆、中共江西省委党校党史教研室选编：《中央革命根据地史料选编》（下），江西人民出版社1982年版，第13页。

② 谢济堂编：《中央苏区革命歌谣选集》，鹭江出版社1990年版，第110页。

③《关于永定县政治经济情况与群众要求革命情况的报告》，1928年7月29日。

④《江西省苏维埃政府通令——限期收缴金银、纸票、烟土》（第2号），1932年5月25日。

烟赌”[1]。大会通过的《土地法令》规定：“凡耕领田地不准种鸦片及违禁品等。”[2]

1930年7月18日，闽西苏维埃政府发布《闽西苏维埃政府通告新编第二号——关于禁止烟、赌问题》宣布：

> 鸦片和赌博的害处无论谁都知道的。鸦片是帝国主义剥削中国人的金钱，损害中国人的身体的毒物，赌博是军阀、豪绅榨取贫农膏血的鬼（诡）计，所以赌博、鸦片都应严厉禁止，特别在目前革命发展时期，我们工农劳苦群众应努力革命工作，不应混在烟、赌场中过那非人的生活。我们闽西自暴动以来，对于烟、赌两项，各级政府早已悬为厉禁。但调查各城市乡村，暗中仍有私卖鸦片私开赌场，似此实有违禁令。现本政府第二次执委会决定烟、赌两项须一律严禁。各县接此通告后，希即布告，并通令所属各区乡政府一律厉行禁止，是为至要！[3]

再如，1931年5月19日颁行的《赣东北特区苏维埃暂行刑律》，第九章为“鸦片烟罪”：

> 第七十五条　制造鸦片烟或贩卖或意图贩卖而私藏或自苏区外贩卖者，处死刑至三等有期徒刑。
>
> 第七十六条　制造吸食鸦片烟之器具，或贩卖或意图贩卖而收藏或自区外贩运者，处四等以下有期徒刑。

---

① 江西省档案馆、中共江西省委党校党史教研室选编：《中央革命根据地史料选编》（下），江西人民出版社1982年版，第17页。

② 中央档案馆、福建省档案馆编：《福建革命历史文件汇集·苏维埃政府文件（一九三〇年）》，福建新华印刷厂1986年印，第59页。

③ 中央档案馆、福建省档案馆编：《福建革命历史文件汇集·苏维埃政府文件（一九三〇年）》，福建新华印刷厂1986年印，第194页。

第七十七条　开设馆舍，供人吸食鸦片烟者，处死刑至三等有期徒刑。

第七十八条　意图制造鸦片烟，而栽樱（罂）粟者，处死刑至三等有期徒刑。

第七十九条　吸食鸦片者，处一等至三等有期徒刑。

第八十条　犯本章之罪，褫夺公权。①

第十章为“赌博罪”：

第八十一条　以赌博为常业者，处一等至二等有期徒刑。

第八十二条　聚群开设赌博以营利者，处一等至二等有期徒刑。

第八十三条　聚群赌博者，处二等至五等有期徒刑。

第八十四条　发行彩票者，处死刑至二等有期徒刑。

第八十五条　造赌具处死刑至二等有期徒刑。

第八十六条　犯八十一条及八十二条、八十四条、八十五条之罪者，褫夺公权。②

可见，对待烟、赌，苏维埃政府态度严肃，惩处严厉。

1932年9月28日，《湘赣省苏维埃内务部通令（第6号）——颁发禁烟禁赌条例》：“本部为要彻底消灭吃食鸦片、赌博的恶现象，维持社会秩序，健全革命群众的身体，提交（高）农村生产，加强群众的斗争力量。特颁布禁烟禁赌条例，望各级内务部告诉广大工农群众一律遵照执行为要。此令。”③内附《禁烟禁赌条例》，条例共12条。由此可见，禁烟、禁赌是所有苏区共同的行动。

① 江西省档案馆选编:《闽浙赣革命根据地史料选编》(上),江西人民出版社1987年版,第215页。

② 江西省档案馆选编:《闽浙赣革命根据地史料选编》(上),江西人民出版社1987年版,第215页。

③ 江西省档案馆选编:《湘赣革命根据地史料选编》(上),江西人民出版社1984年版,第589页。

当然，禁烟、禁赌要取得效果，只颁布法律是不行的。国民政府也颁布过禁烟法律，但是根本没有认真实施。苏区禁烟、禁赌的态度是认真的，力求做到令行禁止。

中央苏区党政军各机关不仅动员群众参与禁烟、禁赌，反对封建迷信，而且也发动少年儿童参与禁烟、禁赌和反对封建迷信运动且效果显著。毛泽东在调查中发现："童团的工作：第一是放哨，第二是检查烟赌，第三是破除迷信打菩萨。童团查烟赌打菩萨很厉害，完全不讲人情，真正公事公办。"①

不过，这些恶习存在时间长、惯性力量大，要想根绝，还需借助舆论和教育的力量，让群众知道烟、赌、娼的严重危害。

中央苏区利用各种方式动员群众参与剿匪，宣传吸食鸦片、赌博、嫖娼的危害，形成强大舆论力量。

中国工农红军总政治部编印的《识字课本》第3册第20课"烟酒"中指出："烟酒都有刺激性，最容易伤害身体，大烟上瘾了，就使身体衰弱，不能做事，纸烟吸多了，能使肺部生毛病；酒吃多了，不但使精神错乱，举动失当，妨害工作，且更能伤害身体；所以要养身，要省钱，首先就要戒烟酒，尤其是青年人要注意。"②第21课"嫖赌"中指出："嫖娼的害处，比烟酒要甚，不但损伤自身更能遗害别人。爱嫖的人，耗钱又妨碍工作，更使身体吃亏；爱赌的人，精神衰弱，工作放弃；爱嫖爱赌的人，不但自己身体吃亏，并且大家讨厌，大家不齿。红色战斗员，绝对不要做这样的事，并且要互相监督，坚决的反对这些恶习。"③这两课内容就是宣传吸食鸦片、嗜酒和嫖娼、赌博的危害，动员战士禁烟、禁酒、禁赌和禁嫖。

上述扫除旧习、恶习的综合措施，效果立竿见影。《中国共产党闽西第

①《毛泽东军事文集》第1卷，军事科学出版社、中央文献出版社1993年版，第178页。

② 中国工农红军总政治部编印：《识字课本》第3册，福建省档案馆藏，档案编号：革命历史231号。

③ 中国工农红军总政治部编印：《识字课本》第3册，福建省档案馆藏，档案编号：革命历史231号。

二次代表大会政治决议案》指出："闽西土地革命胜利已经有了一年的历史，在这一年中工农得到了很大的胜利，社会上盗匪绝迹、烟赌肃清，生产上大大增加，真是实现了夜不闭户、野无游民的现象。"①

"夜不闭户，野无游民"是古代政治家的梦想，共产党人仅用一年左右时间就实现了这个千年梦想，不能不说是一个奇迹。

"夜不闭户，野无游民"不仅现于闽西苏区，也现于赣西南苏区。时任赣西南特委书记刘士奇在报告中说："上海这些资产阶级的狗巡捕林立，窃盗扒手、乞丐到处发现，苏维埃区域，没有一个窃盗乞丐，晚上睡着无从关门，由西南到闽西，许多农民门上贴着'夜不闭户，道不拾遗''园无荒土，野无游民'的对联，这亦是确实一种事实。"②

对于这喜人新风气，中央苏区群众高兴唱道："禁绝烟和赌，真真有好处，夜里不关门，唔用愁贼古（闽西方言，指土匪、盗贼——引者注）。"③同时，群众也情不自禁地赞道："共产社会乐如仙，禁止赌博并洋烟，两个鬼子（指'赌钱鬼''鸦片鬼'——引者注）有出路，家中牛牯有人牵。"④

（三）根除械斗、友爱互助的新风气

中央苏区相沿数年的械斗恶习，在土地革命后，也在各级党政军机关的努力下很快根除了。中国封建社会是个宗法社会，民众宗族意识强烈，而阶级意识淡薄。地主阶级往往利用宗族关系组织残忍血腥的械斗，作为操纵与压榨穷苦百姓的手段。如前所述，《彭德怀自述》中指出："不知是

① 江西省档案馆、中共江西省委党校党史研究室选编：《中央革命根据地史料选编》（上），江西人民出版社1982年版，第279页。

② 江西省档案馆、中共江西省委党校党史研究室选编：《中央革命根据地史料选编》（上），江西人民出版社1982年版，第356页。

③ 福建省龙岩地区文化局编：《闽西革命歌谣》，福建人民出版社1980年版，第119页。

④ 谢济堂编：《中央苏区革命歌谣选集》，鹭江出版社1990年版，第375页。

地主同姓的狗腿子还是受蒙蔽的群众阻拦分谷，在分谷时，就发生了械斗（赣南地主操纵的姓氏斗争很严重）。”[①]土地革命后，中央苏区相沿多年的械斗恶习被彻底根除了。

土地革命后，经过宣传，农民阶级的阶级意识觉醒了，知道贫穷不是命中注定的，而是地主阶级残酷剥削导致的。苏维埃政权建立后，地主阶级被打倒了，农民分得了土地，不再受剥削，可以自主决定命运和参与政治生活。因此，械斗的思想、阶级与经济基础消失了。

毛泽东在《湖南农民运动考察报告》中指出：“地主政权，是一切权力的基干。地主政权既被打翻，族权、神权、夫权便一概跟着动摇起来。”[②]“这些东西（鸦片、赌博等恶习——引者注）是跟了地主阶级恶劣政治环境来的，地主权力既倒，这些东西也跟着扫光。”[③]

为了发展生产，繁荣经济，中央苏区各级政府组织了耕田队、劳动互助社、犁牛合作社和消费合作社等生产、商业组织，互相帮助，共同发展生产，改善生活。与此同时，众多群众团体建立了。群众由于共同参与政治、文化和社会生活，密切了相互关系。这种情况下，即使群众间出现矛盾，党政群团各级机构，甚至是党员个人和先进分子也会及时出面进行调解，消除矛盾。毛泽东在《长冈乡调查》中描述了这种新风：“群众中，过去（暴动前）互相打骂的事，时有发生，讲口的更不少。现在，相打绝迹，讲口也减少了。过去，讲口无人解释，即使有人劝解，‘心里总不易散’。现在一讲口，便有代表出来解释，‘心里即刻散了’。现在讲口，多是那些年纪较老的同志们，他们开会较少，对革命工作不大明了。”[④]当时，中央苏区群众连“讲口”都很少，更不用说“械斗”了。因此才会出现《赤色好地方》这样的歌谣：“赤色好地方，无论哪一乡，大家称同志，

---

① 彭德怀：《彭德怀自述》，人民出版社1981年版，第127页。

②《毛泽东选集》第1卷，人民出版社1991年版，第31页。

③《毛泽东选集》第1卷，人民出版社1991年版，第38页。

④《毛泽东文集》第1卷，人民出版1993年版，第313页。

有事共相帮。”[①]这证明中央苏区的确出现了群众友好相处、互相帮助的喜人气象。这是群众邻里互帮传统良善风气在新社会的传承。

（四）婚姻自主、追求幸福的平等新风气

中央苏区党政军各机关在改造社会生活与不良习气的过程中，对妇女和儿童的解放和保护，特别值得一提。千百年来，妇女一直生活在社会的最底层，身受政权、族权、夫权和神权残酷压迫。毛泽东指出：“至于女子，除受上述三种权力的支配以外，还受男子的支配（夫权）。这四种权力——政权、族权、神权、夫权，代表了全部封建宗法的思想和制度，是束缚中国人民特别是农民的四条极大的绳索。”[②]

原本文化水平落后的客家聚居地，封建意识尤其强烈、浓厚，故妇女所受压迫更加深重。前文在论述中央苏区所在区域存在的陋习时，对妇女在婚姻上所受到的压迫有详细论述，在此再引述若干史料，以进一步证明。

中央苏区创立前，赣南、闽西广大妇女地位低下：政治上受压迫，不能参与政治生活；经济上与男子一样参加农业生产，同时还要承担所有家务活，可以说比男子更辛苦。在男尊女卑的宗法社会中，她们没有社会地位和经济自主权。正如毛泽东在《湖南农民运动考察报告》中说的那样，女子不能进祠堂吃酒。最典型的表现是女子婚姻不能自主，深受买卖婚姻、包办婚姻等恶习迫害，特别是该区域当时存在婆婆、小姑和丈夫虐待童养媳等恶习，因而广大苏区妇女，尤其是童养媳的命运极其悲惨。“在封建社会里，永定曾发生过13个大小童养媳秘密相约一起到高坡桥下跳潭自杀”[③]的人间惨剧。由于深受早婚、童养媳等婚姻恶习的危害，中央苏

① 福建省龙岩地区文化局编：《闽西革命歌谣》，福建人民出版社1980年版，第151页。

② 《毛泽东选集》第1卷，人民出版社1991年版，第31页。

③ 张雪英：《中央苏区妇女运动史》，中国社会科学出版社2009年版，第17页。

区的妇女们创作了大量歌谣控诉社会黑暗。

《封建婚姻害死人》愤恨唱道："想起封建婚姻害死人，赤毛虾子（客家方言，指婴儿——引者注）嫁给人，爷娘媒人来包办，包办婚姻害死人。"①《出世四岁卖给人》唱道："番椒子，摇不停，出世四岁卖给人，灶头高来偓（客家方言，指"我"——引者注）较矮，水桶大来偓较细，三餐食饭无上桌，餐餐食个菜碗脚，阿母呵，你咁恶！"②《妇女痛苦歌》伤心唱道："正月里来是新年，可怜妇女受熬煎，爷娘家产偓无份，当猪当牛身卖钱。二月里来是春分，今下世界唔公平，做着妇女唔自由，自己婚姻由别人。"③这些歌谣反映了中央苏区创立前，妇女家庭地位卑微的现实。

《十八女子三岁郎》痛苦唱道："十八女子嫁三岁郎，朝朝夜夜抱上床，共床睡了无话讲，心中无病也成痨！等郎妹，真凄苦，等到郎大妹老哩，等到花开花又谢，等到团圆月落哩。十五唔敢看月光，过年唔敢着新装，心中有话无人讲，一生孤枕守空房。紧想紧真紧难捱，想来想去到鸡啼，怕听人家奶喊妇，怕看当前祖公牌。"④这是"等郎妹"们共同的悲惨结局。

《后生冇夫真凄凉》凄苦唱道："后生冇夫真凄凉，夜夜睡目眠空床，半夜想起丈夫事，翻去翻转苦难当，唔得一夜到天光。后生冇夫激得凶，单只筷了唔成双，讲起钱财二不便，上求下借借唔通，叔婆伯姆许耳聋。"⑤这描述的是寡妇们的悲惨命运。

在封建社会里，深受婚姻陋习摧残的广大妇女无法挣脱封建礼教束缚，只有认命，自我哀叹。在封建礼教的束缚下，广大妇女无法争取到婚姻自

① 福建省龙岩地区文化局编:《闽西革命歌谣》,福建人民出版社1980年版,第295页。

② 福建省龙岩地区文化局编:《闽西革命歌谣》,福建人民出版社1980年版,第19页。

③ 福建省龙岩地区文化局编:《闽西革命歌谣》,福建人民出版社1980年版,第34页。

④ 谭元亨编著:《客家文化史》上卷,华南理工大学出版社2009年版,第249页。

⑤ 谭元亨编著:《客家文化史》上卷,华南理工大学出版社2009年版,第221页。

主权，只能恨恨唱道："二月里来是春分，旧时礼教太唔明，轻女重男真可痛，婚姻不由俚甘心。"①

中央苏区各级苏维埃政府创立后，立刻将妇女解放提上议事日程，采取多种手段解放妇女。

法律上，明确规定妇女和男子一样拥有选举权和被选举权，并动员妇女参加选举，参与政治生活。这些措施中，最重要的是临时中央政府及时颁布了《中华苏维埃共和国婚姻条例》。早在该条例通过前，地方苏维埃政府就已经着手废除封建婚姻制度，解放妇女。例如，《永定县第二次工农兵代表大会决议案》中"婚姻问题决议案"明确规定了结婚自由、禁止买卖婚姻、允许寡妇自由出嫁、离婚后子女原则上由夫家抚养、婢女准其自由、结婚须登记、禁止坐轿，以及准予离婚的八个条件②。

《中华苏维埃共和国婚姻条例》是在总结各地废除封建婚姻制度、婚姻自由实践经验基础上，为规范中央苏区婚姻制度、解放妇女而及时制定的。该条例于1931年11月28日，由苏维埃中央执行委员会第一次会议审议通过，定于1931年12月1日正式实行，是中国有史以来第一部实行男女婚姻自主的民主进步婚姻条例。

该条例明确规定了婚姻制度中的若干重要原则："男女婚姻，以自由为原则，废除一切封建的包办强迫和买卖的婚姻制度，禁止童养媳。"③"实行一夫一妻，禁止一夫多妻。"④与此同时，也规定了离婚自由。"确定离婚自由，凡男女双方同意离婚的，即行离婚，男女一方坚决要求离婚的，

① 谢济堂编：《中央苏区革命歌谣选集》，鹭江出版社1990年版，第31页。

② 参见中央档案馆、福建省档案馆编：《福建革命历史文件汇集·苏维埃政府文件（一九三〇年）》，福建新华印刷厂1986年印，第21—22页。

③ 江西省档案馆、中共江西省委党校党史教研室选编：《中央革命根据地史料选编》（下），江西人民出版社1982年版，第194页。

④ 江西省档案馆、中共江西省委党校党史教研室选编：《中央革命根据地史料选编》（下），江西人民出版社1982年版，第195页。

即行离婚。”[①]这意味着广大妇女从此可以婚姻自主，追求平等、幸福生活。该条例颁布和执行后，受到深受封建包办、买卖婚姻恶习之害的妇女的热烈欢迎，中央苏区一度出现了妇女主动提出离婚的高潮。这表明妇女有了平等意识，不再把自己看成男人的附庸。

婚姻条例的贯彻和执行取得了巨大成绩，毛泽东予以高度评价：“这种民主主义的婚姻制度，打碎了数千年束缚人类，尤其是束缚女子的封建锁链，建立了适合人性的新规律，这也是人类历史上伟大的胜利之一。”[②]

经济上，妇女与男子一样分到土地，学会“犁田”“莳禾”“打耙”等农活，成为名副其实的“半边天”，为妇女追求自由与平等提供了经济基础。

行政上，发布许多保护妇女和儿童的文件；组织上，各地建立改善妇女生活委员会。闽西政府曾发布关于保护婴孩事的通告：“查现在有些地方，对于初生婴孩为父母者不负责抚育，或私生的缘故不敢抚育，以致随地呱呱，随地之小生命遗弃。这种举动实极人类之残酷，更有恶毒媒人，骗钱害命尤为痛心！兹经本政府第三次常委会决议禁止遗弃婴孩。媒人骗钱者严治。特此通告。希各县政府马上出布告禁止，以保孩为要。”[③]

社会生活中，革除早婚、虐待童养媳、包办婚姻、翁姑丈夫无故打骂妇女等恶习，提倡“婚姻自由”“反对包办买卖婚姻”“反对带童养媳”“反对蓄婢纳妾”。

总的来说，苏维埃政府顺应妇女意愿，向落后封建婚姻制度发起猛烈进攻，满足了广大妇女婚姻自主，追求幸福生活的强烈要求。

婚姻条例的施行，使得早婚、虐待妇女等恶习被革除，取而代之的是

① 江西省档案馆、中共江西省委党校党史教研室选编：《中央革命根据地史料选编》（下），江西人民出版社1982年版，第195页。

②《建党以来重要文献选编（1921～1949）》第11册，中央文献出版社2011年版，第127页。

③ 中央档案馆、福建省档案馆编：《福建革命历史文件汇集·苏维埃政府文件（一九三〇年）》，福建新华印刷厂1986年印，第236页。

男女平等的新型婚姻关系。挣脱了封建婚姻制度枷锁的苏区妇女扬眉吐气，加上政治上翻身，权利意识觉醒，她们的政治潜力被激发。

获得婚姻自主权利的妇女们心生喜悦，并把这种心情融入歌谣。《牵手牵心笑连连》唱道："天上月亮滴滴圆，自由结婚唔使钱，自由结婚真正好，牵手牵心笑连连。"[①]《红军来了笑哇哇》唱道："桐子开花杈打杈，红军来了笑哇哇，拥护红军万万岁，自由结婚顶呱呱。"[②]

翻身之后的妇女们也积极参与政治生活，参加生产，努力学习文化，支持革命，甚至参加红军，上战场英勇杀敌，成为保卫苏区的重要力量。《韭菜开花》唱道："韭菜开花一杆心，剪掉髻子当红军，保护红军万万年，妇女解放真甘心。"[③]《支援红军打天下》唱道："满山羊角开红花，红区妇女学犁耙，手扶犁耙云中走，积极劳动当好家。支援红军打天下。"[④]《翻身妇女学犁田》唱道："黄牛牯来两角尖，翻身妇女学犁田，前方勇士勿挂念，后方生产来支前。"[⑤]广大苏区妇女学犁田不仅是为了当好家，更是为了支援革命。

总之，翻身后的苏区妇女真正从政治上和心理上站起来了。她们自豪地赞道："辫子剪掉庆翻身，妇女出来当红军，但愿红军万万岁，自由结婚更开心。"[⑥]

当然，废除封建婚姻制度，解放妇女，不仅受压迫的妇女们受益，那些因为贫穷而无法娶妻的农民也受益。如《救穷歌》唱道："赤色区域无愚笨，个个男女都读书，男人就有好妻子，女人就有好丈夫。"[⑦]《今个世

① 福建省龙岩地区文化局编：《闽西革命歌谣》，福建人民出版社1980年版，第121页。

② 福建省龙岩地区文化局编：《闽西革命歌谣》，福建人民出版社1980年版，第120页。

③ 尤龙、苏浩峰：《谈闽西山歌》，福建省龙岩地区文化局创作组1978年版，第33—34页。

④ 尤龙、苏浩峰：《谈闽西山歌》，福建省龙岩地区文化局创作组1978年版，第93—94页。

⑤ 危仁晸主编：《江西革命歌谣选》，江西人民出版社1991年版，第152页。

⑥ 福建省龙岩地区文化局编：《闽西革命歌谣》，福建人民出版社1980年版，第169页。

⑦ 谢济堂编：《中央苏区革命歌谣选集》，鹭江出版社1990年版，第54页。

界不相同》唱道："今个世界不相同，红旗飘飘好威风，没有阿哥打单身，没有细妹没老公。"[①]《十二月结婚歌》唱道："正月结婚是新年，文明结婚不要钱，打破买卖婚姻事，无产阶级笑连连……三月结婚是清明，无产阶级要革命，推翻一切旧世界，几多单身成了亲。"[②]

总之，"以前买卖婚姻，现在完全废除了，婚姻自由，不需金钱，但没有反动派造谣所谓公产共妻的鬼话的现象，农民要减少了许多无谓的用度"[③]。中央苏区的确出现了男女平等追求自由、幸福生活的新风气。

（五）普及体育、喜度新节的时代新风气

中央苏区党政军各机关开展现代体育运动，使用公元纪年法，设立许多新节日，倡导新生活方式，开阔民众视野，使民众适应与紧跟世界潮流，抛弃落后、保守思想，形成开放新思维。

苏维埃政府积极引入并开展现代体育运动。中央苏区原来只有古老的武术，没有现代体育运动。中央苏区许多高级干部爱好体育运动，积极参加体育锻炼，来到中央苏区后，他们把这种健康生活方式坚持下去，并有意识地加以推广。

中央苏区的体育运动可以分为军事体育运动和群众性体育运动两部分，其中群众性体育运动可继续细分为学校体育活动、群众团体体育活动、机关体育活动等。这些针对不同对象的体育活动，虽然开设项目不完全相同，但目的基本一致，都是为了增强军民体质，丰富军民业余文化生活。中央苏区体育项目特点有三：一是传统与现代相结合，既有现代项目，也有传统武术；二是因地制宜，注重实用，项目设置与个人职业相关；三是本着方便与廉价的原则，中央苏区开展体育运动的条件和基础不好，经费

① 危仁晸主编：《江西革命歌谣选》，江西人民出版社1991年版，第178页。

② 谢济堂编：《中央苏区革命歌谣选集》，鹭江出版社1990年版，第373页。

③ 江西省档案馆、中共江西省委党校党史教研室选编：《中央革命根据地史料选编》（上），江西人民出版社1982年版，第356页。

也不是很充裕，所以尽可能设置一些简单的项目，使群众能够方便参加锻炼，达到强身健体的目的。

中央苏区体育的发展有两件标志性大事：1933年5月底，中华苏维埃共和国“五卅”赤色体育运动大会隆重召开；中华苏维埃共和国赤色体育委员会成立。

中华苏维埃共和国“五卅”赤色体育运动大会由中华苏维埃共和国临时中央政府主办。为办好这次运动会，临时中央政府成立了运动筹备会，并向全国发出通电，要求各地选拔优秀运动员。运动会设置了18个项目，都是苏区以前没有的现代体育项目，如篮球、足球、排球、羽毛球、三级跳和撑竿跳等。驻瑞金各机关部队和群众代表万余人参加了开幕式，可谓盛况空前。

大会期间，中华苏维埃共和国赤色体育委员会成立，统一领导苏区体育运动，进一步推动了苏区体育事业的发展。毛泽东在第二次全国苏维埃代表大会上的报告中欣喜地说：“群众的红色体育运动也是迅速发展的，现虽偏僻乡村中也有了田径赛，而运动场则在许多地方都设备了。”[①]地处偏僻农村，见识狭隘的农民都进行体育锻炼，强身健体，充分说明了农民体育运动的发展，也表明农民在生活改善后，开始追求健康的生活方式。农民群众尚且如此，其他干部、战士等更不用说。

临时中央政府采用国际通行的公元纪年法，以跟上时代潮流，开阔群众视野，效果明显。中央苏区陷落后，上海《申报》记者陈赓雅在《赣皖湘鄂视察记》中云：“谈时若引用公历几年，帝国主义，资产阶级等类名词，其纯熟更有如数家珍。”[②]这说明公元纪年法在中央苏区深入人心。

另外，苏区政府在传统年节民俗之外，还设立了许多新节日，以纪念共产主义运动史上著名人物和重大事件及党史上重大事件。比较有名的节

① 《建党以来重要文献选编（1921～1949）》第11册，中央文献出版社2011年版，第126页。

② 陈赓雅：《赣皖湘鄂视察记》，台北文海出版社1968年版，第53页。

日有：列李卢纪念周、二七纪念、三八（妇女）纪念、三一八纪念（巴黎公社纪念）、四一二（上海惨案）及四一五（广州惨案）纪念、五一（工人）纪念、五五纪念（马克思生辰纪念日）、五七（该日日本帝国主义者霸占中国山东省）与五九（该日袁世凯承认卖国的“二十一条”）纪念、五四纪念（青年节）、五卅运动纪念、八一国际红色反帝运动日、国际青年节、十月革命纪念节和广州暴动纪念日[①]。这些节日的设立，强化了中央苏区群众反帝、反对国民政府的革命意识，同时对群众而言，也是一种新的生活方式。因为每逢节日都要举行群众性活动，如集会、游行等，增进了群众间的感情。

总之，引进和开展现代体育运动，采用公元纪年法，设置革命意味强烈的节日，对于群众养成健康生活方式、开阔视野、跟上时代潮流，无疑具有积极作用。

第三节　社会新风气迅速树立的原因

中央苏区社会新风气能够在短期内树立，不是偶然的，有着深刻的社会历史原因。大致说来，可从内因和外因两个角度进行分析。马克思主义哲学认为，事物的变化，内因是根本，外因是条件，外因通过内因起作用。

① 参见中国工农红军学校政治部编印：《政治问答》，福建省档案馆藏，档案编号：革命历史184号。

一、内部原因

（一）中央苏区社会结构发生质变的结果

中央苏区社会结构发生质变是新风气得以迅速树立最重要的原因。中央苏区的创立使该区域社会结构发生质变。在此大背景下，社会风气不能不随之发生质变。对此，毛泽东在《湖南农民运动考察报告》中有所论述："这四种权力——政权、族权、神权、夫权，代表了全部封建宗法的思想和制度，是束缚中国人民特别是农民的四条极大的绳索……地主政权，是一切权力的基干。地主政权既被打翻，族权、神权、夫权便一概跟着动摇起来。农会势盛地方，族长及祠款经管人不敢再压迫族下子孙，不敢再侵蚀祠款。"[①]"第一是对于社会恶习之反抗，如禁牌赌鸦片等。这些东西是跟了地主阶级恶劣政治环境来的，地主权力既倒，这些东西也跟着扫光。"[②]上述论断告诉我们，许多封建恶习与地主阶级压迫密切相关。一旦地主的权力被推翻，社会风气便会发生质的变化。

中央苏区创立以前，该区域的社会结构也像全国一样，是以血缘为纽带结成的宗法社会。在宗法社会里，地主阶级拥有至高无上的统治权，"绅权的根深蒂固，也常使地方官头痛"[③]。中央苏区创立后，地主阶级的统治权被推翻，工农兵专政的苏维埃政权建立了，社会结构发生质变。革命前，社会结构分为士、农、工、商四个阶层；革命后，社会结构二元对立——以工农为主体的劳动阶级和以地主为主体的剥削阶级尖锐对立。

传统社会里，"士"阶层为统治阶层，享受权利多，承担义务少；"农、

① 《毛泽东选集》第1卷，人民出版社1991年版，第31页。

② 《毛泽东选集》第1卷，人民出版社1991年版，第38页。

③ 曹聚仁：《蒋经国论》，人民出版社2009年版，第140页。

工、商”三个阶层则相反。为了固化这种政治经济上的不平等，“士”阶层通过各种礼仪、愚民政策使其他三个阶层相信他们贫穷是命中注定的，让他们放弃反抗。于是，各种陈规陋习、恶习，诸如缠足、迷信和械斗等应运而生。

革命后，社会结构二元对立。政治上，受剥削、压迫的工农阶层成为统治阶级，而作威作福的“士绅”阶层成为专政对象。经济上，广大工农群众分得土地，免受剥削，可以享受自己的劳动成果。那些与旧社会相关的陈规陋习、恶习，当然没有继续存在的理由，因此，才会出现广大群众，尤其是妇女努力学习、踊跃参与政治生活的新风气。另外，在国民政府重重军事压力下，力量弱小的苏维埃政权要想得到巩固并有所发展，中央苏区党政军各机关必须与广大群众保持密切联系，紧紧团结在一起，才能将一切力量和资源动员起来，凝成一股强大的力量与国民政府相对抗。在这种巨大的外部压力下，良好的军风、政风和民风就是凝聚人心、汇聚力量，保障中央苏区生存和发展的必要条件。

（二）中国共产党为人民服务宗旨的要求

移风易俗，树立新风是中国共产党为人民服务宗旨的要求。中国共产党建立之初，就规定：“本党纲领如下：（1）革命军队必须与无产阶级一起推翻资本家阶级的政权，必须支援工人阶级，直到社会的阶级区分消除为止；（2）承认无产阶级专政，直到阶级斗争结束，即直到消灭社会的阶级区分；（3）消灭资产阶级私有制，没收机器、土地、厂房和半成品等生产资料，归社会公有；（4）联合第三国际。”[①]这清楚地表明中国共产党就是要推翻大地主与大资产阶级专政的政权，建立无产阶级专政的政权。这当然是崇高的理想。要达成这个目标就要革命，而革命就要流血，乃至牺牲生命。故党纲第六条规定：“在党处于秘密状态时，党的重要主张和党

① 中央档案馆编：《中共中央文件选集》第1册，中共中央党校出版社1989年版，第3页。

员身份应保守秘密。”[①]这意味着，建党之初，党就知道要革命就必然有牺牲。但对于共产党人来说，为了崇高理想，他们不惧牺牲。

加入共产党的先进分子入党时要作如下宣誓：“牺牲个人，严守秘密；阶级斗争，努力革命；服从组织，永不叛党。”加入共产党后，他们也知道如何去工作：“为团体努力，作群众导师；到群众中去，到反动荆棘中去；不畏难，不怕死，不爱钱，为主义而牺牲。”

由此可知，全心全意为人民服务就是中国共产党及其领导的武装力量的根本宗旨。只有真正做到为人民服务，共产党和红军才能得到人民的支持和拥护，才能有力量，才能慢慢发展壮大。党的七大上，毛泽东在总结党二十余年奋斗历程时指出：

> 这个军队之所以有力量，是因为所有参加这个军队的人，都具有自觉的纪律；他们不是为着少数人的或狭隘集团的私利，而是为着广大人民群众的利益，为着全民族的利益，而结合，而战斗的。紧紧地和中国人民站在一起，全心全意地为中国人民服务，就是这个军队的唯一的宗旨。
>
> 在这个宗旨下面，这个军队具有一往无前的精神，它要压倒一切敌人，而决不被敌人所屈服。不论在任何艰难困苦的场合，只要还有一个人，这个人就要继续战斗下去。
>
> 在这个宗旨下面，这个军队有一个很好的内部和外部的团结。在内部——官兵之间，上下级之间，军事工作、政治工作和后勤工作之间；在外部——军民之间，军政之间，我友之间，都是团结一致的。一切妨害团结的现象，都在必须克服之列。
>
> 在这个宗旨下面，这个军队有一个正确的争取敌军官兵和处理俘虏的政策。对于敌方投诚的、反正的、或在放下武器后愿意参加反对共同敌人的人，一概表示欢迎，并给予适当的教育。对

① 中央档案馆编：《中共中央文件选集》第1册，中共中央党校出版社1989年版，第4页。

于一切俘虏，不许杀害、虐待和侮辱。①

实际上，毛泽东简明扼要地总结了红军的新军风：有信仰，作战英勇顽强，民主、平等，纪律严明，军民团结和优待俘虏。中央苏区树立的社会新风气就是中国共产党全心全意为人民服务宗旨的外在表现。

（三）中央指导正确得当、符合实际

中央苏区社会新风气的树立离不开中央的正确指导。红军建设与发展离不开中央的正确指导，中央要求红四军军委加强对红军指战员的教育。1929年12月10日，中共中央指示红四军前委："你们更应该经常的设办红军随营学校或教导队专门训练红军干部人才，不但可以解决你们的干部补充问题，而且可以帮助全国红军。"②

红军统一整编也离不开中央的指导。1930年4月24日，中央给红三、四、五军总前委发指示信："三、四、五军的总前委只是一个党的集中指导，是不够的，必然要有一军事集中的指导机关……中央指示你们立即成立总指挥部，以朱德同志为总指挥，以统一军事行动计划。"③正是根据这一指示，1930年8月23日，在湖南浏阳永和市成立了中国工农红军第一方面军，由朱德任总司令，毛泽东任总政治委员。同时宣告成立中国工农革命委员会，主席毛泽东，统一指挥苏维埃区域红军和地方苏维埃政权。这对中央苏区红军发展壮大和优良军风的形成起了重要作用。

当然，中央对苏区党组织和红军最重要的指导是《中共中央给红军第四军前委的指示信》（即九月来信）。来信指出："纠正一切不正确的倾向。红军中右倾思想如取消观念、分家观念、离队观念，与缩小团体倾向，极

①《毛泽东选集》第3卷，人民出版社1991年版，第1039页。

②《建党以来重要文献选编（1921～1949）》第6册，中央文献出版社2011年版，第689页。

③《建党以来重要文献选编（1921～1949）》第7册，中央文献出版社2011年版，第174页。

端民主化，红军脱离生产即不能存在等观念，都非常错误，皆原于同志理论水平低落，党的教育缺乏。这些观念不肃清，于红军前途有极大危险，前委应坚决以斗争的态度来肃清之。”①“前委应立即负责挽回上面的一些错误：第一，应该团结全体同志努力向敌人斗争，实现红军所负的任务；第二，前委要加强指导机关的威信，与一切非无产阶级意识作坚决的斗争；第三，前委应纠正朱毛两同志的错误，要恢复朱毛两同志在群众中的信仰；第四，朱毛两同志仍留前委工作。经过前委会议，朱毛两同志诚恳接受中央指示后，毛同志应仍为前委书记，并须使红军全体同志了解而接受。”②

九月来信对于消除红四军内部分歧，统一认识，最后促使古田会议顺利召开作用关键。古田会议是党史和军史上极为重要的会议，它的成功召开，不仅对优良党风，而且对新军风的形成至为关键。对于古田会议顺利召开的原因，亲历者萧克将军总结道：“第一，中央来信，对开好这次会议有重大的指导作用。第二，毛泽东、朱德、陈毅等坚持原则，坚持团结，做了大量政治思想工作。第三，红军自‘七大’以来，有许多新的经验和认识。第四，以总结经验和开展批评与自我批评的方法来解决问题，是好方法。这四点之中，主要还是陈毅去中央报告工作后得到中央的正确指导。”③

毛泽东在古田会议决议中也指出：“大会根据中央九月来信的精神，指出四军党内各种非无产阶级思想的表现、来源及其纠正的方法，号召同志们起来的加以肃清。”④这证明了中央指导的正确性。

①《建党以来重要文献选编（1921～1949）》第6册，中央文献出版社2011年版，第520—521页。

②《建党以来重要文献选编（1921～1949）》第6册，中央文献出版社2011年版，第522页。

③ 萧克：《朱毛红军侧记》，中共中央党校出版社1993年版，第112—113页。

④《毛泽东选集》第1卷，人民出版社1991年版，第85—86页。

（四）共产党人信仰高尚、理想崇高

中央苏区创始人和众多高级干部，如毛泽东、周恩来、刘伯承和叶剑英等都是信仰高尚、信念坚定，理想崇高远大、才智卓越的共产党人。

井冈山时期，毛泽东鼓舞战士说："我们现在力量很小，好比是一块小石头，蒋介石好比是一口大水缸，总有一天，我们这块小石头，要打破蒋介石那口大水缸！"[①]入党前，彭德怀救国救民的理想就有所显示。"何键对周磐说，彭某恐怕是共产党员。周说，是国民党左派。何说，搞个二等厘金局给他。周说，他不搞钱。"[②]"不搞钱"是彭德怀能够加入共产党的思想基础。他不仅胸怀救国救民理想，同时意志坚强。他经常说，革命不要怕吃苦，不要怕流血，不要怕牺牲，哪怕只剩下一个人，也要举着红旗干到底。彭德怀这样说，也这样做。这是他最后能够成为党和军队的卓越领导人的重要原因之一。

这些革命先辈在革命生涯中，无论条件多么艰苦，都毫无怨言，以身作则，引领中央苏区社会新风气。

中央苏区领导集体信念坚定，理想崇高，广大红军指战员也如此，他们同样吃苦耐劳，不畏牺牲。例如，陈毅安在给妻子的信中写道："我现将我的近况略略的告诉你，我天天跑路，钱也没有用，衣也没有穿，但是精神非常的愉快，较之从前过优美生活时代好多了，因为是自由的，绝不受任何人的压迫。"[③]再如，伍若兰（朱德夫人）在战斗中受伤被俘，受审时说："共产党人从来不怕死，为人民解放而死最光荣，若要我低头，除非日头从西边出，赣江水倒流。"[④]

---

①《毛泽东年谱（1893～1949）》（上卷），中央文献出版社2013年版，第218页。

② 彭德怀：《彭德怀自述》，人民出版社1981年版，第48页。

③ 江西省档案馆选编：《井冈山革命根据地史料选编》，江西人民出版社1986年版，第4页。

④《迈向伟大复兴新征程——写在南昌起义、秋收起义和井冈山革命根据地创建九十周年之际》，人民网，http://dangshi.people.com.cn/n1/2017/0907/c85037_29521358.html。

萧克总结道："大多数干部，尤其是领导人，是具有共产主义理想和信仰，有伟大的革命抱负和一定的革命经验，中国革命的低潮把他们汇集到一起，为了共同的大目标而出生入死，艰苦奋斗。"①正是有这样一个信仰高尚、信念坚定，理想崇高远大、才智卓越的领导集体和一支同样有信仰、有信念、有理想的革命队伍，中央苏区才能够迅速树立新风气。

（五）中央苏区领导人实事求是

中央苏区社会新风气能够快速形成也与毛泽东等领导人实事求是、密切联系群众分不开。

《关于若干历史问题的决议》对毛泽东实事求是的作风给予高度肯定："在第三次'左'倾路线时期中，以毛泽东同志为代表的主张正确路线的同志们，是同这条'左'倾路线完全对立的。"②毛泽东实事求是的作风有如下表现。

首先，从理论上证明为什么必须实事求是。毛泽东旗帜鲜明地反对主观主义作风。1930年5月，他在《反对本本主义》一文中，提出了一个著名论断：没有调查，没有发言权。他指出："许多的同志都成天地闭着眼睛在那里瞎说，这是共产党员的耻辱，岂有共产党员而可以闭着眼睛瞎说一顿的吗？……只有蠢人，才是他一个人，或者邀集一堆人，不作调查，而只是冥思苦索地'想办法'，'打主意'。须知这是一定不能想出什么好办法，打出什么好主意的。换一句话说，他一定要产生错办法和错主意。"③

其次，在行动上，毛泽东是大力倡导调查研究、实事求是、密切联系群众的典范。《湖南农民运动考察报告》是他历时一个多月，考察了湖南

① 萧克：《朱毛红军侧记》，中共中央党校出版社1993年版，第101页。

②《毛泽东选集》第3卷，人民出版社1991年版，第968—969页。

③《毛泽东选集》第1卷，人民出版社1991年版，第109—110页。

湘潭等五个县的农民运动之后的成果。

无论是在井冈山，还是在中央苏区，毛泽东一贯重视调查研究，密切联系群众，撰写了许多著名调查报告，有力地推动了革命事业的发展。

关于调查研究的重要性，毛泽东体会深切：

> 我做了四个月的农民运动，得知了各阶级的一些情况，可是这种了解是异常肤浅的，一点不深刻。后来，中央要我管理农民运动。我下了一个决心，走了一个月零两天，调查了长沙、湘潭、湘乡、衡山、醴陵五县。这五县正是当时农民运动很高涨的地方，许多农民都加入了农民协会。国民党骂我们“过火”，骂我们是“游民行动”，骂农民把大地主小姐的床滚脏了是“过火”。其实，以我调查后看来，也并不都是像他们所说的“过火”，而是必然的，必需的。因为农民太痛苦了。我看受几千年压迫的农民，翻过身来，有点“过火”是不可免的，在小姐的床上多滚几下子也不妨哩！
>
> 不过，在当时我对于农村阶级的结合，仍不是十分了解的。到井冈山之后，我作了寻乌调查，才弄清了富农与地主的问题，提出解决富农问题的办法，不仅要抽多补少，而且要抽肥补瘦，这样才能使富农、中农、贫农、雇农都过活下去。假若对地主一点土地也不分，叫他们去喝西北风，对富农也只给一些坏田，使他们半饥半饱，逼得富农造反，贫农、雇农一定陷于孤立。当时有人骂我是富农路线，我看在当时只有我这办法是正确的……
>
> 贫农与雇农的问题，是在兴国调查之后才弄清楚的，那时才使我知道贫农团在分配土地过程中的重要性。①

彭德怀率部在湘赣边活动时发现，“江西受盲动主义影响比较少些，群

---

①《毛泽东文集》第2卷，人民出版社1993年版，第379—380页。

众比较容易发动和组织”[1]。群众对红军极其友好：“七两团和直属队撤出平江，转移到东乡龙门集结，沿途农民热烈慰劳和欢迎，喊口号、唱歌不绝。农村房屋虽然大部被烧毁，但农民还是尽量让出房子，给红军宿营，不使自己的军队露营淋雨（农民对红军的称呼，我是第一次听到）。在群众热情鼓舞下，军队情绪饱满。”[2]《关于若干历史问题的决议》也指出了这一点：“江西革命根据地的红军在这个时期内不但没有受到损失，反而……得到了发展。”[3]至于朱德务实、密切联系群众和艰苦朴素的亲民作风，也有许多事迹。三个典型的例子是：买米留钱、和红军战士下山挑粮、衣着朴素使人误认为他只是一个“伙夫头”。

由于毛泽东等人作风务实、亲民，江西革命根据地才能逐步发展壮大，中国共产党决定将中央苏区建在江西不是偶然，而是经过慎重考虑的。

二、外部原因

（一）共产国际一些指导切合实际

中央苏区良好社会风气的树立也跟共产国际的正确指导有关系。虽然共产国际在指导中国革命过程中犯过很多错误，但是客观地讲，共产国际的一些指导也是切合实际的，毕竟，革命具有某些共性。

比如，共产国际对中国革命性质的界定准确。大革命失败后，“左”倾盲动主义在党内大肆蔓延并一度取得支配地位，中央不顾革命力量还比较弱小的实际情况，指令党的地方组织在全国各地盲目发动暴动：“总之，我党现时的政策是号召工农民众反对军阀的战争，工农民众武装暴动推翻

① 彭德怀：《彭德怀自述》，人民出版社1981年版，第108页。

② 彭德怀：《彭德怀自述》，人民出版社1981年版，第107页。

③《毛泽东选集》第3卷，人民出版社1991年版，第960页。

一切种种的统治军阀；建立工农兵士贫民代表会议（苏维埃）的政权；以发动群众，实行群众的革命独裁，创造群众的工农革命军，来实行暴动，从抗租抗税的斗争中领导农民自动手没收地主的土地财产，杀戮豪绅，一直到暴动；从工人日常经济斗争中扩大阶级的工会组织，直接的群众行动反对资本家，一直到武装暴动。”[①]中央甚至提出了混淆民主革命和社会主义革命界限的错误口号，但绝大多数起义和暴动都失败了，无数同志牺牲。对此，周恩来承认说：“我们没有搞懂什么是起义。这是盲动主义。我们不懂农民暴动的作用和意义。只是斯大林对我们说，要利用农民暴动来建立红军。”[②]

这一现象引起共产国际的重视。大革命失败后，白色恐怖笼罩中国。在这种情况下，共产国际将党的领导人召集到莫斯科，指导召开党的六大。大会指出了中国革命的性质、动力和任务：“中国革命现在阶段的性质是资产阶级性的民权主义革命，如认中国革命目前阶段为已转变到社会主义性质的革命，这是错误的，同样，认为中国现时革命为‘无间断革命’也是不对的。”“因此，资产阶级性的民权革命阶段之中的动力现在只是中国的无产阶级和农民。”“推翻帝国主义及土地革命是革命当前的两大任务。（一）驱逐帝国主义者，完成中国的真正统一；（二）彻底的平民式的推翻地主阶级私有土地的制度，实行土地革命，中国的农民（小私有者）要将土地制度之中的一切封建束缚完全摧毁。”[③]为着完成这两大任务，必须建立苏维埃。“中国革命现在资产阶级性民权主义的阶段上的第三个任务，已经就是力争建立工农兵代表会议（苏维埃）的政权，这是引进广大的劳动群众参加管理国事的最好的方式，也就是实行工农民权独裁

---

①《建党以来重要文献选编（1921～1949）》第4册，中央文献出版社2011年版，第606页。

② 转引自姚金果、陈胜华编著：《共产国际与朱毛红军（1927—1934）》，中央文献出版社2006年版，第60页。

③《建党以来重要文献选编（1921～1949）》第5册，中央文献出版社2011年版，第377、378、377页。

制的最好的方式。”[①]

党的六大对革命性质、动力和任务的定性，对毛泽东等领导人坚持革命，形成优良工作作风具有重要指导意义：“六次大会的政治路线和组织路线是十分对的；革命的现时阶段是民权主义而不是社会主义，党的目前任务是争取群众而不是马上武装暴动……但是在同时，农村斗争的发展，小区域苏维埃的建立，红军之创造与扩大，亦是帮助城市斗争，促进革命高潮的条件……因为半殖民地中国的革命，只有农民斗争不得工人领导而失败，没有农民斗争发展超过工人势力而不利于革命本身。”[②]这说明毛泽东等人能在艰苦环境下，实事求是地开展革命工作、坚持斗争，使赣南、闽西革命根据地波浪式向前发展，与党的六大对革命性质、动力和任务的定性准确分不开。

在具体政策和党内民主生活方面，共产国际的许多指示是正确的，以下列举几例。

对工商政策的指示：“苏维埃区域的经济政策上，党应当避免过早的办法，不应当实行那些只会使农民群众离开我们指导的办法。可以放任商业的自由，暂时不要禁止土地的买卖，不要实行集中供给，不要限制境内商业和调节物价，当然，这要除出特殊的例外（盐，煤油）。这种例外办法，一定要是境内人民自己所要求的，是为着军事上的必要或者反对投机和怠工的。”[③]

对红军绝对领导的指示：“必须完全保障党对于红军的指导和监督——红军对于革命斗争的继续开展，应当有极伟大的作用呢。红军应当变成真正全体平民的军队。”[④]

---

①《建党以来重要文献选编（1921～1949）》第5册，中央文献出版社2011年版，第378页。

② 江西省档案馆、中共江西省委党校党史教研室选编：《中央革命根据地史料选编》（中），江西人民出版社1982年版，第70—71页。

③ 中央档案馆编：《中共中央文件选集》第6册，中共中央党校出版社1989年版，第586页。

④ 中央档案馆编：《中共中央文件选集》第6册，中共中央党校出版社1989年版，第587页。

对苏维埃选举的指示："妇女得与男子有同样的选举权。……无论如何须保障苏维埃的无产阶级与雇农的骨干。在工人，雇农与苦力的人数没有到选举的法定数目的场合下，也必须使他们有自己的代表参加苏维埃。"①

对苏维埃工作进行监督的指示："为使苏维埃不致变为官僚机关及其工作不至与群众隔阂起见，必须使苏维埃的工作在劳动群众的眼前与监督之下进行，尽量吸收劳动者参加苏维埃工作。"②

对党内民主生活的指示："在扩展自我批评的时候，一定要注意不破坏党的秘密原则，要使自我批评成为国际和中央路线而斗争的工具，而不要恶劣化为个人或偶然的无原则的争论。"③

对党员进行教育和搞好新闻宣传工作的指示："在党内应当进行最严重的教育工作……中央必须采取办法建立地方党报，各省与各县的党报，至少须经常的印发各种传单……在组织党的刊物发行机关时，必须而且应当事先看到，有大量的党员尤其无党的工人群众不识字……要做到这一点必须组织特别的读报的小组，责成识字的党员个人对于不识字的党员与表同情的工农分子，讲解党的刊物的内容。"④

由此可见，基于革命诸多共性问题，共产国际在指导党推进革命、建立苏维埃政权、政府选举和其他具体工作方面的诸多指示是符合实际的。这些指示在中央苏区贯彻落实后，确实对中央苏区群众积极参政、监督苏维埃、努力学习和读书看报等新风气的树立发挥了指导作用。

（二）受苏联良好社会风气影响

中央苏区红军新军风的形成，与向苏联红军学习分不开。

"红军不同于旧军队，主要是党的领导和政治工作在军队中有了一定的

① 中央档案馆编：《中共中央文件选集》第6册，中共中央党校出版社1989年版，第617页。
② 中央档案馆编：《中共中央文件选集》第6册，中共中央党校出版社1989年版，第618页。
③ 中央档案馆编：《中共中央文件选集》第6册，中共中央党校出版社1989年版，第602页。
④ 中央档案馆编：《中共中央文件选集》第6册，中共中央党校出版社1989年版，第598—599页。

基础。列宁领导的苏联红军的政治工作当时对我们很有影响。在广东战争和北伐战争中，有共产国际的代表和中国共产党的参与，在军队中设立了党代表和政治机关，开展革命政治工作，使官兵之间、军民之间大体上得到团结，这是中国军队有史所没有的。”[①]建立红军政治工作制度、设立政委就是向苏联学习的结果。

对此，毛泽东也承认：“国民党的军队本来是有大体上相同于今日的八路军的精神的，那就是在一九二四年到一九二七年的时代。那时中国共产党和国民党合作组织新制度的军队……那时军队有一种新气象，官兵之间和军民之间大体上是团结的，奋勇向前的革命精神充满了军队。那时军队设立了党代表和政治部，这种制度是中国历史上没有的，靠了这种制度使军队一新其面目。一九二七年以后的红军以至今日的八路军，是继承了这种制度而加以发展的。”[②]而“军队设立党代表和政治部”是苏联军队首创的。

另外，中央苏区流行的星期六义务劳动，更是直接向苏联学习的结果。张闻天亲自率领中央政府各部组织“礼拜六义务劳动组”，由部领导任组长分赴各地帮助红军家属和孤寡老人耕地、除草、挑水、种菜和砍柴等[③]。

至于当时苏联人民积极、乐观和宁愿自己节衣缩食也要优待东方战友的国际主义精神，《蒋经国回忆录》中有很多描述。中央苏区很多领导都曾在苏联学习过，苏联社会的良好风气，对他们的言行具有重要的影响。

本章小结：中央苏区能够在短期内培育和树立起社会新风气不是偶然的，而是内外原因综合促成的，具有历史必然性。党所培育和树立的新风气符合群众利益，所以得到群众发自内心的支持和拥护。中央苏区的社会

① 萧克：《朱毛红军侧记》，中共中央党校出版社1993年版，第104页。

②《毛泽东选集》第2卷，人民出版社1991年版，第380页。

③ 参见傅克诚主编：《苏区干部好作风》，中国方正出版社2007年版，第74页。

新风气主要表现为民主守纪、拥政爱民的新军风，勤政廉洁、踊跃参政的新政风，努力生产、积极进取的新民风，学习文化、提高素质的新学风，文明健康、平等互助的新社风。这些健康文明、积极向上的新风气代表着社会风气发展的正确方向，具有强大的生命力，是不可战胜的。

第四章　中央苏区社会新风气的形成模式和特征

中央苏区创立后，以马列主义为指导，参照苏联政权模式，建立了苏维埃政权，实行新的政治、经济、文化、教育和新闻宣传措施。这些措施使中央苏区社会形态、结构和社会环境发生了质变，整个社会充满朝气，完全不同于中央苏区建立前萎靡不振的社会，为中央苏区社会生活注入许多新的、积极元素，为中央苏区社会新风气的培育与确立提供了前提条件。

在此基础上，中央苏区社会生活发生了根本性变化。共产党人通过移风易俗运动，革除了社会生活中诸多旧习气，树立了文明健康、积极向上的新风气。与此同时，在社会风气"破旧立新"的过程中，中央苏区党政军各机关遵循社会风气变迁一般规律，综合使用各种方法，促使社会风气革新成效显著。

第一节　中央苏区社会新风气的形成模式

《百年中国社会风习寻脉》中提出了社会风气变迁的模型（见图4-1）。

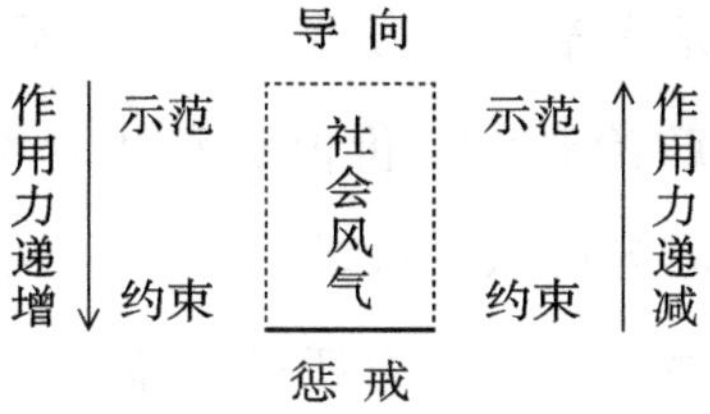

图 4-1　社会风习匡正模型

该模型认为，社会风气变迁主要有四种力量：第一是导向，第二是示范，第三是约束，第四是惩戒①。笔者认为，这个模型存在缺陷。它主要从社会内部角度来考虑社会风气变迁，忽视了社会外部因素。在传统农业社会，世界各民族或国家相互孤立，互不交往，这个模型具有一定的合理性。近代以来，资本主义国家到处进行殖民扩张，世界各民族或国家不管自觉与否都先后卷入世界一体化进程中。因此，这个模型应该将外部因素，即向先进国家学习等考虑进去才比较符合历史实际。很多时候外部因素的影响非常重要，不容忽视。

一、虚心学习移育新风气

纵观人类文明交流史，可以发现文明间的交流与互鉴虽然早就存在，但以前不是很频繁。到了近代，文明间的交流与互鉴才日益频繁。当然，文明间的交流与互鉴情况复杂：有的平等，有的野蛮；有的以输出为主，有的以学习为主，有的兼而有之。

近代工业革命以来，西方国家技术和物质文明发展迅速。与此同时，西方文化逐渐发展成为掠夺性的强势文化，西方民主、自由、平等等思想、观念和制度，开始向全世界传播。在这个历史过程中，古老中国的传统农耕文明大大落后于西方工业文明。鸦片战争以来，面对国家屡战屡败，一再割地赔款的绝境，仁人志士一直在努力向西方学习，试图改变国

① 参见冷树青等:《百年中国社会风习寻脉》,社会科学文献出版社 2016 年版,第 2—3 页。

家悲惨命运。学习路径是先学习西方的器物，然后逐渐发展到学习西方的科学技术、思想文化、政治制度、价值观和社会风气等。“在特定的历史条件下，由于世界各民族各国家的政治、经济、文化发展水平的差异，国家和民族间社会风气对他方的影响力还是有差别的。有些民族和国家处于向别国输出社会风气为主而采用外来风气为辅的地位，而另一些国家和民族则处于采用外来风气为主而影响别国风气为辅的地位。”①比如，辛亥革命前后，民主、自由、平等等西方观念一度在中国广为流行，就是以孙中山为代表的资产阶级民主派向西方学习的结果。

在中央苏区移风易俗，树立社会新风气的过程中，共产党人虚心向苏联、欧美国家学习，模仿并移育新风气，做到洋为中用。

第一，马克思主义先进理论指引中央苏区新风气建设。

从鸦片战争到五四运动近八十年间，无数仁人志士一直在探索使国家独立、民族解放和发展之路。毛泽东指出：“自从一八四〇年鸦片战争失败那时起，先进的中国人，经过千辛万苦，向西方国家寻找真理。洪秀全、康有为、严复和孙中山，代表了在中国共产党出世以前向西方寻找真理的一派人物。那时，求进步的中国人，只要是西方的新道理，什么书也看。”②“帝国主义的侵略打破了中国人学西方的迷梦。很奇怪，为什么先生老是侵略学生呢？中国人向西方学得很不少，但是行不通，理想总是不能实现。”③由此可见，学习效果并不理想。

国家独立，民族解放的历史重任落到了无产阶级及其政治代表中国共产党的肩上。十月革命的爆发，启发了最先觉悟的陈独秀和李大钊等人。毛泽东说：“中国人找到马克思主义，是经过俄国人介绍的。在十月革命以前，中国人不但不知道列宁、斯大林，也不知道马克思、恩格斯。十月

①郑仓元、陈立旭：《社会风气论》，浙江人民出版社1996年版，第146—147页。
②《毛泽东选集》第4卷，人民出版社1991年版，第1469页。
③《毛泽东选集》第4卷，人民出版社1991年版，第1470页。

革命一声炮响，给我们送来了马克思列宁主义。十月革命帮助了全世界的也帮助了中国的先进分子，用无产阶级的宇宙观作为观察国家命运的工具，重新考虑自己的问题。走俄国人的路——这就是结论。”[①]最先觉悟的中华民族先进分子群体在共产国际的帮助下，将马克思主义作为指导思想，成立了中国共产党。这样，中国社会形态和社会风气的质变与进步才有了组织基础和思想基础。

中国共产党是由工人阶级和中华民族最先觉悟的优秀分子组成的政治组织，这决定了其是最善于学习的政治组织。在领导中国革命的过程中，中国共产党如饥似渴，虚心学习马列主义并付诸实践。党在各革命根据地大力宣传马列主义，积极倡导新价值观、新道德观，培育社会新风气。“当一个政治、经济、文化发展水平较高的民族或国家被发展水平较低的民族或国家当作学习、仿效的对象时，前者的社会风气也有可能较容易地成为后者的采用随从对象。”[②]

毛泽东曾说：“共产党人的一切言论行动，必须以合乎最广大人民群众的最大利益，为最广大人民群众所拥护为最高标准。”[③]简单说就是全心全意为人民服务。

由此可见，马克思主义是共产党的指导思想，它指引着中央苏区新风气的建设。如果没有马克思主义科学理论，就不会有共产党的创立，自然就不会有中国革命运动，也就不会有中央苏区的创立，中央苏区社会新风气的建设也就无从谈起。客观来说，中央苏区时期，党处于幼年时期，还不善于将马克思主义理论中国化，创立符合国情的革命新理论，所以也曾犯过错误，造成党的作风严重不纯，使革命几乎陷入绝境。

第二，红军的政委和政治工作制度是学习苏联红军的结果。

①《毛泽东选集》第4卷，人民出版社1991年版，第1470—1471页。

② 郑仓元、陈立旭：《社会风气论》，浙江人民出版社1996年版，第147—148页。

③《毛泽东选集》第3卷，人民出版社1991年版，第1096页

上文讲过，红军政委的设立和政治工作制度的建立是向苏联红军学习的结果。设立政委和建立政治工作制度不仅对红军树立新型军风作用关键，而且对其他优良社会风气的形成同样作用关键。

“苏联红军作为世界上第一支社会主义国家的武装力量，从其建立之初就不可避免地带有与新制度、新体制相适应的特点……政治上，军队政党化，阶级化是尤为突出的特点……具有这种政治特色的军队的出现，是世界军事史上的首创。”①这种首创表现在两个方面。“首创性的第一个表现，就是一个政党即布尔什维克党，成为武装力量的绝对领导者。布尔什维克党是苏维埃社会主义制度的创建者，也是这一制度的唯一政治代表。它对维护这一政治制度负有无可推卸的责任。”②贯彻这一原则就是在部队设立政委，作为党在军队的代表，以贯彻党的路线、方针与政策。《苏联武装力量》中指出：“到1918年底，政治委员制的影响已经遍及红军的所有兵团和部队。”③

“首创性的第二个表现，是武装力量建设严格贯彻阶级原则。与西方国家强调武装力量的国家性、民族性不同，苏维埃政权在着手建立武装力量时，公开宣布遵循阶级原则，强调按照阶级划分选择武装力量的成员，突出苏维埃军队的阶级性质。”④列宁的讲话和苏联的多部法律确认了这一原则。“我们的军队是由优秀分子组成的，是由觉悟的农民和工人组成的。”⑤

毛泽东也认同：“工人干部增加了，政治委员制度普遍建立了，红军掌握在可靠的指挥者手中。”⑥

① 军事科学院世界军事研究部编：《世界军事革命史》中卷，军事科学出版社2012年版，第981页。

② 军事科学院世界军事研究部编：《世界军事革命史》中卷，军事科学出版社2012年版，第981页。

③ 苏联国防部军事历史所编：《苏联武装力量》，战士出版社1981年版，第71页。

④ 军事科学院世界军事研究部编：《世界军事革命史》中卷，军事科学出版社2012年版，第982页。

⑤《列宁全集》第35卷，人民出版社2017年版，第76页。

⑥《毛泽东军事文集》第1卷，军事科学出版社、中央文献出版社1993年版，第339页。

对此萧克有详细论述：“他（叶挺）要求部队‘严格执行三不’（不拉夫、不扰民、不筹款），要求军官不要用‘三金’（金戒指、金牙、金丝眼镜）装饰，不准连长吃空饷，各连官兵出席连党部会议，密切了军民关系和官兵关系。”[①]“廖乾五是共产党员参加广东战争和北伐战争杰出的政治工作人员之一”[②]，“他领导政治工作人员‘沿途宣传，无微不至，随处与民众谈话’‘人民之疑虑尽失，由惊避怨恨而欢迎欢送’”[③]。这是从官兵关系和军民关系角度描述政治工作对优良军风形成的关键作用。

国民革命军领导也高度评价政治工作。第四军苏联顾问戈烈夫说：“‘作战方面最可靠的那些军，恰恰是政治工作特别强的那些军’，‘在国民革命军中最强的是第十二师政治部……十二师政治部无论在本师对战士的教育方面，或在居民中间成立种种社会组织方面，都真正进行了远大的工作，战士们不是表面上而是实际上懂得了为什么而战。十二师所到之处，群众都组织起来’。”[④]反共的张发奎也承认：“政治工作起很大作用”[⑤]，是在“荒田上通过政治工作不辞辛苦的努力之后，居然获得了很好的收获”[⑥]。

由此可见，强有力的政治工作对军队优良军风的形成作用关键。红军不仅继承了重视军队政治工作的做法，而且虚心学习并进一步完善。

第三，中央苏区有不少社会新风气源自苏联，或者是向苏联学习的结果。

比如，中央苏区很多节日的设立就是模仿苏联的结果。列李卢纪念周、八一国际红色反帝运动日、国际青年节、十月革命纪念节，毫无疑问源自

① 萧克:《朱毛红军侧记》,中共中央党校出版社1993年版,第177页。

② 萧克:《朱毛红军侧记》,中共中央党校出版社1993年版,第179页。

③ 萧克:《朱毛红军侧记》,中共中央党校出版社1993年版,第179页。

④ 转引自萧克:《朱毛红军侧记》,中共中央党校出版社1993年版,第180页。

⑤ 转引自萧克:《朱毛红军侧记》,中共中央党校出版社1993年版,第180页。

⑥ 转引自萧克:《朱毛红军侧记》,中共中央党校出版社1993年版,第180页。

苏联。设立这些节日是为了纪念国际共运史上的重要事件和人物。

中国革命史上重要事件纪念日的设立，则是模仿苏联的结果。例如，二七纪念节、四一二纪念节、四一五纪念节、五卅运动纪念节和广州暴动纪念日。

星期六义务劳动日是苏联首先创立的，苏区星期六义务劳动日的普遍推行更是向苏联学习的结果。中央苏区民谣《礼拜六义务劳动》就是对这种新风气的描述，民谣中唱道："礼拜六，礼拜六，干部汗水浸肩头，担担灰粪送农家，穷人心里乐悠悠。"①。

另外，中央苏区诸多体育项目也是在苏联学习过的领导人努力学习与模仿的结果。

二、正面宣传培育新风气

"社会风气的最基本、最一般的含义，是指在某种社会心理的驱动下或某种价值取向的引导下，表现出的一种普遍流行的社会行为，是直接外化或体现社会意识的客观活动，是社会历史态势的指示器。"②这意味着社会风气既有意识成分，也有行为成分，是在意识指导下的行为。因此，要培育一种新风气，首先要从宣传新思想、新理念和新价值观入手，形成强大的舆论氛围和力量，促使群众自觉养成新行为模式，进而发展为新风气。中央苏区成立前后，共产党利用一切宣传手段和形式，大力宣传共产主义新思想，倡导和践行为人民服务的新价值观，奉献、平等与互助的新道德观，努力培育新风气。

① 危仁晸主编:《江西革命歌谣选》,江西人民出版社1991年版,第142页。

② 郑仓元、陈立旭:《社会风气论》,浙江人民出版社1996年版,第3页。

（一）利用新闻出版物，培育新风气

如前所述，中央苏区新闻出版业极为繁荣，各级党政军群团共创办了100多种报刊。这些报刊及时刊发体现新思想、新价值观和新道德观的法律、政令、文件、通知和布告等，登载权威评论，及时报道和褒扬社会中涌现的新人、新事和新风，也大力鞭挞不良旧习，树立正确舆论导向，为社会风气变迁指明正确方向。其中，《红色中华》《红星》在宣扬新思想、倡导新观念、培育新风气方面作用显著，是培育社会新风气的舆论主阵地。

《红色中华》"不仅以大量版面刊登苏维埃中央政府的重要法律，法令和文告，刊登对苏区具有重要指导意义的社论和评论，同时还及时报道苏维埃中央政府召开的重要会议和一些重要事件的内容；并且刊登不少对苏区工作有普遍指导意义的先进单位的典型事迹和经验，以及揭露批评苏区党政机关不正之风的重要文章、报道"[①]。

《红星》也发挥了重要作用。第一，是"红军党的工作指导员"，及时报道党中央和苏维埃中央政府、中革军委、红军总部作出的关于军事斗争和红军建设的重大战略部署和方针政策；第二，是"一架大无线电台"，及时报道红军的战斗情况和胜利消息；第三，是红军的"政治工作的讨论会"，从各个侧面全面反映红军党的建设、青年工作、政治工作、群众工作、教育训练、文化娱乐等方面的情况，总结交流经验，指导部队建设；第四，是红军部队的"一面大镜子"，不留情面地揭露红军中存在的官僚主义、消极怠工、贪污浪费等不良现象，批评时敢于碰硬，既敢于批评普通战士，也敢于批评高级领导干部；第五，是"红军的俱乐部"，开设"军事测验""军事常识""卫生常识""问题征答"等栏目，深受红军战士

① 余伯流、凌步机：《中央苏区史》，江西人民出版社2001年版，第814页。

喜爱[1]。

中央苏区其他报纸、杂志在培育新风气方面也起了重要作用。

（二）利用教育、文化娱乐等活动培育新风气

苏区教育不仅要教会儿童、文盲（尤其是妇女、战士）读书认字，而且要通过教育，启发他们的阶级觉悟，将新思想、新价值观和新生活方式传播给他们，培育新风气。中央苏区流行的文艺活动，如戏剧、山歌巧妙地融入这些新元素，在潜移默化中培育了新风气。至于其他形式，如传单、墙报等，也是宣传新思想、新观念、新道德，培育新风气的重要载体。

如《中央苏区戏剧集》收录的74个剧本，大多“生动形象地宣传了党和苏维埃政府的主张和政策，颂扬了苏区的光明世界，鞭挞和揭露了国民党反动统治的黑暗和丑恶，使苏区戏剧起到了宣传群众、教育群众、团结群众、打击敌人，支持苏维埃政权和红军战争的巨大作用”[2]。

中央苏区最受欢迎、最流行的歌谣也是如此。如果从题材角度看，中央苏区歌谣可以归纳为十类：号召工农群众起来反抗压迫与剥削、开展土地革命；歌唱红色政权、歌唱新生活；歌颂妇女解放、妇女新生活；歌颂党和革命领袖；歌唱红军、拥军优属；反映红军反“围剿”斗争的胜利；扩大红军队伍；瓦解敌军；表现苏区青年男女爱情生活；反映儿童生活[3]。这些歌谣同样起到了团结人民、教育人民、打击敌人的作用。

总之，中央苏区通过宣传，使共产党倡导的新思想、新理念、新价值观和新道德观深入人心，为培育新风气打下了思想基础。

① 参见余伯流、凌步机：《中央苏区史》，江西人民出版社2001年版，第819页。
② 余伯流、凌步机：《中央苏区史》，江西人民出版社2001年版，第835页。
③ 参见余伯流、凌步机：《中央苏区史》，江西人民出版社2001年版，第839页。

三、以身作则引领新风气

中央苏区新风气能够快速树立，离不开各级干部以身作则、率先垂范，引领新风气。

在特定政治制度和体制框架内，领袖的个人品质、思想、价值取向虽然不会对社会风气状况起决定性作用，却可以通过下面三种渠道深刻影响社会风气：一是政治领袖基于偏好的行为影响社会风气，二是政治领袖个人品格影响社会风气，三是政治领袖的主张和价值取向影响社会风气[①]。

（一）高级干部以身作则、率先垂范，引领新风气

在中央苏区新风气的形成过程中，中央苏区各级干部，尤其是领袖集体和高级干部起了示范作用。毛泽东等领袖和众多高级干部都是坚定的马克思主义者，他们不仅品德高尚、才智卓越、胸怀远大抱负，而且严于律己、率先垂范、勤政爱民，用实际行动引领中央苏区廉洁的清新政风。

毛泽东是中华苏维埃共和国主席，苏区军民敬仰的领袖。他严于律己，生活俭朴。例如，他习惯夜晚工作，按规定可点三根灯芯（菜油灯），可他始终只点一根灯芯以节约经费；他带头遵守红军的“三大纪律八项注意”。1929年初，他率军在大柏地与追踪之敌鏖战时，作出“买东西先留条，后结账”的决策，绝不损害百姓利益。

朱德是红军总司令、中革军委主席，却被战士们亲切地称为“大兵”“慈母”。他爱兵如子，深夜补好战士扔掉的烂草鞋，又悄悄放回去。战士们情不自禁地在《我们的好军长》中唱道：“军长象大兵，领我们练刺杀……红军战士酣如雷，朱德就下营房，给我们补衣裳，军长象慈母，为

① 参见郑仓元、陈立旭：《社会风气论》，浙江人民出版社1996年版，第185页。

我们盖被子。兵爱老军长，温暖我心房。”[①]他也像毛泽东一样带头遵守红军的“三大纪律八项注意”，绝不做损害百姓利益的事。

为从经济上扼杀中央苏区，国民政府对中央苏区实行物质禁运，尤其是严禁食盐输入，导致中央苏区食盐供应紧张，军民身体虚弱。周恩来夜以继日工作，加上缺盐，身体很虚弱，但他不顾虚弱的身体，坚决制止工作人员偷偷在他吃的菜里多放盐，坚持与大家同甘共苦。

中央苏区党政军其他高级干部，如张闻天和刘少奇等也严格要求自己，与军民同甘共苦。

（二）基层干部勤政廉洁、忠心为民，引领新风气

正是由于“毛泽东、朱德、周恩来等中央领导人，在这方面率先垂范，为苏区干部好作风的形成和苏区廉政建设，作出了光辉的榜样”[②]。榜样的力量是无穷的，中央苏区高级干部率先垂范，地方领导也自觉效仿，涌现出了无数作风优良的好干部、优秀领导集体。前文所述刘启耀是地方好干部的杰出代表；优秀领导集体有模范县兴国县、模范乡长冈乡和才溪乡等。

兴国县创造了党员干部十带头的好风气：“政治学习带头、军事训练带头、执行勤务带头、参军参战带头，遵纪守法带头，购买公债带头、节省粮食带头、优待红属带头、发展生产带头和移风易俗带头。”[③]兴国县的工作，受到毛泽东的充分肯定和高度称赞，他号召苏区干部向兴国县学习，以造成“几十个兴国县”，作为“巩固的阵地”。

兴国县是县域模范工作代表，乡域模范工作代表是江西长冈乡和福建才溪乡。毛泽东专程到这两个乡进行调查，并写了《长冈乡调查》和《才

①《汀江红旗颂——闽西革命根据地大合唱》，人民音乐出版社1981年版，第15—16页。

② 余伯流、凌步机：《中央苏区史》，江西人民出版社2001年版，第924页。

③ 余伯流、凌步机：《中央苏区史》，江西人民出版社2001年版，第939页。

溪乡调查》两篇调查报告，总结了这两个乡在政治、经济、军事、文化和社会生活等方面的工作做法和成绩，并把它们的经验推广到全苏区。毛泽东“郑重称赞他们的工作为‘苏维埃工作的模范’，因为他们与群众的关系十分密切，他们的工作收得了很大的成效”①，同时“号召全苏区几千个乡一齐学习这几个乡，使几千个乡都如同长冈、才溪、石水一样，成为争取全中国胜利的坚强的前进阵地”②。

由于领导集体以身作则、勤政爱民、廉洁奉公，中央苏区出现军民关系、军政关系和谐的新风气，形成了廉洁政府。因此，中央苏区群众会发自内心地称赞：“‘红军共产党什么都想到了！’‘政府工作人员真正顾乐（爱惜的意思）我们！’”③这个评价是群众对中央苏区良好军民关系的最好诠释。

四、内外监督塑造新风气

中央苏区党政军各机关通过建章立制、内外监督，塑造新风气。在党政军各级领导干部带头践行新价值观、新理念和新道德观的同时，由于旧习气的巨大历史惯性等原因，还是有干部存在官僚主义作风，贪污、腐败现象时有发生，故必须建立“一套富有权威、行之有效的监督机制”④。中央苏区主要从体制内外两方面监督和约束各级领导干部的言行，塑造新风气。

（一）建章立制，从体制内进行监督，塑造新风气

要想从内部监督和约束党员干部，督促他们约束自身言行，切实按照

①《毛泽东文集》第1卷，人民出版社1993年版，第277页。

②《毛泽东文集》第1卷，人民出版社1993年版，第340页。

③《毛泽东文集》第1卷，人民出版社1993年版，第310页。

④ 余伯流、凌步机：《中央苏区史》，江西人民出版社2001年版，第914页。

党的宗旨办事，严格执行党的路线、方针和政策，努力践行新价值观、新道德观，塑造新风气，就必须建章立制，将监督与约束制度化。为此，中央苏区设立专门监督机构、建立监督机制，并颁布相关法律、法规。具体而言有司法监督、党政监督和审计监督三种。

以司法监督为例。第一，设立监督机构。"苏维埃政府还建立一整套司法机构，基本形成了较为完整的司法组织系统。在中央，设立司法人民委员部、国家政治保卫局、工农检察院和最高法院；地方设有裁判部、国家政治保卫分局、工农检察部；军队设有军事裁判所。"[①]第二，颁布相关法律、法规。中央苏区相关机构先后颁布《关于检查苏维埃政府机关和地方武装中的阶级异己分子及贪污腐化动摇消极分子问题》《怎样检举贪污浪费》《继续开展检举运动》和《关于惩治贪污浪费行为》等法律、法规。第三，建立监督工作机制，主动发现线索与发动群众监督相结合。"建立巡视制度与检查工作制度，检查地方苏维埃的工作，消灭官僚主义、贪污腐化和消极怠工。"[②]

监督机构和机制建立后，中央苏区党政军各部门主动与贪污、浪费和官僚主义等不良习气作斗争。如，"1934年1月，在江西瑞金召开的第二次全国苏维埃代表大会上，中央政府正式发布训令：要在红色革命根据地的区、县、省及中央苏维埃政权机关内，开展一次反贪污、反浪费、反官僚主义的惩腐肃贪运动；苏维埃各级监察机关要密切配合群众，发挥监察部门的作用，搞好检举控告贪污受贿、堕落腐败分子的工作"[③]。为了发动群众参与监督，1933年12月5日《红色中华》发表社论，号召苏区广大党员干部、群众都行动起来，与贪污浪费、官僚腐败作无情的斗争[④]。

① 中共中央党史研究室编：《中国共产党历史》第1卷（上册），中共党史出版社2002年版，第456页。

② 陈挥、王关兴：《中国共产党反腐倡廉史》，上海人民出版社2011年版，第19页。

③ 陈挥、王关兴：《中国共产党反腐倡廉史》，上海人民出版社2011年版，第16页。

④ 参见：《节省经济与开展反浪费斗争》，《红色中华》第132期，1933年12月5日。

（二）发动群众，从体制外进行监督，塑造新风气

中央苏区群众在党政军各机关外部监督党员干部，约束与规范他们的言行。群众的眼睛是雪亮的、力量是巨大的。一旦群众的权利意识被唤醒，只要有机会和合适渠道，他们就会发挥主人翁意识，批评旧习气、不良作风，督促党员干部改掉旧习气、不良作风，养成好风气、好作风，更好地为群众做好事。当然群众也会表扬社会中涌现的新人、新事、新风气。中央苏区相关政府部门也是真心希望群众监督自己，做好工作。《红色中华〈发刊词〉》表明了这一点："第一要组织苏区广大工农劳苦群众积极参加苏维埃政权。这不但要引导群众对于自己的政权，尽了批评、监督、拥护的责任，还要能热烈地参加苏维埃政权的工作，了解苏维埃国家的政策、法律、命令及一切决议，能运用自己的政权，达到镇压反革命的阶级，实现自己阶级的利益与要求。第二要指导各级苏维埃的实际工作，纠正各级苏维埃在工作中的缺点与错误。目前改造苏维埃，特别是建立乡苏维埃，以及纠正过去土地革命及现时肃反工作的非阶级路线，对于经济政策的忽视与错误等都成为目前建设苏维埃的急要工作，须要以自我批评的精神，检阅工作中的成功与缺点，找出正确的方法，指示各级苏维埃有计划有日程地进行工作，以建立巩固而有工作能力的苏维埃政权。"①

体制外监督主要有舆论监督和群众监督两种方式。

中央苏区党政军各机关重视并充分发挥新闻媒体在反腐倡廉方面的舆论监督作用，如《红色中华》《红星》《青年实话》和《苏区工人》等在舆论监督方面发挥了良好的作用。《红色中华》设有"突击队""红板"和"黑板"专栏，分别登载揭露各级党政军机关及工作人员官僚主义、贪污浪费等消极腐败现象的稿件，表扬稿件和批评稿件；《红星》设有"铁锤"和"自我批评"专栏，分别刊登批评红军部队和军事机关存在的各种不良

---

①《发刊词》，《红色中华》第1期，1931年12月11日。

现象和作风、被批评单位和个人写的自我批评稿件；《青年实话》设有“轻骑队”专栏，《苏区工人》设有“批评与指导”和“反对贪污腐化”专栏，刊登相关批评报道。这些中央苏区著名报刊在监督党政军各机关及工作人员遵纪守法、克服不良工作作风、养成优良作风方面发挥了龙头作用。其他报刊也都设有各种批评专栏。由此可见，中央苏区新闻媒体把监督机关及工作人员的作风视为自己的职责。正是这些新闻媒体强大的舆论监督，中央苏区各种贪污腐败、官僚主义等消极现象和不良习气，根本无处藏身，从而有利于新风气的培育与树立。

群众监督的主要举措有：对不称职的代表，选民们有权将他们撤换；苏维埃政府在工农检察部设立控告局，建立工农通讯员队伍，经常组织“突击队”和“轻骑队”进行明察暗访、突击检查等。

五、惩恶褒善匡扶新风气

在革命形势向前发展的情况下，革命队伍中也可能会混入一些品行不端、动机不纯之人，他们“参加革命的目的不是为人民谋利益，而是为个人谋私利，因而常成为政府中的腐败分子”[①]；社会生活中的赌博、迷信、买卖婚姻、虐待妇女等恶习，必须及时革除。

历史证明，恶行得不到惩处，善行得不到嘉奖，道德建设便无根基，社会便难树新风气。要革除恶习，树立文明健康、积极向上的新风气，不仅需要党和政府的强有力支持，而且需要发动群众积极参与“破旧立新”的社会革命运动，同时还需要建立奖惩分明的机制。

（一）严惩腐败，遏制旧风气蔓延

中央苏区建立后，政府系统一些部门和个别工作人员程度不同地出现

① 陈挥、王关兴：《中国共产党反腐倡廉史》，上海人民出版社2011年版，第16页。

了铺张浪费、贪污受贿、挥霍公款、官僚主义等不良行为，严重背离了党的宗旨和党倡导的价值观。为防止上述不良政风蔓延，中央苏区最高领导机关毅然掀起反贪风暴：“先后查处了四起贪污腐败大案要案，在中央苏区开了‘杀戒’，引起极大震动，充分展示了党和苏维埃政府反腐肃贪的决心。”[①]中央苏区不仅“坚决查处大案要案，而且对其他贪污浪费行为，也予以坚决查处。仅据《红色中华》揭露并受到查处的各类贪污浪费案件，就有数百起之多”[②]。

中央苏区对消极腐败现象始终保持清醒的头脑，常抓不懈，加上群众监督，形成了强大反贪污腐败舆论氛围，“在中央苏区，凡经发现的贪污腐败分子和贪污浪费行为，都像‘过街老鼠’一样，没有藏身之地”[③]。中央苏区强有力的反贪腐行动，遏制了贪污腐败、官僚主义等消极、丑恶现象的蔓延，造就了中央苏区清新、廉政的新风气。

（二）褒扬善行，大力弘扬新风气

对于中央苏区出现的新人、新事和新风，政府及时予以褒奖，匡扶新风气。典型事例是前述的苏区政府及时隆重嘉奖兴国长冈乡妇女耕田队队长和苏区劳动模范李玉英，奖品是两头水牛、一条围裙。

关于牛的重要性，毛泽东指出：“牛。这是农民的宝贝。‘杀牛的来生变牛’，简直成了宗教，故牛是杀不得的……农会起来后，权力管到牛身上去了，禁止城里杀牛。”[④]因此，苏区政府这一奖励举措极大地激发了苏区妇女学犁田、莳田的积极性，既促进了农业生产，也有助于社会新风气的树立与传播。

---

① 余伯流、凌步机：《中央苏区史》，江西人民出版社2001年版，第906页。

② 余伯流、凌步机：《中央苏区史》，江西人民出版社2001年版，第913页。

③ 余伯流、凌步机：《中央苏区史》，江西人民出版社2001年版，第914页。

④《毛泽东选集》第1卷，人民出版社1991年版，第37页。

第二节　中央苏区社会新风气的特征

一、中央苏区社会风气变迁是“破旧立新”，是质变

中央苏区所树立的新风气代表了社会风气变迁的正确方向。社会风气是社会意识的外化表现，本质上属于社会意识系统[①]。社会风气也像社会意识一样具有两重性：一方面具有相对稳定性，另一方面又具有变化性。社会风气变迁的历史表明：“社会风气是异常活泼、变化剧烈的社会意识，它随着社会制度的根本变革，往往发生大的、根本性的、革命性的变化，即使在社会制度不变的情况下，也会产生变化。”[②]中央苏区社会风气的变迁就属于这种根本性的、革命性的变化。

中央苏区创立后，推翻了地主阶级剥削与压迫农民阶级的封建制度，实行工农兵专政的民主制度。政治上，采用“工农民主专政”，实行“工农兵代表大会制度”，劳动人民有史以来第一次当家作主，摆脱了政治上受人统治的地位；经济上，剥夺地主土地和财产，无偿分配给贫苦农民，真正做到了“耕者有其田”；理念上，中国共产党人践行“全心全意为人民服务”的价值观，秉持“人民利益至上”的理念，倡导平等、奉献的道德观。与此同时，中央苏区文化教育、婚姻等社会生活方面的制度也发生了革命性的变化。

上述新制度的建立，促使中央苏区社会形态发生转型，由半封建社会

① 参见郑仓元、陈立旭：《社会风气论》，浙江人民出版社1996年版，第7页。

② 郑仓元、陈立旭：《社会风气论》，浙江人民出版社1996年版，第68页。

转变为工农民主专政的社会。在社会形态发生根本变革的背景下，中央苏区社会风气也随之发生根本性、革命性变化，呈现“破旧立新”的特点，呈现出民主平等的趋势、文明健康的态势、积极进取的精神风貌、蓬勃向上的朝气和强大的生命力，代表了社会风气变迁大趋势，是质变。因此，中央苏区社会风气变迁比此前社会风气变迁要深刻、广泛得多。

客观地讲，鸦片战争以来，由于政治、经济和文化思想等原因，社会风气并非一成不变，也是有所变迁的。比如，洋务运动以后，社会上曾经出现趋新、求变等新风。但是，这种社会风气变迁是不彻底的，是量变。

中央苏区社会风气的质变表现在中央苏区创立后，在各级党政军机关和广大军民共同努力下，党风、军风、政风、文风、民风和社风都焕然一新，完全不同于创立前落后、颓废的社会风气。苏区社会风气的历史进步性，即使极端仇视共产党、视共产党为“匪”的国民党要人和国民政府也不得不承认。除前述陈诚对中央苏区整洁卫生表示由衷赞叹外，中央苏区沦陷后，国民政府瑞金县政府在其编撰的《瑞金县志》中写道：“赤化时，烟赌两项，可谓全被禁绝。”①

总之，中央苏区社会风气变迁中呈现的“破旧立新”的特点，其根本性、革命性的变化，是百年社会风气变迁历史进程中的第一次，代表了社会风气文明健康、积极向上的进步总趋势，这是中央苏区社会风气变迁的独特之处。

二、中央苏区社会风气变迁全面而广泛

中央苏区社会风气变迁涉及军事、政治、经济、文化、教育、宗教、社会生活和精神娱乐生活等各个领域，是全方位的，它影响了中央苏区所有阶级和阶层，不同阶级、阶层主动或被动地参与了这个过程，他们的生

① 民国《瑞金县志》，第215页。

活无不因受到影响而发生深刻改变。

近代以来，中国社会风气也发生过一些变迁。晚清时期出现奢靡之风、逐利之风、崇洋趋新之风、自主婚姻之风、重商之风和改良之风①。民国初期出现了摒弃旧习、追求时髦之风，追求民权、反对禁锢之风和维护国权、民族至上的爱国之风②。晚清和民国初期社会风气变迁有一个显著特点就是严重不平衡，即这些新风气往往仅涉及个别领域或特定的人群，或者部分地区。但是，中央苏区社会风气变迁是全面而广泛的，涉及所有领域、所有阶级和阶层。

三、中央苏区社会新风气虽然脆弱，但生命力强大

中央苏区沦陷后，其所在区域出现了新旧风气并存的错综复杂态势，表明新风气具有得人心与脆弱性两重属性。一方面，中央苏区新风气由于文明、健康、积极向上而深得人心，受到百姓拥戴。故在沦陷后，在极其险恶的环境下，中央苏区时期流行的新风气依然在军民间以秘密的形式继续传承。另一方面，苏维埃政府的综合实力要弱于南京国民政府。特别是此时共产党尚处于幼年时期，理论上，缺乏将马克思主义中国化的理论自觉性；实践上，经验不多，还未掌握中国革命的规律，无法提出系统而成熟的理论，结果导致路线和策略出现严重错误。加上临时中央政府少数核心领导人在军事理论与路线上的错误，极大削弱了力量，最后导致中央苏区沦陷，新风气赖以存在的政治与经济制度不复存在。中央苏区沦陷后，国民政府不仅恢复旧制度，而且对百姓进行残酷报复、血腥镇压和野蛮统治，于是曾经根除的旧习、恶习又流行开来。这表明新风气具有脆弱性，证明了郑仓元等人的论断：“没有政治制度作保障，那么某种社会风气即

① 参见冷树青等：《百年中国社会风习寻脉》，社会科学文献出版社2016年版，第27—44页。

② 参见冷树青等：《百年中国社会风习寻脉》，社会科学文献出版社2016年版，第59—63页。

使形成了也可能是短暂的、脆弱的。”①

中央苏区沦陷后，尽管环境险恶，广大群众依然信仰坚定，怀念和信赖共产党和红军，冒着生命危险以各种方式掩护和支援留在根据地坚持游击战争的共产党人和红军游击队。游击队则发扬民主、务实的作风，严守纪律，竭尽所能保护群众利益，展现了良好的党群关系、干群关系，深厚的军民鱼水情和相互帮助的阶级情谊，表明中央苏区新风气虽然具有脆弱性，但由于新风气符合群众的利益，顺应了民主文明、平等进步的大趋势，因而具有强大生命力。

中央苏区沦陷仅仅十余年后，中国共产党就领导中国人民胜利完成了救亡图存、推翻三座大山的伟大使命，建立了中华人民共和国，很快涤荡了旧社会的“污泥浊水”，中华大地再次出现了政通人和、风清气正的社会新风气，受到严厉压制乃至一度几乎消失的中央苏区时期的进步新风气终于战胜落后旧风气，迎来了全面胜利时刻。这绝非偶然，有学者认为中国苏维埃区域的社会变动是“中共成功地完成对半殖民半封建的中国社会的革命性变革，建立中华人民共和国的前期演练”②。

本章小结：中央苏区社会风气的变迁模型是：虚心学习移育新风气，正面宣传培育新风气，以身作则引领新风气，内外监督塑造新风气，惩恶褒善匡扶新风气。中央苏区社会风气在建设和变迁过程中，呈现出“破旧立新”、全面而广泛和虽然脆弱但生命力强大的特征。

---

① 郑仓元、陈立旭：《社会风气论》，浙江人民出版社1996年版，第180页。

② 何友良：《中国苏维埃区域社会变动史》，当代中国出版社1996年版，第302页。

第五章　中央苏区社会风气建设中的历史局限

事物都是一分为二的，具有两面性。中央苏区在社会领域移风易俗，促使社会风气出现“破旧立新”的局面，呈现出文明健康、积极向上的发展趋势。但由于苏维埃政权建立和存在时间不长，旧风气的强大惯性力量和新生政权工作人员工作经验不足等原因，中央苏区社会风气建设中还是存在历史局限：旧风气残余还程度不同地存在；婚姻制度在发生革命性进步的同时，一度出现男女关系混乱的不良风潮；特别是以博古为首的临时中央进驻苏区后，强行在苏区全面推行“左”倾路线，使得教条主义和形式主义工作作风“流毒全党”[①]，败坏党风，危害严重。关于第三次“左”倾路线对革命事业、对党风造成的严重危害、表现及原因，《关于若干历史问题的决议》中有详细分析。“全党必须加强马克思列宁主义的思想教育……以达到进一步地养成正确的党风，彻底地克服教条主义、经验主义、宗派主义、山头主义等项倾向之目的。”[②]这表明教条主义等各种形式的主观主义必然败坏党风，历史研究者应客观指出中央苏区社会风气建设中的历史局限。

①《毛泽东选集》第3卷，人民出版社1991年版，第990页。

②《毛泽东选集》第3卷，人民出版社1991年版，第998页。

第一节　历史局限的表现

一、旧习、恶习还存在残余

社会风气不是孤立存在的社会现象，“本质上仍然属于社会系统的文化子系统，是社会心理、社会意识形式或狭义文化的外围层次，同时也是整个社会有机体的最表层结构”[①]。“有什么样的社会心理和社会意识形式，因而有什么样的文化，也就会有什么样的社会风气；社会心理和社会意识形式发生了变化，因而文化发生了变化，社会风气也会相应地发生变化。”[②]

但社会风气不仅与文化密切相关，而且与价值观密切相关。价值观是“主导社会理想信念和社会风气的内在灵魂”[③]。在新文化和新价值观的普及过程中，中老年人的价值观变更殊为不易，需要较长时间。中央苏区创立前，该区域长期盛行的是封建文化和以“三纲五常”“男尊女卑”为核心的封建价值观。中央苏区存在时间较短，面积相对狭小且被白区包围，深受白区影响，加上国民政府的污蔑和欺骗宣传，新文化、新价值观、新道德观和新风气要在短期内完全取代旧文化、旧价值观、旧道德观和旧风气，绝非易事。因而，中央苏区旧习乃至恶习还程度不同地存在着。

---

① 郑仓元、陈立旭：《社会风气论》，浙江人民出版社1996年版，第164页。

② 郑仓元、陈立旭：《社会风气论》，浙江人民出版社1996年版，第165页。

③ 郑仓元、陈立旭：《社会风气论》，浙江人民出版社1996年版，第46页。

（一）旧习、恶习的残余还在影响群众生活

吸鸦片、迷信、打骂与虐待妇女等旧习、恶习，由于积习久远与浓厚，具有强大历史惯性，中央苏区存在时间短，共产党又只是局部执政，短期内难以彻底根除这些旧习、恶习。

旧婚姻制度中的旧习、恶习还残存。“比如宁都等地的买卖婚姻、强迫婚姻及童养媳现象依然存在，打骂妇女也很普遍。”[①]“甚至有些区，仍发生忽视妇女工作现象，所以执行婚姻条例的工作，一般地说来，是不彻底的。如赖村等区，打骂阻止妇女开会做工作和虐待童养媳的怪事也仍保有的。”[②]更严重的是出现了妇女服毒自尽、由离婚引起的杀夫杀妻等事件：“一、特委根据太平区最近的事变（三个劳动妇女为不堪家娘封建的束缚，服毒自杀）及闽西各地的实际情形（如妇女因封建束缚，不好参加斗争和开会……），认为封建的束缚是阻碍着闽西广大劳动妇女群众斗争的障碍。”[③]“自赣西南第一次工作代表会议提出离婚结婚绝对自由后，一般得男女亦是闹得很热烈……但是宣传工作不充（分）有些地方弄出许多不好的现象，如兴国杀夫杀妻的惨剧……另一方面封建势力尚有不少的残余障碍，封建思想充满了人们的脑海，支配了人们的行为。”[④]

迷信现象也没有完全消失。毛泽东在《长冈乡调查》中指出：“去年以来，老婆太敬神（装香供饭、求神拜佛）的完全没有了，但‘叫魂’的每村还有个把两个……但有些老婆太，虽不敢公开敬神，心里还是信神，这些人多属没有儿子的。”[⑤]

① 王予霞等：《中央苏区文化教育史》，厦门大学出版社1999年版，第176页。

② 中央档案馆、江西省档案馆编：《江西革命历史文件汇集：一九三二年(二)》，中共江西省委办公厅印厂1993年印，第200页。

③ 中央档案馆、福建省档案馆编：《福建革命历史文件汇集·团组织文件(一九二八年——一九三一年)》，福建新华印刷厂1985年印，第307页。

④ 江西省妇女联合会等编：《江西苏区妇女运动史料选编》，江西人民出版社1982年版，第15页。

⑤《毛泽东文集》第1卷，人民出版社1993年版，第314页。

吸食鸦片方面，文献也有若干记载。“上杭、长汀、新泉都有区委负责人偷吃的现象。”[①]永新也有“少数党员吸大烟赌钱”[②]。《红色中华》时常登载新入伍的士兵中，有不少人由于吸食鸦片、身体不合格而被退回地方的报道。《红色中华》第36期有《突击队：道士烟鬼也当红军?》的报道：“黄陂区第四乡，有个没有分田的吃鸦片道士，在家里找不到出路，这次该乡政府吸收他来当红军。”[③]作者认为这样做是在破坏红军队伍。

（二）官僚主义等不良政风乃至匪气等旧习没有绝迹

官僚主义等不良政风有很长历史，要想短期内根除比较困难。《红色中华》设有“突击队”等栏目，登载了大量的文章，专门鞭挞这些旧习。第40期登载了熊珍写的《贪污与腐化》，描述了宜黄县东陂区苏裁判部部长李衣录由于在吴村区苏任财政部部长期间侵吞互济会救济公款，才被调到东陂区苏任裁判部部长。到了东陂区苏后，利用职权公开欺负妇女[④]。再如第59期登载了《盗用公款的贪污分子》《两个腐化的医生滚出去》和《扫除官僚主义者》三篇短文。《扫除官僚主义者》讲述了中央邮政总局前局长赖少亮负责总局工作后，不仅消极怠工，而且对下属态度恶劣、官僚主义作风严重，虽然其被撤职，但是作者认为应该向一切官僚主义者开火，把官僚主义者和贪污腐败分子从苏维埃机关中完全扫除出去。

对于政府部门的不良政风，毛泽东在《兴国调查》中作了简单总结：第一，是官僚主义，摆架子，不喜欢接近群众。第二，是没收了反动派的东西，不发与贫民，拿了卖钱。第三，是调子女到政府办事。第四，这是

① 黄道炫：《张力与限界：中央苏区的革命：1931～1934》，社会科学文献出版社2011年版，第139—140页。

② 黄道炫：《张力与限界：中央苏区的革命：1931～1934》，社会科学文献出版社2011年版，第139页。

③ 陈子球：《突击队：道士烟鬼也当红军?》，《红色中华》第36期，1932年10月16日。

④ 参见熊珍：《贪污与腐化》，《红色中华》第40期，1932年11月14日。

最大的一项，就是强奸民意[①]。毛泽东的这个总结未必全面，却证明了中央苏区各级政府部门还存在着官僚主义、形式主义和贪污腐化等不良政风。

对一些地方武装的匪气，相关党史文献中也有所反映。1932年10月7日，《中共安远县委工作报告》中指出：“（3）游击情形：⑤……后再进攻石背之石口，反动派被攻下，不分阶级，屠杀抢一场。⑥……进入一营，因指挥动摇，并抢食物，发谣风，动摇退出。⑦最近有北四区武装，动员三百多人，进攻洋田坑，被我们攻下后，士兵乱放火烧屋，已把他严重指出错误，给他警告。”[②]《中共会昌县委十、十一两月工作报告》：“3.……这调来的一部份，因为不是完全自愿的，兼之平时没有教育训练与党的领导薄弱，所以开到边区，不到几天，就有整连整队的开小差，并且不听指挥，不守纪律，到白区乱抢东西则是普遍的发现。”[③]

《中共闽粤赣省委关于消灭团匪与土匪问题给各级党部指示信》指出：“相反的，我们有时还要做出一些脱离群众，给予反动派更扩大反革命影响的行动（如有些地方的游击队地方武装打到了白区，便乱抢，乱捉人，牵牛，以及提出土匪家属不分田，扣留土匪家属……）。这无怪乎群众要和土匪一起拿长筒火炮来打我们（如吴家坊、温坊），群众说土匪和红军差不多（吴家坊一带）。”[④]

中央文件也指出：“地方武装在数量上却不少，但一遇到作战不是事先逃跑，大半就是一闻枪声向后溃散，更严重的在赤区边境内乱抢乱拿群众

① 参见中共中央文献研究室、中国井冈山干部学院编：《毛泽东在中央革命根据地斗争时期的调查文集》，中央文献出版社2010年版，第185页。

② 中央档案馆、江西省档案馆编：《江西革命历史文件汇集：一九三二年（二）》，中共江西省委办公厅印厂1993年印，第134—135页。

③ 中央档案馆、江西省档案馆编：《江西革命历史文件汇集：一九三二年（二）》，中共江西省委办公厅印厂1993年印，第367页。

④ 福建省档案馆、广东省档案馆编：《闽粤赣边区革命历史档案汇编》第1辑，档案出版社1987年版，第224页。

的东西，实等于土匪行动。这是苏维埃政权下绝对不允许有的事，在客观上是帮助反革命对苏区进攻的自杀行为。”①

“土匪和红军差不多”“实等于土匪行动”的评价出自省委乃至中央文件，说明少数地方武装确实作风恶劣，匪气严重。但这只是极个别现象。

对待军队中存在的匪气，国共两党态度截然不同。由于国民党的阶级属性，其军队的匪气不仅没有根除而且越来越严重；相反，共产党不仅态度严厉，予以“警告”，而且指出其客观上是帮助反革命对苏区进攻的自杀行为。不同态度决定了两支军队的不同命运：前者失去民心而走向失败，后者赢得民心而走向成功。

二、婚姻制度改革初期的不良风潮

废除封建包办、买卖等旧婚姻制度，实行婚姻自由新制度，对中央苏区广大妇女而言，意味着解放。但是，旧婚姻制度使得中央苏区男女之间的婚姻关系比较复杂，如存在妻妾同在情况，加上这是一项复杂、全新的工作，以及在新婚姻制度施行初期，各级苏维埃政府都缺乏工作经验，因此出现了男女关系一度混乱的不良风潮。

例如，第20期《红色中华》登载了《壬田区政府成为老公介绍所》的文章：“瑞金壬田区的妇女与丈夫离了婚，就到区政府去住和吃饭，等找到新丈夫后，由新丈夫到政府□□（原文模糊——引者注）饭账。如此壬田区的政府成为老公的介绍所。”②当然这非个别现象：“尤其是找爱人的工作比一切的工作都紧张，造成了找爱人的高潮。各县都一样，尤其是机

① 江西省档案馆、中共江西省委党校党史教研室选编：《中央革命根据地史料选编》（下），江西人民出版社1982年版，第210—211页。

② 月林：《壬田区政府成为老公介绍所》，《红色中华》第20期，1932年5月25日。

关的同志。”[①]

旧婚姻制度没有赋予妇女任何自由权，所以一旦新婚姻制度允许男女都享有婚姻自由，便一下子打破了原来几乎没有爱情基础的复杂婚姻家庭关系，使得中央苏区出现了一阵“一讲口就离婚”[②]的不良风潮。

毛泽东在《寻乌调查》中客观地指出了当时婚姻关系的乱象：“芳田赤卫队队长曾家勋原有一个老婆，后来又勾到人家一个女子……同时和她们的男性青年朋友（对乡的）恋爱的行为逐渐有了许多，在山上公然成群地‘自由’起来……因为发生捉奸的事，反对捉奸的群众就去干涉，结果几乎弄成械斗……有老婆又新找一爱人的差不多每个乡村都有，老婆们就群起反对。政府在这种情形之下，来了一条相反的法律。今年二月县革委会扩大会，对‘贞操问题’决议：‘已结婚之男女，不准与另一男女发生性交，私奸者严办’……城郊一乡跑了十几个妇人，她们的老公跑到乡苏维埃去哭诉。乡苏维埃在老公们的迫切要求之下出了一张告示，上面说道：‘一般青年男女，误解自由，黑夜逃跑，纷纷找爱。原配未弃，新爱复来。似此养成，似驴非驴，似马非马，偷偷摸摸，不伦不类……’”[③]

毛泽东在长冈乡调查时也发现：“约百分之一的妇女，暴动后四年半中结过三次婚。秘密恋爱的，暴动前约占百分之五十，暴动后减少至百分之十，今年更减少了。这是因为，一分了田，二离婚结婚自由，三则革命工作忙。”[④]

这种情况显然不正常，因此才有“要正确的自由，不要流氓的自由，不要一讲口就离婚”[⑤]的说法。

---

① 中央档案馆编：《闽粤赣革命历史文件汇集（一九三〇年——一九三一年）》，北京新华印刷厂1984年印，第18页。

②《毛泽东文集》第1卷，人民出版社1993年版，第313页。

③《毛泽东文集》第1卷，人民出版社1993年版，第240—242页。

④《毛泽东文集》第1卷，人民出版社1993年版，第313页。

⑤《毛泽东文集》第1卷，人民出版社1993年版，第313页。

当然，这不是中央苏区婚姻制度变革中的主流，而且这种不良风气很快被克服了。由于宣传工作及时到位，群众认识深入了，各级政府也积累了工作经验，婚姻乱象很快得到解决："婚姻问题妇女已有认识，多数不至乱找爱人……（不致发生）反对丈夫当红军而自己乱找爱人。"①

三、"左"倾教条主义者败坏党风

中央苏区社会风气建设中最严重的历史局限是第三次"左"倾路线严重败坏了中央苏区后期党风。党风被败坏是以博古为首的临时中央进驻中央苏区后，在苏区全面贯彻执行王明制定的所谓"进攻的国际路线"的错误政治路线的结果，"临时中央因为白区工作在错误路线的领导下遭受严重损失，在一九三三年初迁入江西南部根据地，更使他们的错误路线得以在中央所在的根据地和邻近各根据地进一步地贯彻执行"②。为强行推行这条路线，第三次"左"倾路线鼓吹者不惜采取"官僚主义、家长制度、惩办主义、命令主义、个人英雄主义、半无政府主义、自由主义、极端民主主义、闹独立性、行会主义、山头主义、同乡同学观念、派别纠纷、耍流氓手腕等，破坏着党同人民群众的联系和党内的团结"③。第三次"左"倾路线的教条主义作风表现在思想理论、政治路线、组织路线、军事路线与军事指挥、经济工作、社会工作和统战工作等方方面面。

中国国情与苏联国情不一样，因此不能简单照搬照抄苏联革命经验，不能机械执行共产国际决议，共产党人需要在革命实践中努力使马克思主义中国化，创立符合中国国情的革命理论，并找到符合国情的革命道路。但以王明为首的留苏学生不明白这个道理，他们有革命热情，也反帝反封

① 福建省妇联妇运史研究室、福建省档案馆编：《福建省妇女运动史料汇编》第2集，内部发行1982年版，第79页。

②《毛泽东选集》第3卷，人民出版社1991年版，第966页。

③《毛泽东选集》第3卷，人民出版社1991年版，第995—996页。

建，并熟读马列著作，自以为掌握了真理。然而，他们不仅是“没有实际革命斗争经验的犯‘左’倾教条主义错误的同志”[①]，而且他们的理论和实际脱离，他们的领导方法和群众脱离。

王明等人回国后，自以为是，自高自大，夸夸其谈[②]，自信地认为“半部《论语》可以治天下，这么多马列主义的书还不能治中国。自以为了不起”[③]。故王明才会狂妄地说：“中国的党自建立以来一贯幼稚，不懂马列。苏区的人更不懂，他们什么也不晓得，一贯右倾，搞富农路线……我们要把党从上到下加以改造。”[④]可是艰苦而残酷的革命斗争，很快暴露了其书生弱点。比如，王明被捕后，惊慌失措，为了活命竟然泄露党的秘密，这让他在党内的威信一落千丈。

不过，在米夫一手操控下，在中共六届四中全会上，王明由一名党的普通干部火箭般地蹿升为党的最高领导人，“开创了共产国际代表粗暴干涉中国党内事务的恶劣先例，也开创了我党历史上违背党章和破坏民主集中制的先例，激化了党内矛盾，引起了党的纠纷和混乱，加剧了党内斗争与分裂，从而为王明‘左’倾错误路线统治中央达四年之久开辟了道路”[⑤]。《关于若干历史问题的决议》中指出：“这次会议的召开没有任何积极的建设的作用。”[⑥]

（一）教条主义“流毒全党”

临时中央在全国苏区强行推行所谓的“进攻的国际路线”，机械执行共产国际决议，这种教条主义作风，表现在思想作风、理论作风、政治作风

①《毛泽东选集》第3卷，人民出版社1991年版，第961页。

② 参见：《毛泽东选集》第3卷，人民出版社1991年版，第988页。

③ 戴茂林、曹仲彬：《王明传》，中共党史出版社2008年版，第146页。

④ 戴茂林、曹仲彬：《王明传》，中共党史出版社2008年版，第115页。

⑤ 戴茂林、曹仲彬：《王明传》，中共党史出版社2008年版，第160页。

⑥《毛泽东选集》第3卷，人民出版社1991年版，第963页。

等各个方面。

第一，思想作风上，把马克思主义教条化，把共产国际决议和苏联经验神圣化。

临时中央领导人将马克思主义教条化，把共产国际决议和苏联经验神圣化，始终认为山沟沟里出不了马克思主义，真理只能掌握在他们这些饱读马列著作的留苏学生手中。因而他们在执行共产国际的决议时，往往不顾实际，也不加分析，只知教条式地理解，盲目照搬、照抄。他们的教条、机械程度有时到了不可理喻的地步。

王明反对中共六届三中全会决议和瞿秋白时有这么一条“貌似有理”的理由：瞿秋白在起草六届三中全会决议时，把拥护共产国际决议放在第二部分，但“一般通例都是把拥护共产国际决议放在开头”[①]。这个竟然成为王明攻击瞿秋白的理由：“这充分地表明维它同志（即瞿秋白——引者注）等对于国际决议采取了不容许的不诚恳态度。”[②]事实上，六届三中全会决议明确写道：“中国最近的事变，照上面所讲的看来，正是确切的证明共产国际执行委员会的估量完全正确。中国共产党中央委员会扩大的第三次全体会议完全同意共产国际执委的这种指示。”[③]王明的这种攻击与其说是教条主义的，不如说是别有用心的。

王明不仅机械执行共产国际的有关决议，甚至连用词上都如此。广州起义失败后，王明写的《广州暴动纪实》宣称：“中国革命不胜利则已，胜利一定是‘中国十月’的胜利。”[④]由此可见，王明的教条主义是深入骨髓的。后来，他自己都承认道：“我在小册子中所提出的对当时中国革命运动的许多意见，是从何而来呢？是从分析当时中国的具体情况和根据当时中国人民的具体要求而来的吗？绝不是的。它是从抄袭各种决议而来的……

① 戴茂林、曹仲彬:《王明传》,中共党史出版社2008年版,第137页。

② 戴茂林、曹仲彬:《王明传》,中共党史出版社2008年版,第137页。

③《建党以来重要文献选编(1921～1949)》第7册,中央文献出版社2011年版,第465页。

④ 戴茂林、曹仲彬:《王明传》,中共党史出版社2008年版,第63页。

总而言之，用的是‘从决议中来，到决议中去’底方法；是‘不从实际出发，而从书本出发’底方法，是根本的教条主义思想和作风底方法。”①所以，《关于若干历史问题的决议》中总结道：“教条主义的特点，是不从实际情况出发，而从书本上的个别词句出发……而把马克思列宁主义书本上的若干个别词句搬运到中国来当做教条。”②这是对历史的深刻总结。

第二，理论作风上，盲目地全盘接受共产国际提出的“第三时期理论”。

1928年，共产国际第六次代表大会提出了斯大林酝酿3年之久的“第三时期理论”并将它写入《共产国际纲领》，作为指导世界革命的理论依据。该理论将第一次世界大战后的世界革命划分为三个特定的时期：“第一时期从1918年至1923年，是资本主义制度陷于严重危机，无产阶级采取直接革命行动的时期；第二个时期从1923年至1928年，是资本主义局部稳定，资本主义经济恢复，无产阶级继续斗争的时期；第三个时期从1928年开始，是各资本主义国家内部矛盾日益加剧，殖民地人民的革命斗争日益发展，资本主义总危机不断尖锐化，无产阶级开始进行直接革命的时期。”③第三个时期“是资本主义总危机增长，帝国主义的内部和外部基本矛盾迅速加剧，从而必然导致帝国主义战争，导致大规模的阶级冲突，导致各主要资本主义国家新的革命高潮发展，导致殖民地伟大的反帝国主义革命的时期”④。根据该理论，共产国际不仅制定了一条“左”倾“进攻路线”，而且强行要求各国共产党不顾本国实际情况一律贯彻执行。

王明等人机械地套用这个理论分析中国革命发展阶段：第一时期是工农阶级革命时期；第二时期是国共合作，各革命阶级联合反对北洋军阀的时期；第三时期，由于蒋介石、汪精卫先后背叛革命，革命阵营重回以

① 戴茂林、曹仲彬：《王明传》，中共党史出版社2008年版，第142页。

②《毛泽东选集》第3卷，人民出版社1991年版，第988页。

③ 戴茂林、曹仲彬：《王明传》，中共党史出版社2008年版，第63页。

④ 戴茂林、曹仲彬：《王明传》，中共党史出版社2008年版，第63页。

前。此时，世界经济危机爆发，新军阀们混战不休，这一切似乎符合世界与中国的情况。故王明等教条主义者对“第三时期理论”深信不疑。

王明等人理论上的教条主义反映了处于幼年期的中国共产党理论素养不高，还没有掌握革命规律。但理论上的错误必然对工作作风产生不良影响。对此，马克思主义经典作家有过深刻论述。

列宁指出：“革命空谈就是在这种事变发生转折、既成局面已经造成的情况下，不顾客观形势而一味重复革命口号。口号很漂亮，很诱人，很醉人，但是毫无根据，——这就是革命空谈的本质。”①毛泽东也说：“二十四年的经验告诉我们，凡属正确的任务、政策和工作作风，都是和当时当地的群众要求相适合，都是联系群众的；凡属错误的任务、政策和工作作风，都是和当时当地的群众要求不相适合，都是脱离群众的。教条主义、经验主义、命令主义、尾巴主义、宗派主义、官僚主义、骄傲自大的工作态度等项弊病之所以一定不好，一定要不得，如果什么人有了这类弊病一定要改正，就是因为它们脱离群众。”②以上论述明确指出了正确理论与优良作风之间的密切关系。

第三，政治作风上，追随共产国际，确立了一条错误政治路线。

王明等教条主义者追随共产国际，确立了一条“左”的错误政治路线，一味强调“进攻”。他们片面将“革命”与“进攻”等同起来，认为“防守是暴动的死路”③，“‘斗争高于一切，一切为了斗争’，‘不断地扩大和提高斗争’”④。

“左”倾教条主义表现在城市工人运动上，即不顾工人死活，狂热地鼓吹进攻、进攻、再进攻，罢工、罢工、再罢工。王明鼓吹说：“政治罢工、同盟罢工，已经是我们日常工作的迫切任务；不仅再怀疑这些行动‘有没

①《列宁全集》第33卷，人民出版社2017年版，第357页。

②《毛泽东选集》第3卷，人民出版社1991年版，第1095页。

③ 戴茂林、曹仲彬：《王明传》，中共党史出版社2008年版，第105页。

④《毛泽东选集》第3卷，人民出版社1991年版，第981—982页。

有可能’的观点是机会主义，就是把这些行动只当作‘一般的策略和很远的前途’，而不积极马上实行准备、组织与实现，也同样的是右倾。”[①]不顾革命处于低潮的实际，一味强调进攻的结果是城市工人运动遭到巨大损失，临时中央无法在上海立足，只好移驻中央苏区。王明本人则一走了之，远离残酷斗争，躲在莫斯科远程指挥。在这种情况下，王明更不了解实际情况，推出的各项政策更加“左”倾。

在革命道路上，王明坚持“城市中心论”，一再鼓吹一省数省的胜利。早在1929年，王明就认为：“谁不懂只有工业城市是暴动的组织中心，谁不懂只有无产阶级是暴动的领导力量，谁就对于马克思主义的暴动策略丝毫也不懂。”[②]

王明在《两条路线》中，再三强调一省数省的胜利。“党的主要任务是：在日益增长的革命新高潮的条件下，彻底保障实行无产阶级的领导权，在彻底实行无产阶级领导权的条件之下，去动员、组织、发展与汇合苏维埃区与反动统治区域革命运动，以促进革命形势的成熟，虽然不能够包括到全国的地域，至少也要包括几个主要的省份。”[③]类似言论，在王明上台后通过的文件里，比比皆是。但是，实际上在相当长的时期内，“中国革命运动应该以乡村工作为主，城市工作为辅”[④]。显然，教条主义者不懂，也不愿承认这一点。

（二）宗派主义在党内弥漫

王明没有实际工作经验，在党内威望不高，为了推行其鼓吹的政治路线，在组织作风上，他大搞宗派主义，排斥异己，在党内推行“残酷斗争，无情打击”的极左路线。

① 戴茂林、曹仲彬：《王明传》，中共党史出版社2008年版，第105页。
② 戴茂林、曹仲彬：《王明传》，中共党史出版社2008年版，第113页。
③ 戴茂林、曹仲彬：《王明传》，中共党史出版社2008年版，第140页。
④《毛泽东选集》第3卷，人民出版社1991年版，第975页。

王明知道党内有很多斗争经验丰富的老同志反对他鼓吹的政治路线，要想全面推行自己鼓吹的政治路线，必须有组织保证，为此必须把反对他的同志清除出党的队伍。他反复强调要开展两条路线斗争，要求集中火力去反对主要的右倾危险。他大搞宗派主义，排斥异己，“所谓的‘斗争干部’、‘新生力量’被用来‘改造和充实’党的各级领导机关，用‘钦差大臣满天飞’来贯彻‘左倾’盲动的‘进攻路线’”[①]。为此，第三次“左”倾中央“一方面提拔了那些‘左’的教条主义和宗派主义的同志到中央的领导地位，另一方面过分地打击了犯立三路线错误的同志”[②]，同时“更着重地更有系统地向全国各地派遣中央代表、中央代表机关或新的领导干部，以此来贯彻其‘反右倾’的斗争”[③]。

比如，“左”倾中央重用坚决拥护“左”倾路线的李竹声、盛岳、王云程等人；先后派王稼祥、任弼时和顾作霖组成中央代表团到中央苏区，派夏曦任湘鄂西中央分局书记，派张国焘任鄂豫皖中央分局书记，派曾洪易到赣东北苏区。这样“左”倾错误路线蔓延到全国各根据地。

当然，第三次“左”倾中央领导人和派到各根据地的中央代表的思想认识不同，对革命的贡献也千差万别。任弼时、王稼祥和张闻天在实践中逐渐认识到“左”倾教条主义路线会危害革命事业，最终回到了实事求是的正确路线。遵义会议上，王稼祥和张闻天支持毛泽东重新“出山”，领导党和红军；顾作霖也觉悟了，但为了革命而牺牲了；任弼时后来成为党的领袖之一；夏曦后来有所醒悟，但长征中落水而亡；张国焘、曾洪易、李竹声、盛岳和王云程等叛变革命，成了可耻叛徒。

王明在实行宗派主义干部政策的同时，还在党内推行“残酷斗争，无情打击”的对敌斗争方式。

---

① 戴茂林、曹仲彬:《王明传》,中共党史出版社2008年版,第169页。

②《毛泽东选集》第3卷,人民出版社1991年版,第964页。

③《毛泽东选集》第3卷,人民出版社1991年版,第965页。

首先，坚决打击反对六届四中全会的老同志。“凡是反对四中全会的党、团、工会等各种组织一律实行改组与重建，对凡是反对四中全会的党员立即停止发放生活费，开除党籍。”①先后被开除的候补中央委员及以上的领导有罗章龙等八人，地方党组织负责同志被开除的更多。当然，罗章龙等少数人后来从事分裂党的活动，将其开除出党是正确的。

其次，落井下石，大肆污蔑老同志。这些老干部都是久经考验、斗争经验丰富的同志，是党的宝贵财富，理应大力保护。可是，王明掌权后，对于反对他的老干部，不仅不加以保护，反而见死不救，甚至落井下石。如实际工作经验丰富、在党内威望较高的何孟雄等二十多位同志最后被敌人杀害，王明要负很大责任。

王明之所以见死不救，是因为何孟雄在六届四中全会上指责王明等人“在上海党内搞宗派活动，破坏党的团结，并指出他们的纲领是‘新立三路线’”②。历史证明了何孟雄同志认识的正确性。据《王明传》披露，在何孟雄等由于叛徒告密而被捕前，中央得到了消息，但王明没有采取任何保护措施。“结果，林育南等同志没有得到敌人即将进行搜捕的通知，他们全部被捕了。”③这给党的事业带来巨大损失。时任江南省委秘书长的刘晓回忆说：“记得一次省委会议上，王明以紧张的口气提道：国民党特务已在东方旅社住下，随时可能逮捕何孟雄等人。”④

尤其令人气愤的是，王明在他们牺牲后还大肆污蔑他们。当何孟雄等人被捕的消息传来时，王明不仅“‘表情异常冷淡’，以后又‘幸灾乐祸’的说‘这是何孟雄等反党反中央，搞分裂的必然结果，是咎由自取’”⑤。

---

① 戴茂林、曹仲彬：《王明传》，中共党史出版社2008年版，第162页。

② 戴茂林、曹仲彬：《王明传》，中共党史出版社2008年版，第150页。

③ 李海文、佘海宁：《东方旅社事件——记林育南、李求实、何孟雄等二十三烈士的被捕与殉难》，《社会科学战线》1980年第3期，第9页。

④ 戴茂林、曹仲彬：《王明传》，中共党史出版社2008年版，第163页。

⑤ 戴茂林、曹仲彬：《王明传》，中共党史出版社2008年版，第163页。

在何孟雄等人牺牲后，王明还向他们泼污水，说他们的牺牲是“个人野心”“反党分裂的必然结果”①。可见，作为党的领袖，王明心胸狭隘，品质不端，甚至恶劣。《关于若干历史问题的决议》中指出：“宗派主义者不把老干部看作党的宝贵的资本，大批地打击、处罚和撤换中央和地方一切同他们气味不相投的、不愿盲目服从随声附和的、有工作经验并联系群众的老干部。”②这个结论是符合历史实际的。

《关于若干历史问题的决议》摘掉了王明强加给烈士们的“右派”帽子，对他们的功绩作出了公正的评价：“当时的所谓‘右派’，主要地是六届四中全会宗派主义的‘反右倾’斗争的产物……至于林育南、李求实、何孟雄等二十几个党的重要干部，他们为党和人民做过很多有益的工作，同群众有很好的联系，并且接着不久就被敌人逮捕，在敌人面前坚强不屈，慷慨就义……所有这些同志的无产阶级英雄气概，乃是永远值得我们纪念的。”③

最后，清算旧账。王明掌权后，利用权力处心积虑打击与迫害所有反对过他的同志。瞿秋白、李立三、俞秀松、董亦湘、周达文和陈郁等都是党的高级干部，对革命作出过重要贡献。当年他们在中山大学学习和工作时都反对过王明的宗派活动。王明担任中共驻共产国际代表团团长后，即利用权力，将俞秀松迫害致死，董亦湘和周达文则不知所终。对于李立三，王明反复召开批斗会议，从精神上折磨李立三。《王明传》的作者总结道：“从王明自中山大学以来的一系列宗派活动中可以看出，作为一名为共产主义事业奋斗的马克思主义者应当具有的坦荡胸怀，王明是不具备的。”④

王明的这种宗派主义作风，也影响到了其信徒和追随者。王明离开中

① 戴茂林、曹仲彬:《王明传》,中共党史出版社2008年版,第164页。

②《毛泽东选集》第3卷,人民出版社1991年版,第986页。

③《毛泽东选集》第3卷,人民出版社1991年版,第964—965页。

④ 戴茂林、曹仲彬:《王明传》,中共党史出版社2008年版,第178页。

国前，指定同样没有斗争经验的博古担任临时中央负责人，作为其代理人。博古一到中央苏区，不经调查研究，就在福建搞出所谓的“罗明路线”，将执行毛泽东正确军事战略的罗明撤职；不久之后，又在江西搞出所谓的“江西罗明路线”，将贯彻执行毛泽东正确政治路线的邓小平、古柏、毛泽覃和谢唯俊撤职。据罗明回忆，其被撤职的原因就是他没有执行“左”倾冒险进攻路线。

至于张国焘、夏曦和曾洪易在鄂豫皖、湘鄂西和赣东北，同样大搞宗派主义，打着肃反旗号，杀害了无数久经考验的党和军队高级领导干部和红军战士。20世纪八九十年代，中央军委经过全面、客观、公正和实事求是的历史评价，总共评出了36位中国当代军事家。其中许继慎、段德昌和曾中生都在肃反中被杀害，令人殊为痛惜。《关于若干历史问题的决议》中指出：“很多地区，更由于错误的肃反政策和干部政策中的宗派主义纠缠在一起，使大批优秀的同志受到了错误的处理而被诬害，造成党内极为痛心的损失。这种宗派主义的错误，使党内发生了上下脱节和其他许多不正常现象，极大地削弱了党。”①

（三）主观瞎指挥一时笼罩全军上下

“左”倾教条主义者在军事上，不仅瞎指挥，而且作风不民主、主观专断和粗暴，拒不接受正确意见且诿过于人，最终导致第五次反“围剿”失败，党中央和中央红军被迫长征，中央苏区沦陷。

博古到中央苏区后不久就撤销了前委，换上能够执行“左”倾冒险主义路线的同志，剥夺毛泽东的军事指挥权。但是，自诩为马克思主义理论家的博古等人对军事指挥一窍不通，只好请求共产国际派军事顾问来协助军事工作。随后，共产国际派没有实际指挥经验的李德来中央苏区担任军事顾问。

①《毛泽东选集》第3卷，人民出版社1991年版，第987页。

博古不懂军事，对李德言听计从，竟将关乎革命生死的最高军事指挥权不经讨论就以个人名义全权授予顾问性质的李德。历史证明李德也是一个教条主义者，他只是苏联军事院校培养的高才生，并没有多少实际指挥经验，只会纸上谈兵，在具体指挥红军作战时，全盘照搬照抄苏联军事指挥经验，完全是瞎指挥。

首先，制定错误的战略与战术。李德依据苏联军事理论制定错误战略与战术，完全不考虑中国实际。李德否认毛泽东等人从丰富实践中总结出来的行之有效的战略与战术——运动战和游击战相结合，斥之为狭隘的经验主义。军事战略上，李德完全不顾红军军事装备简单、落后和中央苏区山脉连绵不断的实际情况，简单照搬苏联在地势平坦基础上发展出来的机械化大兵团纵深作战的战略思想和原则，不仅强令红军搞阵地战，放弃运动战，而且要求红军四面突击，分兵把守，处处设防，使红军完全丧失机动。如此硬打硬拼战略，让红军与拥有飞机大炮的国民党军队拼装备与设备，用毛泽东的话讲，就是“叫花子和龙王爷比宝”，导致红军损失惨重。因此战争一开始就陷入被动局面。爱兵如子的彭德怀看着整连整营的年轻战士牺牲在阵地，感到无比痛心，斥责李德的指挥简直就是“崽卖爷田心不痛”[①]。李德还在战术上搞短促突击，企图通过这种方式侥幸获胜。

其次，具体指挥上，主观、机械且呆板。李德不给前线指挥员任何相机行事权力，甚至连机枪放置点都不许更改。具体指挥时，其仅是通过在并不准确的地图上丈量尺寸来计算红军行军直线距离，限令准时到达，完全没有考虑到红军行军过程中需要跋山涉水等实际情况。故彭德怀斥责他是“图上作业的战术家”[②]。

当偶然取得胜利时，如硝石战斗取得胜利，李德则大肆吹嘘，认为其战略无比正确；当战争失败后，他不仅不反思指挥上的错误，反而指责前

---

① 彭德怀:《彭德怀自述》,人民出版社1981年版,第191页。

② 彭德怀:《彭德怀自述》,人民出版社1981年版,第191页。

线指挥员不能领会其战略意图，完全不顾敌强我弱的现实。当国民党军队几个师进攻黎川时，负责防守黎川的萧劲光手中只有不足百人，他果断下令撤退，黎川失守。李德等人知道后十分恼火，把萧劲光抓起来，主张判处死刑。凡与李德接触的人大都认为他作风专横。“他（王稼祥——引者注）表示完全赞同毛泽东的意见，严厉地批评了博古、李德违反民主集中制，在军事指挥上个人专断的恶劣作风。”①

在中央苏区形势越来越危险的情况下，毛泽东几次提出突破战略困境的方案。“在讨论中毛泽东发言，建议红军主力应尽速向外围转移，转移方向不宜往东北，可以往西。”②长征途中，“毛泽东建议，红军集中力量在湘南寻歼追剿军一路或一部，打乱国民党军的追剿计划，以扭转战局”③。毛泽东甚至很早就提出红军沿武夷山脉向赣东北苏区逐步前进，发展闽浙赣三省之交的大块地区，然后向浙西皖南发展，造成较为巩固的阵地，以准备对付蒋介石的第四次“围剿”。但所有这些正确建议都被博古、李德拒绝了。

（四）极左政策大肆泛滥

“左”倾教条主义者在具体工作方面，不作调查研究，不顾实际情况，推行很多极左政策，危害严重。

土地工作方面，政策过左。王明照搬共产国际关于富农问题决议，夸大中国农村资本主义成分，指责苏区的人“什么也不晓得，一贯右倾，搞富农路线”。因此，博古到中央苏区后，推翻以前比较符合实际的土地政策，多次发动所谓“查田运动”，实行过左土地政策。不仅实行“地主不分田，富农分坏田”的土地政策，使得一些地主、富农生活没有出路，被

① 中共中央党史研究室第一研究部编：《红军长征史》，中共党史出版社2006年版，第83页。

② 余伯流、凌步机：《中央苏区史》，江西人民出版社2001年版，第1101页。

③《中国人民解放军军史》编写组编：《中国人民解放军军史》第1卷，军事科学出版社2010年版，第360页。

迫投靠国民党；而且伤害广大中农利益，造成中央苏区局势紧张。在多次“查田运动”中，很多中农被打成富农，搞得家破人亡，结果引起农民恐慌。很多赤白交界地区农民由于害怕遭到迫害而纷纷前往白区。这与“查田运动”前，大量白区农民纷纷前来苏区形成鲜明对比。

对于“左”倾土地政策造成的严重后果，《伍洪祥回忆录》中写道：“主张‘地主不分田，富农分坏田’，实际上是要在肉体上消灭地主，经济上消灭富农，不给地主、富农活路。有些地富子弟被逼上梁山，外出抢劫，沦为盗匪……这种做法严重脱离了群众，影响中农，也孤立了贫苦农民。”①

社会工作方面，推行过左肃反政策，使肃反严重扩大化，危害严重。王明除了在组织上搞宗派主义外，还把这种宗派主义作风扩大到社会工作方面，执行共产国际指示，追随苏联共产党，在全国各苏区“大搞错误的肃反运动，大搞‘反右倾’，在党内实行残酷斗争、无情打击的政策”②。当时，肃反工作成为全国各苏区压倒一切的中心工作，所有工作都与肃反有关。在肃反名义下，许多优秀党的领导干部和经验丰富的红军指战员被冤杀。《关于若干历史问题的决议》指出：“过左的肃反政策等，而使当前的革命任务被歪曲，使革命势力被孤立，使红军运动受挫折。”③这说明中央认为在革命斗争极其激烈与复杂时，开展肃反斗争是必要的，但是问题在于不能过左，一旦过左就将危害革命。

敌对双方在进行激烈军事斗争，甚至是关乎双方生死存亡的军事斗争时，都会派遣情报人员刺探对方情报，这是战争惯常手段，古今中外皆如此。因此，通过肃反斗争，肃清隐藏在革命队伍中的敌人是必要的。列宁和陈云对此有过论述。列宁在《谨防间谍！》一文中提醒党要谨防间谍：

① 伍洪祥：《伍洪祥回忆录》，中共党史出版社2004年版，第90页。

② 戴茂林、曹仲彬：《王明传》，中共党史出版社2008年版，第64页。

③《毛泽东选集》第3卷，人民出版社1991年版，第973页。

“白卫分子向彼得格勒的进攻很清楚地证明，白卫分子在临近前线的一切地区，在每个大城市，都有广大的间谍组织来策动叛变，炸毁桥梁，在后方暴动，暗杀共产党员和工人组织的优秀分子。”[①]陈云也指出：“他们（敌特人员——引者注）现在已经不仅仅站在共产党和革命团体的外面来反对革命，使用‘大肚子’、‘黑长袍’的‘包打听’来追逐革命者，而且还派遣奸细混入共产党和革命团体的内部，来破坏革命。”[②]

由此可见，肃反是必要的，问题是：第一，不能把肃反提到压倒一切工作的高度；第二，肃反要重视证据，不能逼供，更不能株连无辜；第三，面对人命关天的大事，从事肃反工作者，一定要正直、公道，作风实事求是；第四，要充分教育和发动群众协助这项工作。

但在革命洪流面前，“由于对国民党屠杀政策的仇恨和对陈独秀投降主义的愤怒而加强起来的小资产阶级革命急性病，也反映到党内，使党内的‘左’倾情绪也很快地发展起来了”[③]。这样，所有防线都被冲溃，肃反工作成了各苏区的中心工作。当红军战士在前线与国民党军队进行生死斗争时，如果被人供出，就会有人立刻到前线抓捕。在肃反工作中，采取酷讯，甚至不人道手段逼供；不重证据，轻信口供，常常株连无辜；而且个别主持肃反工作的干部作风主观，不够实事求是，甚至品质不好，借机打击报复与自己观点不同者。由于上述原因，全国各苏区的肃反工作制造了大量冤假错案，使得干群关系、党群关系紧张，甚至弄得人人自危，危害极其严重，结果“使革命势力被孤立，使红军运动受挫折”[④]。

（五）斗争策略过于机械呆板

“左”倾教条主义者在斗争策略上，始终机械执行共产国际指示，僵

①《列宁全集》第36卷，人民出版社2017年版，第390页。

②《陈云文选》第1卷，人民出版社1995年版，第98页。

③《毛泽东选集》第3卷，人民出版社1991年版，第956页。

④《毛泽东选集》第3卷，人民出版社1991年版，第973页。

化、呆板，不知相机行事，缺乏灵活性，一再错过打破“围剿”的机会。

在“第三时期理论”基础上形成的“左”倾“进攻路线”，“在斗争策略上，实行‘阶级反对阶级’，打击中间力量，搞‘下层统一战线’的策略”[①]。1932年，共产国际执委会召开第十二次全会，要求中国共产党继续实行“下层统一战线”策略：“更加扩大和加深苏维埃运动，巩固中国苏维埃和红军，将苏维埃运动与白区群众反帝斗争联系起来，广泛和一贯地在群众反帝斗争中，采用下层统一战线政策，组织群众。”[②]上述指示表明运动目的完全正确，但策略根本错误。

“左”倾中央忠实、机械地执行这一指示，无视九一八事变后，日本帝国主义入侵使得国内阶级关系发生新变化，各阶级、团体抗日呼声日益高涨，就连国民党统治集团内部也开始分化的事实，不仅继续坚持“左”倾关门主义策略，而且宣称当时积极主张抗日的中间政治派别是最危险的敌人，是“帝国主义的走狗与中国民族及工农劳苦民众的死敌”，应该以主要的力量来打击。

由于“左”倾临时中央教条而机械地执行共产国际的“下层统一战线”策略，实行“左”倾关门主义政策，因此不能抓住机会。在第五次反“围剿”的关键时刻，参与“围剿”但主张抗日的国民党第19路军发动福建事变，建立福建人民革命政府，主张抗日反蒋。面对这一打破“围剿”的千载难逢机会，临时中央竟然视而不见，不仅不积极与国民党第19路军进行联合，共同抗击蒋介石军队的进攻，反而采取袖手旁观政策，任由蒋介石抽调“围剿”苏区的军队从苏区边缘通过去围剿国民党第19路军。

“当时毛泽东、朱德、彭德怀直到周恩来、王稼祥都主张集中红军主力出赣东北侧击入闽的蒋军，以援助19路军，从而打破蒋介石对江西红军的围剿。但向上海中央局请示的结果是共产国际驻中国军事代表团团长费雷

① 戴茂林、曹仲彬：《王明传》，中共党史出版社2008年版，第64页。

② 戴茂林、曹仲彬：《王明传》，中共党史出版社2008年版，第185页。

德和中共中央上海局坚决不同意，其理由是蔡廷锴倾向第三党（社会民主党），而社会民主党是顽固反共的。博古、李德、项英等也反对出兵援助19路军。”[①]他们“断定中间派别是所谓中国革命的最危险的敌人”[②]。甚至六届五中全会通过的《目前的形势与党的任务决议》斥责福建事变道：“‘人民革命政府’存在以来一个多月的事实，证明他的一切空喊与革命的词句，只不过是一部分以前国民党的领袖及政客们的一种欺骗民众的把戏。”[③]等到国民政府镇压了福建事变后，国民党军队从东南西北四个方向将中央苏区铁桶似的包围起来，红军彻底丧失了机动的可能，再也没有能力与机会打破“围剿”，第五次反“围剿”最终失败了，中共中央和中央红军被迫长征，实行战略转移。“毛泽东后来告诉埃德加·斯诺，共产党没有和福建军队联合起来，这是当时所犯的一个重大错误。”[④]

第二节　历史局限的严重危害

中央苏区社会风气变迁中的性质不同的历史局限，其影响与危害程度不同。旧习、恶习的残余，婚姻制度中的不良风气，虽然对中央苏区社会秩序有一定影响，但危害不大，因为它们只存在于局部地区。即使是部分地方武装匪气严重，但这种情形仅是局部存在，不是所有地方武装作风皆如此，否则便无法解释红军迅速发展壮大，先后四次粉碎国民政府的军事“围剿”的事实。匪气严重的地方武装造成的影响更多局限在赤白交界地区，严重影响党和红军在白区的形象。这些不良风潮客观上是帮助反革命

① 宁陵、庆山编著：《国民党治军档案》（上），中共党史出版社2003年版，第201页。

②《毛泽东选集》第3卷，人民出版社1991年版，第965页。

③《建党以来重要文献选编（1921～1949）》第11册，中央文献出版社2011年版，第39页。

④ 布赖恩·克罗泽著，封长虹译：《蒋介石传》，国际文化出版公司2011年版，第155页。

对中央苏区进攻的“自杀行为”，但这不足以影响中央苏区的社会秩序与安危。

但第三次“左”倾路线造成党风不纯及由此引发的后果极其严重。《关于若干历史问题的决议》多次指出这一点。如“造成了当时党内的严重危机”[①]，“在全党影响最深，因而其危害也最大”[②]，“第三次‘左’倾路线统治时间特别长久，所给党和革命的损失特别重大”[③]。但其中最根本的概括是：“第三次‘左’倾路线在革命根据地的最大恶果，就是中央所在地区第五次反‘围剿’战争的失败和红军主力的退出中央所在地区。”[④]即使第三次“左”倾路线危害如此严重，决议依然客观指出：“党在个别时期中所犯的‘左’、右倾错误，对于二十四年来在我党领导之下的轰轰烈烈地发展着的、取得了伟大成绩和丰富经验的整个中国革命事业说来，不过是一些部分的现象。这些现象，在党还缺乏充分经验和充分自觉的时期内，是难于完全避免的；而且党正是在克服这些错误的斗争过程中而更加坚强起来，到了今天，全党已经空前一致地认识了毛泽东同志的路线的正确性，空前自觉地团结在毛泽东的旗帜下了。”[⑤]虽然这是后话，但也说明，共产党真正成熟起来了，对待错误能够实事求是、一分为二地客观分析，而不是简单肯定一切或否定一切。

第三次“左”倾路线给中央苏区带来的危害，具体表现在以下三个方面。

①《毛泽东选集》第3卷，人民出版社1991年版，第963页。

②《毛泽东选集》第3卷，人民出版社1991年版，第968页。

③《毛泽东选集》第3卷，人民出版社1991年版，第990页。

④《毛泽东选集》第3卷，人民出版社1991年版，第968页。

⑤《毛泽东选集》第3卷，人民出版社1991年版，第998—999页。

一、中央苏区各种关系紧张，局势动荡

如前所述，一系列过左政策，导致中央苏区党员关系、党群关系、干群关系、军民关系、群众关系以及苏区和白区关系都紧张，局势动荡。“地主不分田地，逃到白区流窜，富农分坏田，也有不少外逃；在加紧反对富农的口号下，打击了少数富裕中农，也有外逃者。他们伙同散布各种坏影响，使得边区工作很不好做。赤白对立，经济封锁，越来越严重。把这些看法简单打了电报给博古，没有回信，也没有其他改正的反映，越使我觉得毛主席的土地政策的必要性和正确性。”①

关于肃反政策造成的极其严重的后果，《中共中央给共产国际的报告大纲》中指出：“我们过去的错误是不可饶恕的：（1）造成恐怖主义，（2）没有阶级路线（如对于工农分子与反动地主一样），（3）没有发动民众来作反革命的斗争，（4）仅以恐怖政策代替了思想斗争，（5）阻碍党员群众的积极。”②方志纯在《赣东北苏维埃创立的历史》中也指出：“1.由于乱捕乱杀，大伤了党的元气，造成了干部动摇恐慌，人人自危，使党内产生一种严重的恐怖气氛；2.许多军事骨干被杀，影响了红军的战斗倾向，削弱了战斗力，使作战遭受不断失利；3.由于基层干部和群众的被杀，引起群众对党的怀疑，苏维埃与人民群众、党与群众的关系遭到严重破坏；4.由于一些在白区工作的同志被杀，造成了赤白严重对立，失去了根据地周围群众工作的桥梁，影响党的白区工作的开展；5.杀投降官兵、杀俘虏，破坏了党对投降兵、俘虏兵的政策。”③方志纯是那段历史的亲历者与见证者，他的分析很客观，与中央局指出的严重后果一致。

① 彭德怀：《彭德怀自述》，人民出版社1981年版，第181页。

② 中央档案馆编：《中共中央政治报告选辑（一九二七——九三三）》，中共中央党校出版社1983年版，第198页。

③ 方志纯：《赣东北苏维埃创立的历史》，人民出版社1980年版，第89页。

总之，第三次“左”倾路线及其恶劣作风导致的后果，正如张鼎丞指出的那样：“由于错误地进行肃反和查田查阶级运动，造成了党、政、军、民的离心离德，使闽西处于严重的困难中。我们对于这些痛苦的教训，应该好好地总结，切实引以为戒！”①

二、红军战斗力遭到严重削弱，作战接连失利

如前所述，肃反扩大化和干部政策中的宗派主义纠缠在一起，使大批优秀的同志受到了错误的处理，造成党内极大的损失。在五次反“围剿”战争中，全国各苏区牺牲的军级及以上的高级将领有黄公略、蔡申熙、赵博生等少数几位，师级将领也不多。但是，在全国苏区开展的肃反运动中，曾中生、许继慎、段德昌、李明瑞、季振同、吴先民、旷继勋、李文林和万涛等一大批军师级高级将领被冤杀。这些将领都是指挥经验丰富、具有卓越军事才能的人，有的参与了所在苏区的开创与建设，有的是起义的国民党将领，带兵经验丰富。如果他们不被冤杀，完全能够为革命事业作出更大贡献。黄克诚在《黄克诚自述》中曾写道：“我还对领导同志说：我们不能再搞自相残杀的蠢事了，否则，我们将变成孤家寡人。”②

大量优秀指战员被冤杀，出现两个后果。一是军事骨干严重缺乏。大量优秀军事骨干被冤杀，新提拔的指挥员或者缺乏经验或者没有指挥能力。二是临时补充的士兵战斗力不强。这些新入伍的战士由于缺乏训练又没有作战经验，相互之间配合不好。这些原因严重削弱了红军的战斗力，而且由于错误肃反，大量新补充的红军士兵纷纷逃跑，部队减员比较严重。

“左”倾教条主义者的工作作风酿成的严重后果不幸被湘鄂西的潘家辰

① 张鼎丞：《中国共产党创建闽西革命根据地》，福建人民出版社1982年版，第52—53页。

② 黄克诚：《黄克诚自述》，人民出版社1994年版，第102—103页。

言中了："克明，你和夏曦是老熟人了，凭你们私人交谊，向他进一言，一是对他讲，万涛是好同志，二是要他别再这样肃反了，如此下去，苏区将自行灭亡。此乃亲者痛，仇者快之举。"[①]果不其然，在第三次"左"倾错误路线统治全党和全军的情况下，除陕北苏区"命悬一线"外，其他苏区都沦陷了。"这个错误，曾经给了我党和中国革命以严重的损失。"[②]

三、丧失打破"围剿"的机会，被迫退出中央苏区

临时中央执行"左"倾军事冒险主义路线，不仅过高估计自己的力量，而且听任李德篡夺红军最高军事指挥权。李德不仅没有实际指挥经验，而且性格霸道、作风恶劣。他不仅非常自信和粗鲁，容不得不同意见，而且不了解中国红军在中国斗争的独特条件，专横又严厉[③]。后来，李德也承认："其他人的意见受到压制，前线指挥员的主动性常常被忽视"[④]，"我非常固执和僵化……全力维护自己的观点，没有一丁点的自我批评"[⑤]。李德制定的军事策略机械、呆板，这样指挥的结果可想而知。

李德、博古的领导和指挥犯了一系列错误："他们始则实行进攻中的冒险主义，主张'御敌于国门之外'；继则实行防御中的保守主义，主张分兵防御，'短促突击'，同敌人'拼消耗'；最后，在不得不退出江西根据地时，又变为实行真正的逃跑主义。"[⑥]这样，中央苏区红军丧失了一切打

① 刘秉荣：《红海忠魂》（上），花山文艺出版社1992年版，第427页。

②《毛泽东选集》第3卷，人民出版社1991年版，第955页。

③ 参见亚历山大·潘佐夫著，卿文辉、崔海智、周益跃译：《毛泽东传》（上），中国人民大学出版社2015年版，第357页。

④ 亚历山大·潘佐夫著，卿文辉、崔海智、周益跃译：《毛泽东传》（上），中国人民大学出版社2015年版，第357页。

⑤ 亚历山大·潘佐夫著，卿文辉、崔海智、周益跃译：《毛泽东传》（上），中国人民大学出版社2015年版，第357页。

⑥《毛泽东选集》第3卷，人民出版社1991年版，第984页。

破“围剿”的机会，局面越来越紧张，越来越危险，最后只有放弃根据地，退出中央苏区，被迫进行长征。虽然，中共中央和中央红军及其他根据地红军经过千辛万苦，最后到达陕北，但是红军付出的代价实在太大、太惨重了。

第三节 历史局限产生的原因

中央苏区在社会风气建设中出现的历史局限，不是某个人主观所为，原因复杂，是历史发展过程中必然要经历的一个痛苦、曲折的历程。《关于若干历史问题的决议》中指出：“由上所述，可见各次尤其是第三次统治全党的‘左’倾路线，不是偶然的产物，而是一定的社会历史条件的产物。”[①]对此，笔者从客观原因和主观原因两方面进行分析。

一、客观原因

（一）共产国际粗暴干预中国共产党内部事务

从领导体制方面讲，共产国际粗暴干预中国共产党内部事务引发了不良后果。遵义会议前，中国共产党的人事安排完全由共产国际作主。党是在共产国际帮助与指导下创立的。党成立时就宣布其为共产国际的一个支部，接受共产国际领导。第一个党纲明确宣布联合第三国际。后来，党章几经修改，这种关系越来越明确。故中国共产党接受共产国际指导有合法依据。

①《毛泽东选集》第3卷，人民出版社1991年版，第996页。

1928年7月10日通过的《中国共产党党章》第一章规定："中国共产党为共产国际之一部分，命名为：共产国际支部。"[1]这是党史上第一次也是唯一一次将"共产国际支部"写入党章。该党章规定："共产国际代表大会或本党代表大会或党内指导机关所提出的某种决议，应无条件的执行，即或某一部分的党员或几个地方组织不同意于该项决议时，亦应无条件的执行……在秘密环境之下，于必要时党的下级机关得由上级机关指定，且经上级机关之批准，得指定新委员加入党部委员会。"[2]

这些规定强调"承认共产国际和本党党纲及党章"，"服从国际和本党一切决议"，"执行共产国际执行委员会和党的指导机关之决议"，"必须经过共产国际执行委员会之批准"才能召开党的全国大会的临时大会等，这使共产国际指定中央领导机关组成合法化。因此，共产国际对于米夫得意门生王明等人在六届三中全会上不仅没有被提到中央领导岗位，而且被安排到中央苏区工作，无论如何是不可接受的。为此，共产国际决定派米夫，以共产国际代表身份来华，扶持王明上台，以贯彻共产国际的进攻路线。开始时，米夫是想召开紧急会议，但发现王明上台阻力很大，就改变了主意，不经讨论，决定召开六届四中全会。

如前所述，中国共产党作为共产国际的一个支部，对于共产国际代表米夫的指示当然没有办法拒绝。故在米夫的压力下，中央同意改变会议性质，将计划召开的紧急会议改为六届四中全会，而且规定会期只有一天。另外米夫公然破坏党的相关纪律，赋予参会的非中央委员以发言权和表决权。米夫这样安排的目的只有一个，就是强行扶持王明上台。结果，连候补中央委员都不是的王明宗派小团体诸多成员被提拔为中央政治局委员或中央委员，并被安排到中央领导机关担任重要职务。"1931年1月10日，中共中央政治局开会，讨论决定了政治局成员分工和中央常委人选。共产

①《建党以来重要文献选编(1921～1949)》第5册，中央文献出版社2011年版，第470页。

②《建党以来重要文献选编(1921～1949)》第5册，中央文献出版社2011年版，第472页。

国际远东局提出陈绍禹为候补常委，会议决定他仍任江南省委书记。此次会后，根据四中全会改组中央领导机关的精神，中央各部门主要负责人多采用了积极支持陈绍禹观点、拥护四中全会的干部。”①这标志着以王明为首的“左”倾教条主义路线从思想上、组织上完全统治了中央，也使以主观主义、教条主义为特征的工作作风开始在全党蔓延，给中国革命事业造成几乎致命的危害。

另外党章还规定：“为易于指导各党部工作起见，中央委员会得按情势之需要，在数省范围内成立中央执行局或中央特派员。中央执行局和中央特派员由中央委员会指定之，并只对中央委员会负责。”②此规定本是为加强秘密状态、分散游击战争环境党中央集中统一领导而采取的措施，在实践中却发生严重偏差。各大苏区设立的中央分局，在王明上台后，成为推行“左”倾教条主义路线的重要组织，也为王明等人从中央到地方搞宗派主义提供了组织依托。这些由“左”倾中央派出的“钦差大臣”不仅握有生杀予夺大权，而且在各苏区大搞宗派活动，打击、压制执行实事求是正确路线的同志，作风主观而恶劣；同时在各苏区大搞肃反，不仅使得自身力量遭到严重损耗，而且搞得人人自危，严重破坏了苏区各种关系，败坏了风气。

总之，王明小宗派集团能够上台完全是米夫一手操纵的结果。从组织上讲既不正常，也不合法，不仅开创了党史上一个恶劣先例，也为后面以主观主义、教条主义为特征的恶劣工作作风，导致党风严重不纯埋下了伏笔。所以《关于若干历史问题的决议》指出，六届四中全会没有积极作用。

如果不是米夫代表共产国际强行干预党的人事安排，党凭自身力量，完全能够选出合适之人。但是，历史没有假设，也许这是党在走向成熟的

---

① 王健英：《中共中央机关历史演变考实（1921—1949）》，中共党史出版社2005年版，第169页。

②《建党以来重要文献选编（1921～1949）》第5册，中央文献出版社2011年版，第473页。

过程中必须经受的严峻考验。正是这次艰难考验，党最终通过自己的力量，在遵义会议上选出了以毛泽东为核心的领导集体，并最终成熟起来，重新恢复了实事求是的优良工作作风。

（二）旧习、恶习具有强大历史惯性

历史传统一旦形成，作为既定社会存在，便具有强大的影响力和惯性力量，会长久支配人们的行为，短时间内难以彻底根除。旧习、恶习等社会风气就是这样的惯性力量。陈旭麓在《近代中国社会的新陈代谢》中指出："历史的惰性寄生于多数人之中，所以，只有多数人观念的改变才能战胜历史的惰性。"[①]而要改变多数人的观念，不仅困难，而且需要较长时间，绝不是朝夕之间就可以完成的。

之所以如此，是因为革命成功后，推翻旧政权，重建新政权比较迅速。但是要想消除旧价值观、重树新价值观和新风气，则不可能同样迅速。旧习、恶习背后隐藏着旧价值观，诸如官僚主义、形式主义、迷信和婚姻中的陋习等由于历史久远而积重难返，短期内难以肃清。而吸食鸦片与上述旧习、恶习相比，虽然历史不长，但也有近一百年历史，加上吸食人数众多，要想一下子彻底根除也有一定困难。就是到了社会主义的今天，官僚主义、形式主义和社会生活中的迷信、吸毒等旧习、恶习依然在我们的生活中存在着。特别是吸毒，我国对贩毒、吸毒打击极为坚决，惩处极为严厉，但是依然有少数人铤而走险贩毒，不惜以身试法吸毒。

（三）中央苏区面临诸多客观困难

从现实角度讲，中央苏区在当时确实存在诸多难以克服的客观困难。比如，存在时间不长，工作经验不足，又处在敌人四面包围中，因此社会风气建设与变迁过程中出现历史局限在所难免。

① 陈旭麓：《近代中国社会的新陈代谢》，上海社会科学院出版社2006年版，第340页。

1931年11月7日，中华苏维埃共和国临时中央政府成立。对于共产党而言，这是第一次局部执政，也是我国历史上工农阶级第一次当家作主，是开天辟地的大事，很多具体工作缺乏经验，需要反复摸索，才能找到解决问题的有效办法和方案。因此，站在客观、公正角度，我们不能苛求共产党人在探索实践中百分之百正确而不犯一点错误，这不是历史唯物主义的态度。

另外，共产党人从在农村开展武装革命活动到建立中央苏区，一直都遭到国民政府的军事“围剿”和镇压，全国各苏区都处于白区包围之中，包括中央苏区在内的各苏区的政治影响力是有限的，而且各苏区所进行的移风易俗、树立新风的社会改革运动，无不遭到国民政府的歪曲和诋毁。这无疑会对中央苏区的社会风气建设与变迁产生消极影响，这是必须指出的客观事实。

二、主观原因

除了上述客观方面的原因外，中央苏区社会风气建设与变迁会存在历史局限还有若干主观方面的原因。

（一）党的理论不成熟，缺乏处理复杂问题的能力

从历史发展角度看，从建党到遵义会议这十四年，中国革命处于探索期，党的实践经验不多，理论不成熟，没有掌握中国革命规律，缺乏处理复杂问题的能力，所以易犯“左”、右倾错误，表现在社会风气建设上，难免会有种种不足。

具体讲，党对一系列重大理论和实践问题缺乏正确与成熟处理模式，如革命力量如何在农村落脚并扎根，创建革命根据地；在农村党员占多数的情况下，如何从思想上建党；如何正确处理党内思想或对具体问题的认

识分歧与矛盾；如何区分与正确处理敌我矛盾；如何正确开展土地革命；地方党组织如何恰当处理共产国际与中央脱离实际的指示等。

遵义会议前，党中央大体上采取教条主义做法，将共产国际指示神圣化，不管对错，一概接受。对共产国际的指导，我们要实事求是地看：总的来说对错交织。前文对共产国际的正确指导已有论述，这里指出其错误指导带来的后果。

先是党中央在共产国际指导下，犯了右倾错误，导致大革命失败；接着在共产国际指导下，又犯了三次"左"倾错误且一次比一次严重。党中央理论不成熟不仅不能正确指导下级党组织开展工作，相反给其开展工作带来消极影响。这种消极影响表现在工作作风上，就是作风教条、机械、主观与恶劣，造成严重后果。

关于理论人才缺乏，中央及地方党组织文件多次提及。例如，1929年7月11日《中共中央给中共驻共产国际代表团的信》称："至少要有像沈泽民、潘文育的理论人才四五个。"①这当然不是贬低共产党，而是当时的真实情况。毛泽东也向中央反映："惟党员理论常识太低，须赶急进行教育。"②

关于理论不成熟、水平不高，《彭德怀自述》中写道："我入党前，就只看过一本《共产主义ABC》，看过一本《通俗资本论》，当时我也是第六年的党员了，马克思主义列宁主义还没有摸边，多么需要革命理论武器！"③"从这里也认识到自己见事迟，在党内两条路线斗争中，开始总是模糊的，一定要问题发展到明显的时候才能看得清楚。"④

彭德怀是胸怀坦荡的革命家，他的上述言论是当时的真实情况。理论水平不高不是彭德怀的个人感受，徐向前也如此："我当时就是那样的水

①《建党以来重要文献选编（1921～1949）》第6册，中央文献出版社2011年版，第333页。

②《毛泽东书信选集》，中央文献出版社2003年版，第22页。

③ 彭德怀：《彭德怀自述》，人民出版社1981年版，第183页。

④ 彭德怀：《彭德怀自述》，人民出版社1981年版，第229页。

平，头一回遇上如此严重的党内斗争，左右为难，只好持沉默态度。”[①]当时连彭德怀、徐向前这样的高级领导的理论水平尚且如此，何况普通的干部与战士。

有学者指出：“中国革命初期，实际上真正懂马克思主义的人没有多少，大批没有理论的人担负起革命的责任，并且取得了革命的胜利。”[②]当然这并不是诋毁共产党，或者否定共产党的历史功绩，而是客观指出了共产党成立后较长时期的客观事实。党的理论不成熟，加上实践经验不多，因而在早期革命实践中，不能自觉地将马列主义普遍原理和具体革命实践相结合使马克思主义中国化。直到延安时期，环境相对安定，大兴学习之风，党员的理论素养才有了一定的提高。

遵义会议前，党先是出现右倾错误，然后出现三次“左”倾错误，都是由于在理论上不成熟。另外，三次“左”倾错误路线领导人不仅缺乏实际工作经验，而且由于理论不成熟，缺乏独立精神。“尽管李立三是一个民族主义者，但他毫不怀疑列宁主义或斯大林及其政治局的正确性。”[③]“对共产国际如王明、博古往往唯唯诺诺”[④]，因而对来自共产国际的指示，往往不加分析全盘接受，不折不扣地忠实执行，教条主义作风在所难免。

由此可见，党只有理论成熟，才能制定出正确政治路线和斗争策略，而这正是形成实事求是党风和优良工作作风最重要的主观条件。有了正确政治路线和斗争策略，党才能正确处理错综复杂的矛盾，正确指导革命。

---

① 转引自中共中央党史研究室第一研究部编：《红军长征史》，中共党史出版社2006年版，第299页。

② 公方彬：《思想的原野》（上册），广东人民出版社2013年版，自序二第16页。

③ 布赖恩·克罗泽著，封长虹译：《蒋介石传》，国际文化出版公司2011年版，第142页。

④ 王健英：《中共中央机关历史演变考实（1921—1949）》，中共党史出版社2005年版，第191页。

（二）“左”倾教条主义者的理想与能力严重脱节

革命是极其复杂的事情，这就要求领导者不仅需要坚定信念、树立崇高理想，更需要有解决复杂问题的能力。光有理想，没有能力，理想便会成空想。

不能否定诸多“左”倾教条主义者也是有理想抱负、坚持革命的。“应当指出：犯了这些错误的同志们的观点中，并不是一切都错了，他们在反帝反封建、土地革命、反蒋战争等问题上的若干观点，同主张正确路线的同志们仍然是一致的。”①但他们因为缺乏实践经验，且能力不足，一遇到复杂问题就束手无策。因为博古等人对军事一窍不通，不会指挥也不懂指挥，所以才把关乎革命生死的军事指挥权委托给同样是教条主义者的李德，从而招致重大失败。总之，教条主义者的理想和能力严重脱节。毛泽东曾指出：“教条主义真害死人！他们不做实际工作，不接触工人、农民，却要指手画脚，到处发号施令。同国民党打仗，怎样才能取胜？农民为什么会革命？他们懂吗？”②

这里特别需要指出的是，对于如何处理性质不同的敌我两类矛盾、党内思想认识分歧等这样的复杂问题，遵义会议以前，党缺乏经验。这导致全党上下分不清敌我矛盾和党内矛盾，往往将它们混在一起。因此，在敌我斗争激烈的情况下，容易将革命内部矛盾、党内思想分歧等党内矛盾简单化，将所有矛盾都视为敌我矛盾，采取“残酷斗争、无情打击”的对敌斗争方式处理上述矛盾。直到1957年，毛泽东在总结了建党三十多年的实践经验与苏联社会主义建设的实践经验基础上发表《关于正确处理人民内部矛盾的问题》的讲话，才从理论上解决了这个复杂问题。

① 《毛泽东选集》第3卷，人民出版社1991年版，第990页。

② 转引自邓力群主编：《伟人的一生》，中央民族大学出版社2003年版，第188页。

（三）“左”倾教条主义者极化思维严重，左右摇摆

关于王明及其追随者思维极化的事实，很多亲历者都有过论述。中华人民共和国成立后，毛泽东多次指出这一点，历史也确实如此。抗战初期，王明主持长江局工作时，又一度右倾，主张“一切经过统一战线”，放弃党的独立自主性。《王明传》指出：“在教条主义者形而上学的思维方式里，也只有肯定和否定这两极。”①

李德也一样。“书（《中国记事》——引者注）中颠倒是非歪曲事实，继续坚持并宣扬他的‘左’倾教条主义，反对我党的正确路线和毛泽东思想，竭力为自己的错误辩解。对我们来说，这倒是一本难得的反面教材，可见他至死也没有认识到自己的错误。”②

关于王明追随者思维极化的记载很多。如：“张国焘是个老机会主义者，没有一定的原则，没有一定的方向。办起事来，忽“左”忽右，前脚迈出一步，后脚说不定就打哆嗦。”③又如：“曾洪易却恐慌动摇，当敌机袭击之时，他‘吓得脸发青，嘴唇颤抖’，他在赣东北任中央代表兼省委书记时坐在葛源的房子里闭着眼睛强令红军冒着敌人的飞机、大炮去钻敌堡的‘百分之百正确’的劲头全没了……从此以后，他来了一个一百八十度的大转弯，不是愁眉苦脸，就是大发牢骚，工作日益消极。”④再如：“在敌人‘围剿’时，则又死守阵地击而不游。在失败时又束手无策，而这些‘左’倾机会主义者们也就逃之夭夭了。”⑤这当然不是个别现象。刘志丹也说过：“搞极端的人会从一个极端跑到另一个极端，因为他一切以

① 戴茂林、曹仲彬：《王明传》，中共党史出版社2008年版，第107页。

② 伍修权：《回忆与怀念》，中共中央党校出版社1991年版，第129页。

③ 徐向前：《历史的回顾》，解放军出版社1988年版，第318页。

④ 朱永来：《寻淮洲将军传》，解放军出版社1991年版，第241—242页。

⑤ 中共中央党史研究室编：《习仲勋文集》（上），中共党史出版社2013年版，第36页。

自己的权力为中心，怎样对他有利他怎么来。”[①]

历史充分证明了“左”倾教条主义者思维极化的事实。张国焘、陈洪时、曾洪易和杜衡先后叛变革命，成了可耻的叛徒。

这种思维极化现象正是第五次反“围剿”失败前后，以博古为首的临时中央的状况：开始时，极度自信，推行军事冒险主义，四处出击；遇挫后，略有收敛，改为军事保守主义，四处把守；在不得不撤退时，极度自卑，转为军事逃跑主义。从一个极端走到另一个极端。

在对敌斗争方面，则是产生了强烈报复心理，导致思维极化。过左肃反政策有这个心理因素。隐藏在革命队伍内部的敌人，严重威胁革命根据地和群众安危。广大红军指战员和群众当然痛恨敌特的破坏行为。但是，这种情绪一旦失去理性控制与约束，就会因怀疑一切而走向极端，把对敌特的痛恨与报复施加到无辜同志身上。

具体社会政策方面，如婚姻解放与自由方面，从以前极度被压制、极度不平等，在获得自由、平等权利后，变为极度自由、随便，甚至放纵，使得婚姻制度改革初期，出现了男女关系混乱的不良风潮。正如毛泽东在《寻乌调查》中指出的那样：“一般青年男女，误解自由。”[②]

（四）王明等人政治修养肤浅，品质不端，德不配位

历史证明，王明等人不仅思想“左”倾，易走极端，而且政治修养肤浅，品质不端，德不配位，从而导致党风不纯。

孟子有言：“上有好者，下必有甚焉者矣。”孔子说：“下之事上也，不从其所令，从其所行。上好是物，下必有甚者矣。故上之所好恶，不可不慎也，是民之表也。”先贤们的睿智之语阐明了社会风气形成的一条重要规律：上行下效。

① 转引自：《习仲勋革命生涯》编辑组编：《习仲勋革命生涯》，中共党史出版社2002年版，第97页。
② 《毛泽东文集》第1卷，人民出版社1993年版，第242页。

前文在论述社会风气形成模式时，已经指出中央苏区领导以身作则引领新风气。领导，尤其是高级领导，如果能够以身作则、率先垂范，则社会风气优良；反之，则可能使社会风气出现严重问题。恰恰在这方面，王明诸人不仅野心勃勃，权力欲望强烈，而且品质不端甚至恶劣，缺乏党的领袖或者高级领导人应该有的深厚政治修养和博大胸怀，对待与自己意见不同的同志采取无情打击，乃至见死不救的做法。王明作为党的领袖，他的这种政治道德与修养，自然会影响其追随者的政治道德与修养。

关于王明个人野心和品质不端，《王明传》中有诸多细节。

关于王明个人野心，罗章龙回忆道："王明说：'我们的斗争在东方大学取得了彻底的胜利。东方部派我们回国不是做普通工作，而是要做领导工作的。'……我问王明：'你究竟要我做什么？'他回答说：'要你支持我。如果你支持我，什么都好办；否则，我们是会有办法来对付你的。'"[①]参加六届四中全会的中央委员张金保也回忆说："通知去开紧急会议，到会后却宣布是四中全会。他们设圈子，让我们往里跳，结果把我们骗了。他们学了马列主义，吃的洋面包，却学会资产阶级的一套，他们品质太恶劣了。"[②]张金保是少有的女中央委员，工作能力强，会上公开反对王明。王明上台后，开除了张金保的党籍。"1931年1月中旬……蔡和森从苏联莫斯科回到上海。由于陈绍禹等人的排斥，他未能及时恢复中央政治局委员资格参与中央领导工作，至3月才恢复。"[③]不仅如此，王明还贪生怕死，"陈绍禹因害怕逮捕，千方百计想从中国逃到莫斯科去"[④]。

《关于若干历史问题的决议》多次指出王明等"左"倾教条主义者的问题。"这条新的'左'倾路线的代表者们违反组织纪律，拒绝党所分配的

① 转引自戴茂林、曹仲彬：《王明传》，中共党史出版社2008年版，第115页。

② 转引自戴茂林、曹仲彬：《王明传》，中共党史出版社2008年版，第152页。

③ 王健英：《中共中央机关历史演变考实（1921—1949）》，中共党史出版社2005年版，第170页。

④ 亚历山大·潘佐夫著，卿文辉、崔海智、周益跃译：《毛泽东传》（上），中国人民大学出版社2015年版，第334页。

工作。”[①] “他们不是实事求是，而是自以为是，他们自高自大，夸夸其谈。”[②]如果前面是作风问题，后面就是品质问题了。“他们不仅“要流氓手腕”，更严重的是他们甚至“实行篡党”，这就不仅是品质不端，而且是野心勃勃，品质恶劣[③]。

王明等人政治修养肤浅，品质不端，甚至恶劣，不能不影响其追随者，败坏党风。因为他们“轻率地提拔一切同他们气味相投的、只知盲目服从随声附和的、缺乏工作经验、不联系群众的新干部和外来干部，来代替中央和地方的老干部”[④]。“24岁的博古六年前才加入共产党，野心并不比他的朋友王明小……性格跋扈，作风粗暴专横……他毫不在意人的性命，无论是那些‘阶级敌人’的性命，还是他自己的党内同志的性命。”[⑤]这是外国研究者的结论。

1939年5月30日，毛泽东在延安召开的庆贺模范青年大会上，号召革命者要讲革命道德，要永久奋斗：“有一些人，他们嘴上道德、气节乱喊一阵，但在政治上是不坚定的，中途会变节的，这是无道无德。”[⑥]

刘志丹也指出：“从多年的经验看，我们党犯的左的错误多，这是小资产阶级急性病、狂热病的表现，企图一个早上把一切都变个样。他们看了一点马列的书，不看中国的实际，以空想代替现实，不讲方法策略，因此总是失败。有这种思想的人，再和个人主义结合起来，就抓权，想当轰轰烈烈的大英雄，因之反对一切不同的意见。为了突出自己，甚至要致（应为置——引者注）同志于死地。”[⑦]

①《毛泽东选集》第3卷，人民出版社1991年版，第963页。

②《毛泽东选集》第3卷，人民出版社1991年版，第988页。

③ 参见:《毛泽东选集》第3卷，人民出版社1991年版，第993—996页。

④《毛泽东选集》第3卷，人民出版社1991年版，第986—987页。

⑤ 亚历山大·潘佐夫著，卿文辉、崔海智、周益跃译:《毛泽东传》(上)，中国人民大学出版社2015年版，第339页。

⑥《毛泽东文集》第2卷，人民出版社1993年版，第191页。

⑦ 转引自《习仲勋革命生涯》编辑组编:《习仲勋革命生涯》，中共党史出版社2002年版，第103页。

关于湘鄂西中央分局领导夏曦的品质问题，刘秉荣在《红海忠魂》中有若干描述：

> 李剑如感慨地对贺龙说："贺军长，我总觉得夏曦身上，缺少共产党员的味儿。"
>
> 贺龙点头说："是啊，我也察觉到这夏曦身上毛病不少，不过，他总是个老同志，我们诚心实意帮助他，他会改过的。"①

再如，当湘鄂西革命武装和根据地的创建人之一、高级将领万涛被夏曦当肃反对象抓捕起来之后，湘鄂西几位领导人议论此事：

> 潘家辰说："事情摆的很清楚，夏曦为人小肚鸡肠，阴损毒险，我们在党代会上批评了他，他就记恨于心了。"
>
> 柳直荀说："夏曦这样做，他还有点党性吗？"②

薄一波在《往事追寻忆贺龙》中写道："他（贺龙——引者注）提高嗓音说道：'为什么党内会发生这样"左"得出奇的过火斗争和内耗事件？原因很复杂，有宗派问题，有路线问题，也有个人品质问题。而夏曦在这三个方面都有严重问题'！"③

鄂豫皖中央分局书记张国焘也是野心勃勃的人。红一、红四方面军会师后，他凭借武力向中央伸手要权，所以毛泽东说"张国焘是个实力派，他有野心，我看不给他一个相当的职位，一、四方面军很难合成一股绳"④。最后，中央决定安排张国焘担任红军总政委，但是他仍不满足，

---

① 刘秉荣：《红海忠魂》（上），花山文艺出版社1992年版，第375页。

② 刘秉荣：《红海忠魂》（上），花山文艺出版社1992年版，第427页。

③ 薄一波：《领袖元帅与战友》，人民出版社2002年版，第210页。

④ 转引自刘英：《在历史的激流中——刘英回忆录》，中共党史出版社1992年版，第79页。

最后竟然走到另立中央，分裂党的地步。为了实现争权野心，张国焘想拉拢聂荣臻和彭德怀，但他们不为所动，甚至反感："送了一点点吃的这倒不稀奇，送二、三百元银洋引起我很高警惕：完全是旧军阀卑鄙的手法。"[①]"张国焘有野心，中央似乎没有察觉。"[②]

对于张国焘的野心与人品，连多年搭档徐向前都说："张国焘怀有野心，想当头头，一再制造分歧，破坏了两军会合后的团结局面。"[③]"张国焘这个人不是没有能力，但是品质不好。"[④]朱德也认为："当时他愿意北上，又不愿意北上的原因，就是想争官坐。"[⑤]

对于张国焘的行径，《关于若干历史问题的决议》指出："张国焘路线，则除了一般的'左'倾路线之外，还表现为特别严重的军阀主义和在敌人进攻面前的逃跑主义。"[⑥]毛泽东指出："张国焘是发展着的军阀主义倾向，将来可能发展到叛变革命。"[⑦]历史证明了毛泽东的预见。1938年4月，张国焘假借祭祀黄帝陵之机，逃离延安投靠国民党，当了可耻叛徒。

（五）用人失察助长恶劣作风

在推行"错误的肃反政策"的工作中，除了"左"倾教条主义者品质不端外，用人失察也是加剧恶劣工作作风蔓延的一个不可忽视的重要原因。肃反工作中，假公济私绝不是个别现象，其中李韶九和林一株便是典型。

黄克诚在自述中指出李韶九人品低劣："何笃才还举例说，像李韶九这

① 彭德怀：《彭德怀自述》，人民出版社1981年版，第201页。

② 彭德怀：《彭德怀自述》，人民出版社1981年版，第201页。

③ 转引自中共中央党史研究室第一研究部编：《红军长征史》，中共党史出版社2006年版，第181页。

④ 少华：《张国焘这一生》，湖南人民出版社2014年版，第434页。

⑤ 中共中央文献研究室编：《朱德传》（修订本），中央文献出版社2006年版，第420页。

⑥《毛泽东选集》第3卷，人民出版社1991年版，第968页。

⑦《毛泽东年谱（1893～1949）》（上卷），中央文献出版社2013年版，第472页。

个人，品质很坏，就是因为会顺从，骗取了信任，因而受到重用，被赋予很大的权力。”[1]萧克也认为李韶九品质恶劣：“李韶九这个人的品质是不好的，早年在家乡时，我就知道不少……起义军失败后，李韶九在安源被国民党当局逮捕，自己承认为三民主义信徒，而且为国民党当局起草快邮代电……和江西行委书记李文林等有矛盾；成立红三军后，他任一纵队政委，又和纵队司令柯武东不和。在一纵队影响很不好。”[2]刘作抚在给中央的报告中说：“李（韶九）在一纵大部分不满意他，因为他只是于出发前的训话非常的勇敢，作战则畏惧怕死，所以一部分士兵不满意他，最不满意的是北路地方党部与群众，因北路斗争危急时要求一纵参加，一纵不参加。北路已向特委建议撤销他的工作给予处分，特委准备向六军军委提出意见。”[3]刘敌在写给中央的信中说：“李韶九是素来观念不正确，无产阶级意识很少的一个惯用卑鄙手腕制造纠纷的人。”[4]如果是个别人如此评价李韶九，则有可能失之偏颇，但这么多人都如此评价，足以说明李韶九品质恶劣。《AB团与富田事变始末》的作者总结道：“这个李韶九是一个思想品德败坏，作风很恶劣的人。但他能说会道，善于钻营，骗取了总前委的肃反委员会主任，掌握了肃反大权。”[5]

至于闽西苏区子虚乌有的“社会民主党”也跟用人失察有密切关系。张鼎丞在《中国共产党创建闽西革命根据地》中指出：“其次是组织路线、干部政策上的错误。如省肃反委员会主席林一株是一个地主出身、品质恶劣的投机分子；又如上杭县肃反委员会主席杨全康是一个流氓出身的分

① 黄克诚：《黄克诚自述》，人民出版社1994年版，第101页。

② 转引自王昊：《青松挺且直——一个老兵心目中的陈毅元帅》，上海文艺出版社1997年版，第24—25页。

③ 江西省档案馆、中共江西省委党校党史教研室选编：《中央革命根据地史料选编》（上），江西人民出版社1982年版，第238页。

④ 转引自戴向青、罗惠兰：《AB团与富田事变始末》，河南人民出版社1994年版，第107页。

⑤ 戴向青、罗惠兰：《AB团与富田事变始末》，河南人民出版社1994年版，第97—98页。

子。这些坏分子担任了肃反主要领导工作，在几个月中就造成了非常严重的事件，而党组织又未及时地予以检查纠正，反而相信这些人所说的肃反工作有‘成绩’。这就严重了。”①

伍洪祥在其回忆录中指出：“发言的同志指出，邓发同志的工作作风专断，对于肃反这样的大事，不同苏维埃主席张鼎丞及罗明、郭滴人等同志商量，而是轻信腐化堕落分子、裁判部长林一株的意见，主观臆断，捕风捉影，不作调查研究，用逼供信的办法，弄出一个‘社会民主党’的冤案，乱捕乱杀，造成了非常严重的恶果。”②

出于政法工作的特殊性和重要性，萧克明确指出：“领导机关尤其是主管公安保卫工作的人，要正直、忠诚，有较高的马克思主义水平，有清醒的辩证的头脑。像那种流氓性加小资产阶级狂热性的李韶九，阴险、狡诈加伪善的康生，看风使舵、无比鲁莽的谢富治等，是绝对不能让他们主管这种工作的。”③这是萧克从错误的历史事件中得出的沉痛教训。

本章小结：任何事物都是一分为二、相互矛盾的：积极与消极兼具，肯定与否定并存。中央苏区社会风气在朝着文明健康、积极向上的方向发展的同时，也存在一定历史局限，这是不以人的意志为转移的客观存在。这些历史局限的表现、危害程度不一样，产生原因比较复杂，既有客观原因，也有主观原因。我们要从中吸取教训，避免重犯类似错误。

① 张鼎丞：《中国共产党创建闽西革命根据地》，福建人民出版社1982年版，第51页。

② 伍洪祥：《伍洪祥回忆录》，中共党史出版社2004年版，第281页。

③ 转引自王昊：《青松挺且直——一个老兵心目中的陈毅元帅》，上海文艺出版社1997年版，第25—26页。

结　语

通过前面的研究，笔者得出以下几点结论，希望这些结论能对今天的社会文化建设和社会治理提供有益的借鉴和启迪。

一、培育和树立社会新风气需要正确的理论指导

根据本书关于社会风气的简明定义，社会风气是社会意识的外化、直接表现。任何一种社会风气的形成一定有对应的社会意识或者理论。中央苏区创立前后，中央苏区党组织和各级苏维埃政府，就着力培育和树立社会新风气，其理论基础是马克思主义。但是，马克思主义只是指导革命的普遍原理，各国共产党尚需根据各国实际将马克思主义本国化，创立符合本国国情的理论，并据此制定正确的政治路线、组织路线、斗争策略和具体政策，如此方能正确指导革命，从而培育和树立优良的党风、军风和政风，进而形成优良社会风气。一旦理论错误，必然导致政治路线错误，组织路线、斗争策略和具体政策跟着错误，必然败坏党风，进而对社会风气建设产生不良影响。因此，中国共产党在领导革命、建设和改革时，必须根据形势变化，及时提出符合实际的正确理论，制定正确政治路线、组织路线、斗争策略和各项具体政策，正确指导社会风气建设。第三次“左”

倾教条主义路线由于指导理论错误，导致党风不纯，最后影响社会风气，教训深刻。

有研究者指出："党风决定政风，政风影响民风，一个社会的道德状态很大程度上受党、政府内成员的道德水准的影响……如果制度设计科学，道德便会得到维护，否则会抑制甚至扭曲道德。也就是阳光下的竞争可以维护道德，潜规则下的竞争直接弱化乃至扭曲道德。"[①]笔者认为这段话有四层意思：第一，党风、政风和民风之间存在着紧密的关系；第二，良好党风、政风和民风的形成，道德的维护，有赖于制度设计正确，而制度设计正确，要求制度设计的指导理论正确；第三，要创立正确的理论，必须进行理论创新；第四，要理论创新就不能思想僵化，死守教条，必须从实际出发。

在这个环环相扣的逻辑链条中，起始环节就是理论正确与否。只有理论正确，才能设计出好的制度，一切依规办事，这样好的党风、政风和民风才会逐步形成，良好的道德才会得到维护，正确的价值观才会得到坚持和弘扬。如果理论不正确，就不能设计出好的制度，就会导致潜规则盛行，这样就不可能形成好的党风、政风和民风。在这种情况下，原本良好的道德也可能会遭到破坏，甚至扭曲，不正确的价值观也可能会慢慢滋生。因此，理论正确与否直接决定了党风、政风和民风等社会风气的优劣。

二、培育和树立社会新风气必须依靠并动员广大人民群众

符合历史发展趋势和顺应民心的新风气是有利于人民群众的，培育和树立新风气也必须依靠人民群众，必须动员广大人民群众积极参与，这样社会新风气才能得到人民群众衷心支持与拥护，从而推动社会文明与进步。

社会新风气在发展的过程中，必然会遭到反动统治阶级的讽刺、污蔑、

① 公方彬：《思想的原野》（上册），广东人民出版社2013年版，自序二第11页。

攻击，乃至镇压，其发展过程必然艰难而曲折，甚至不排除会暂时受到挫折。但是它终究会顽强坚持下来，并最后战胜反动统治阶级试图维护的落后、愚昧和野蛮的社会旧风气。所以，葛建雄说："对于国家政权而言，欲对人性进行挑战，没有不失败的。"①这确实是对历史的深刻总结。

当然，马克思主义坚决反对抽象人性论，认为考察人性要在具体的社会关系中进行。具体到中国民主革命，凡是反帝、反封建的革命行动，都有利于人民群众，也顺应民心，因而能得到人民群众的支持与拥护。共产党是最彻底反帝、反封建和反官僚资本主义，全心全意为人民服务的革命政党，因此其理论、方针、政策，虽然可能由于经验不足，会发生错误、偏差，但是它勇于正视错误并及时纠正错误，所以最终会从实践中总结出正确的、符合实际的理论、方针、政策，逐步形成优良党风和工作作风，进而形成优良政风和社风，赢得人民群众支持和拥护，激发人民群众参与社会新风气建设的积极性，从而迅速树立社会新风气。中央苏区时期，新风气能在短期内得以形成，与广大群众的拥护与支持是分不开的。

当下，党正在大力开展反腐倡廉的斗争，反对官僚主义、形式主义等不良风气，这依然需要依靠人民群众，动员人民群众广泛参与，如此才能形成风清气正的良好社会环境。

三、培育和树立社会新风气是一项长期工作，需要长久的努力

历史证明民心不仅易变，有时候还具有一定惰性，特别是在缺乏正确价值观引导时，甚至具有某种向恶倾向。某种曾经盛行的社会风气，久而久之就可能成为社会习惯乃至痼疾。在社会情况发生变化后，它可能会蜕变为社会旧习、恶习，短期内难以根除，成为树立社会新风气的巨大阻

① 转引自曹树基:《中国人口史·第四卷·明时期》，复旦大学出版社2000年版，第458页。

力。个人在这种社会风气之下，即使想有所改变、突破，也往往无能为力。此时若想有所改变、突破，必须借助社会群体的力量。比如，缠足盛行之初，由于符合男尊女卑的腐朽价值观，是封建社会的“新”风气，但久而久之，就蜕变成为摧残妇女的陋习。封建时代，婚姻讲究父母包办、门当户对，排斥自由恋爱、婚姻自主。若想自由恋爱、婚姻自主，有时要付出巨大代价，甚至是生命的代价，著名的《罗密欧与朱丽叶》和《梁山伯与祝英台》中的主人公的爱情悲剧即是明证。

中央苏区时期，在社会新风气树立之时，男尊女卑、吸食鸦片、官僚主义和迷信等旧习、恶习依然残存于中央苏区社会生活中，说明移风易俗，彻底改造社会并不容易。因此，培育和树立社会新风气是一项艰巨而长期的工作，需要持之以恒的努力，既不能虎头蛇尾、半途而废，也不能妄想毕其功于一役。如果想毕其功于一役，必然会急于求成，“左”的政策与行动就在所难免，而这与树立社会新风气的初衷背道而驰。

今天，以习近平同志为核心的党中央大力推进全面从严治党，狠抓工作作风建设和反腐倡廉工作。习近平强调，“全面从严治党永远在路上，不能有任何喘口气、歇歇脚的念头”[①]，“作风建设永远在路上”[②]，“作风建设永远没有休止符……作风建设是攻坚战、持久战，既要以滚石上山、爬坡过坎的勇气，深化整治、见底见效，又要坚持抓常、抓细、抓长，锲而不舍、持之以恒”[③]。对此，我们要谨记于心。

四、培育和树立社会新风气需要综合施策、多管齐下

社会风气表现在党风、政风、军风、民风、学风等社会生活的各个方

①《习近平谈治国理政》第3卷，外文出版社2020年版，第67页。

②《习近平谈治国理政》第3卷，外文出版社2020年版，第499页。

③ 中共中央宣传部编：《习近平新时代中国特色社会主义思想学习纲要》，人民出版社2019年版，第234页。

面，涉及不同社会阶层和群体。但是，每个社会成员的具体情况千差万别：思想有新有旧，文化水平有高有低，学习与接受新事物的能力有快有慢，价值观和道德观有先进有落后，道德素质有高有低，思维有宽广有狭隘，个人境遇有顺利有坎坷，等等。基于此，中央苏区党政军各机关在培育和树立社会新风气的过程中综合施策、多管齐下，使得社会新风气能够在较短时间内得以培育和树立。这个经验今天依然具有启示作用。

首先是综合施策。具体措施有：各级领导以身作则、率先垂范；政府制定相关法律并严格执法；充分利用新闻、舆论等宣传方式；大张旗鼓宣传新思想、新理论和新价值观，以及新人、新事和新风气；高度重视教育，提高群众和战士文化水平，启发其革命觉悟；建章立制，支持、鼓励群众，从内外两方面严密监督党政军各机关及其工作人员，使其不敢懈怠；对新人、新风气及时予以奖励，扩大影响；虚心向先进国家学习，移育新风，紧跟时代；等等。其中特别强调领导要以身作则。培育和践行社会主义核心价值观，要坚持全民行动、干部带头，从家庭做起，从娃娃抓起。“特别是各级领导干部要带头抓好家风……领导干部的家风，不仅关系自己的家庭，而且关系党风政风。”[①]这表明了领导以身作则、率先垂范在培育和树立社会新风气中的关键作用。

其次是多管齐下。在社会新风气的培育和树立过程中，中央苏区党政军各机关采用了政治、法律等硬手段；同时也重视领导同志和先进模范人物的示范作用。当前及今后，社会新风气的建设也应该综合施策，多管齐下。只有这样，社会新风气才有可能较快培育与树立。在和平年代，这些新风气经过不断传承，将逐步内化于社会成员心中，并成为优良传统，使社会风清气正、良善和谐、秩序井然，最终有利于广大人民群众。

---

①《习近平谈治国理政》第2卷，外文出版社2017年版，第356页。

后　记

本书付梓之际，心中充满感激，也很欣慰，然也有一点遗憾和期待。

感谢九江学院冷树青教授和《百年中国社会风习寻脉》课题组全体成员，因为本研究是在《百年中国社会风习寻脉》第四章“中央苏区的社会风习”基础上进一步拓展而来的。

常言道：“文章千古事，得失寸心知。”由于学术功底和学科背景等原因，书中肯定存在诸多不足，恳切希望学界专家和读者能够不吝赐教，一一指出，以便将来再版时进一步修改和完善。

虽然本书即将出版，但并不意味着笔者关于中央苏区或中央苏区社会风气的研究的结束，相反，这只是研究的新起点，希望今后能推出新的研究成果。